La seducción de las palabras

Álex Grijelmo (Burgos, 1956) es un divulgador de la historia, las reglas y la sociología del lenguaje. Periodista de profesión, formó parte de la redacción de *El País* durante dieciséis años, como redactor jefe y luego responsable del *Libro de Estilo*. Desde 2004 preside la Agencia Efe, y bajo su mandato se ha creado la Fundación del Español Urgente (Fundéu). Ha escrito los libros *El estilo del periodista, Defensa apasionada del idioma español, La seducción de las palabras, La punta de la lengua* y *El genio del idioma*. En enero de 1999 recibió el premio nacional de periodismo Miguel Delibes. Su último libro, *La gramática descomplicada* (2006) es un auténtico éxito de ventas.

La seducción de las palabras
Álex Grijelmo

punto de lectura

© 2000, Álex Grijelmo
© De esta edición:
Santillana Ediciones Generales, S.L.
Torrelaguna, 60. 28043 Madrid (España)
Teléfono 91 744 90 60
www.puntodelectura.com

ISBN: 978-84-663-6991-6
Depósito legal: B-40.692-2009
Impreso en España – Printed in Spain

Diseño e ilustración de portada: © Pep Carrió y Sonia Sánchez
Diseño de colección: Punto de Lectura

Impreso por Litografía Rosés, S.A.

Primera edición: julio 2007
Segunda edición: octubre 2009

Todos los derechos reservados. Esta publicación
no puede ser reproducida, ni en todo ni en parte,
ni registrada en o transmitida por, un sistema de
recuperación de información, en ninguna forma
ni por ningún medio, sea mecánico, fotoquímico,
electrónico, magnético, electroóptico, por fotocopia,
o cualquier otro, sin el permiso previo por escrito
de la editorial.

"Mis títulos no son de sabio,
son de enamorado."
                PEDRO SALINAS

*A mis padres, Ana María García
y José María Grijelmo; y a todos cuantos
me regalaron las palabras*

Índice

I. EL CAMINO DE LAS
   PALABRAS PROFUNDAS 13

II. PERSUASIÓN Y SEDUCCIÓN 37

III. LOS SONIDOS SEDUCTORES 43

IV. LAS PALABRAS DEL AMOR 69

V. LOS SÍMBOLOS DE LA PUBLICIDAD 107

VI. EL PODER DE LAS PALABRAS,
   LAS PALABRAS DEL PODER 137
   La contradicción eficaz 147
   Las palabras grandes 159
   Las palabras largas 169
   La fuerza del prefijo 175
   Las metáforas mentirosas 187
   Los posesivos y nosotros 195
   Las ideas suplantadas 201
   Las palabras que juzgan 205
   Los transmisores poseídos 251

VII.	La incursión en el área ajena	263
VIII.	La desaparición de la mujer	279
IX.	El valor de las palabras viejas	295
X.	La seducción de las palabras	311

Bibliografía 325
Agradecimientos 331

I

El camino de las palabras profundas

Nada podrá medir el poder que oculta una palabra. Contaremos sus letras, el tamaño que ocupa en un papel, los fonemas que articulamos con cada sílaba, su ritmo, tal vez averigüemos su edad; sin embargo, el espacio verdadero de las palabras, el que contiene su capacidad de seducción, se desarrolla en los lugares más espirituales, etéreos y livianos del ser humano.

Las palabras arraigan en la inteligencia y crecen con ella, pero traen antes la semilla de una herencia cultural que trasciende al individuo. Viven, pues, también en los sentimientos, forman parte del alma y duermen en la memoria. Y a veces despiertan, y se muestran entonces con más vigor, porque surgen con la fuerza de los recuerdos descansados.

Son las palabras los embriones de las ideas, el germen del pensamiento, la estructura de las razones, pero su contenido excede la definición oficial y simple de los diccionarios. En ellos se nos presentan exactas, milimétricas, científicas... Y en esas relaciones frías y alfabéticas no está el interior de cada palabra, sino solamente su pórtico. Nada podrá medir el espacio que ocupa una palabra en nuestra historia.

Al adentrarnos en cada vocablo vemos un campo extenso en el que, sin saberlo, habremos de notar el olor del que se impregnó en cuantas ocasiones fue pronunciado. Llevan algunas palabras su propio sambenito colgante, aquel escapulario que hacía vestir la Inquisición a los reconciliados mientras purgasen sus faltas*; y con él nos llega el almagre peyorativo de muchos términos, incluida esa misma expresión que el propio san Benito detestaría. Tienen otras palabras, por el contrario, un aroma radiante, y lo percibimos aun cuando designen realidades tristes, porque habrán adquirido entonces la capacidad de perfumar cuanto tocan. Se les habrán adherido todos los usos meliorativos que su historia les haya dado. Y con ellos harán vivir a la poesía.

El espacio de las palabras no se puede medir porque atesoran significados a menudo ocultos para el intelecto humano; sentidos que, sin embargo, quedan al alcance del conocimiento inconsciente.

Una palabra posee dos valores: el primero es personal del individuo, va ligado a su propia vida; y el segundo se inserta en aquél pero alcanza a toda la colectividad. Y este segundo significado conquista un campo inmenso, donde caben muchas más sensaciones que aquéllas extraídas de su preciso enunciado académico. Nunca sus definiciones (sus reducciones) llegarán a la precisión, puesto que por fuerza han de excluir la historia de cada vocablo y todas las voces que lo han extendido, el significado colectivo que condiciona la percepción personal de la palabra y la dirige.

* Explica muy bien la historia de esta expresión José María Romera en *Juego de palabras*, Pamplona, Gobierno de Navarra, Departamento de Educación y Cultura, 1999.

Hay algo en el lenguaje que se transmite con un mecanismo similar al genético. Sabemos ya de los cromosomas internos que hacen crecer a las palabras, y conocemos esos genes que los filólogos rastrean hasta llegar a aquel misterioso idioma indoeuropeo, origen de tantas lenguas y de origen desconocido a su vez. Las palabras se heredan unas a otras, y nosotros también heredamos las palabras y sus ideas, y eso pasa de una generación a la siguiente con la facilidad que demuestra el aprendizaje del idioma materno. Lo llamamos así, pero en él influyen también con mano sabia los abuelos, que traspasan al niño el idioma y las palabras que ellos heredaron igualmente de los padres de sus padres, en un salto generacional que va de oca a oca, de siglo a siglo, aproximando los ancestros para convertirlos casi en coetáneos. Se forma así un espacio de la palabra que atrae como un agujero negro todos los usos que se le hayan dado en la historia. Pero éstos quedan ocultos por la raíz que conocemos, y se esconden en nuestro subconsciente. Desde ese lugar moverán los hilos del mensaje subliminal, para desarrollar de tal modo la seducción de las palabras *.

* El lector encontrará con frecuencia la palabra "subliminal" en esta obra. Procede de "sub" (por debajo) y "límina" (umbral). "Subliminal" se aplica a las ideas, imágenes o conceptos que se perciben en el cerebro por debajo del umbral de la consciencia; sin darnos cuenta. Es decir, que llegan al subconsciente de la persona sin intermediación del cerebro consciente, de manera inadvertida para la razón. (A veces se ha escrito, incluso por especialistas, con la grafía "subliminar".)

El niño percibe antes la lógica del lenguaje que su propio sonido completo. Por eso dice "yo no cabo" en lugar de "yo no quepo", porque ha averiguado en su minúscula experiencia las relaciones sintácticas y las aplica con rigor a todo el sistema sin dominar todavía sus excepciones. Esa facilidad de la inteligencia del ser humano, capaz de deducir unas reglas que nadie le explicó aún, se extiende después a su competencia para acumular en el inconsciente los valores de cada término, de modo que los cajones que forman las letras unidas, las palabras, se van llenando de ideas, de sugestiones, de historia, de sensaciones intransferibles. El más inteligente de los monos es incapaz de hablar, pero el más estúpido de los humanos podrá hacerlo aunque sea analfabeto, porque el habla forma parte de una esencia innata, y la adquisición del lenguaje, el primer aprendizaje, no tiene relación directa con la inteligencia. Salvo deformaciones excepcionales, todos los niños aprenden casi por igual a pronunciar sus primeras palabras y a construir sus frases iniciáticas, y construyen una gramática creativa, en absoluto de imitación. Si imitaran a sus mayores, no dirían "el vaso se ha rompido"; y si pronuncian "ahí viene el altobús" o "el tiempo ha rebuenecido" es porque están desarrollando su capacidad innata de aplicar las normas gramaticales y morfológicas que empiezan a intuir. La capacidad del habla se debe a la dotación genética del ser humano y, como explican los psicolingüistas, en lo esencial está impresa en el genotipo de nuestra especie. Y se desarrolla mucho o nada, o poco, sí, pero se transmite como un legado que acumula experiencias seculares y las agranda y las enriquece a medida que se heredan.

Los contextos de las palabras van sumándoles así la historia de todas las épocas, y sus significados impregnan nuestro pensamiento. Cualquiera que hable una lengua, como explicó el lingüista norteamericano Noam Chomsky, interioriza una gramática generativa que expresa el conocimiento de ese idioma; capaz de crear una eternidad de frases pese a contar con recursos limitados.

Pero igual que se adquieren las herramientas para construir las oraciones, y así como se asumen involuntariamente las conjugaciones y las concordancias, también se interiorizan los significados; y las palabras consiguen perpetuarse, sumando lentamente las connotaciones de cuantas culturas las hayan utilizado.

La competencia lingüística consiste paradójicamente en no saber por qué se habla como se habla; en ser hablado por la propia lengua de manera inconsciente*. Las leyes del idioma entran en el hablante y se apoderan de él, para ayudarle a expresarse. Nadie razona previamente sobre las concordancias y las conjugaciones cuando habla, nadie programa su sintaxis cuando va a empezar una frase. Si acaso, puede analizarla después de haber hablado. Así también las palabras se depositan en el inconsciente, sin razonamientos, y poco a poco adhieren a sus sílabas todos los entornos en que los demás las usan.

La palabra "acorde", por ejemplo, tan inocente en apariencia, nos remite a la música, y ahí tendrá quien oiga

---

* Augusto Ponzio y otros en *Lingüística y sociedad*, México, Siglo XXI Editores, 1976, citando a Rossi-Landi: "El sujeto no sabe por qué habla como habla, y es hablado por sus mismas palabras".

sus fonemas o lea sus letras una referencia clara de significado. "Acorde" es igual a música: "se escucharon los acordes del himno nacional", suelen contar las crónicas en una metáfora fosilizada que toma la fracción por el todo, puesto que los acordes constituyen solamente una parte de los rudimentos musicales. Y el receptor resumirá en su cerebro este mensaje preferente: "se escuchó el himno nacional", expresión en la cual la palabra "acordes" parece no tener misión, puesto que ya damos el valor "música" al concepto "himno", porque la palabra "himno" contiene un espacio amplio para el significado "música". Pero la voz "acordes" añade un matiz de significado que se oculta en cualquier análisis somero y que no figurará expresamente en ningún diccionario: si alguien ha empleado la fórmula "se escucharon los acordes del himno nacional" habrá querido significar, tal vez sin tener conciencia de ello al pensar las palabras, que se trataba de una ejecución instrumental, porque "los acordes" remite a tubas, trompetas, clarinetes, la caja del redoblante, los platillos con los que se arma ese intérprete que se sitúa en escorzo para ver a sus compañeros desde la esquina… Pese a que las voces humanas de una agrupación musical también pueden formar acordes, nadie habrá deducido que aquel himno nacional fuera interpretado por un coro.

El receptor descodificará sólo de este modo "los acordes": *oirá* por un instante el concepto música, seducido por la historia de la palabra, y también imaginará el himno que interpretó aquella banda presente en el acto oficial. Pero el cien por cien del concepto "los acordes" implica otras connotaciones, que también percibimos en su herencia, en los genes que lo han conformado. Los "acordes" musicales los forman las notas que están "de acuerdo" entre sí. Y que, por tanto, son "acordes". Do, Mi y Sol forman el acorde de Do mayor. Re, Fa y La construyen el acorde de Re menor. Y así sucesivamente, las notas se integran en familias bien avenidas cuyas vibraciones congenian. Los acordes llevan, pues, el concepto subliminal de la música elaborada, de la afinación correcta; y así deducimos sin razonarlo que en aquel acto oficial se escuchó un sonido armonioso donde el ritmo y las notas formaron un conjunto eufónico, acorde consigo mismo. Ese "se escucharon los acordes del himno nacional" que utilizan a menudo los cronistas excluye la posibilidad de recibir como mensaje que los intérpretes desafinaran. Y si lo hubieran hecho, el narrador difícilmente habría escrito de manera espontánea "se escucharon los acordes". La fórmula más sencilla "se escuchó el himno nacional" (que unas líneas más arriba presentábamos como equivalente a la otra, en su *significado de superficie*, puesto que el concepto "himno" ya valía para representar que se trataba de música) difiere de "se escucharon los acordes del himno nacional" en que aquélla sí puede admitir la hipótesis subliminal de que la orquestilla desafinara. La frase "se escuchó el himno nacional" habría descrito el hecho con distancia, sin dar valor a la calidad de la ejecución artística. Simplemente, se pudo escuchar el himno, y no importa mucho el sonido que ofrecieran los músicos, tal vez incluso desafinaron. O tal vez quien lo escribe no estaba presente para saberlo. En cambio, "se escucharon los acordes del himno nacional" traslada al cerebro receptor, en su *significado de profundidad*, la idea de que ese hecho produjo placer en los presentes, sin posibilidad alguna de desatino en los instrumentistas.

Porque ése es el valor profundo de la expresión. Acorde: acuerdo, con armonía entre sus partes.

Aún cabría una inmersión mayor en el espacio espiritual de esta sencilla palabra. Porque "acorde" no vale sólo por sí misma, no ocupa el lugar de sus propios límites, toma también las referencias y los significados de sus vecinas y de sus orígenes, el valor de "acordar", y de "acuerdo", por ejemplo; se contagia de ellos en un movimiento simpático y simbiótico de sus tesoros profundos... los que derivan de aquella unión primitiva en el término *kerd* del idioma indoeuropeo. Y a su vez el concepto de "acuerdo" lo percibimos con un perfume positivo porque arranca de *cor*, *cordis*, corazón. El acorde musical aúna los corazones de los sonidos, el acuerdo entre dos personas las aproxima, logra un trato *cordial* (de corazón), busca la *concordia* y rechaza el *incordio*. También un individuo puede adoptar él solo un "acuerdo", una determinación... Pero únicamente alcanzará su valor real y profundo esa expresión, su valor histórico, si se refiere a un acuerdo tomado tras deliberación, en conciencia: con el corazón. Y haremos un favor a la persona a quien consideremos por sí misma capaz de tomar acuerdos, o al juez que los dicta, porque el aroma y la historia del vocablo, su poder, la perfumarán con un sentido profundo, inaprehensible al intelecto del ser humano pero que estalla en su intimidad. Como haremos un favor a la banda musical a la que hayamos atribuido esos acordes que ya siempre creeremos afinados.

"Acorde", pues, se ha ido rebozando en cuantos significados reunió su raíz, "*cordis*: corazón", y los mantiene aunque algunas de sus acepciones cayeran en desuso; porque el verbo "acordar" también significó en otro tiempo "hacer que alguien vuelva a su juicio", que reencuentre su corazón, metáfora antigua de la conciencia. Y, como sucede con las estrellas muertas, habrá desaparecido la acepción, pero no su reflejo.

El verbo "acordarse" nos muestra a su vez una contorsión del concepto que toma un valor *reflexivo* (la acción que se *refleja* hacia uno mismo) porque aquello de lo que nos acordamos es lo que nuestro corazón guarda y hace latir, y nos envía a la memoria.

"Acuerdo" evoca también "concordia", y el viaje por el túnel del tiempo de su etimología conduce de nuevo al corazón, a su raíz; y "concordia" nos sugiere "concordancia", voces ambas que tienen sus antónimos en "discordia" y "discordancia"… expresión ésta que a su vez forma un concepto musical para amenazar al más tradicional de los "acordes"…

Las palabras que oímos desde niños, que escuchamos a nuestros abuelos, que leemos y acariciamos, son cerezas anudadas siempre a otras, y aunque las separemos con un leve tirón de nuestros dedos mantendrán el sabor de sus vecinas, nos enriquecerán la boca con la savia que han compartido y que se han disputado. Los psicoanalistas han estudiado muy bien el valor de la palabra en cada individuo, y la importancia de los lapsus en los que aparece de rondón un término vecino. José Antonio Marina ha sugerido que las palabras tienen su propio inconsciente y pueden ser también psicoanalizadas*. Y con ese psicoanálisis estaríamos examinando el subconsciente colectivo de toda una comunidad hablante. Porque las palabras se han ido formando durante los siglos de una manera inteligente y fría, pero han acumulado también un significado emocional que acompañará siempre a sus étimos.

Dice el diccionario que "terrenal" es lo "perteneciente a la tierra, en contraposición de lo que pertenece al cielo"; y dice de "terrestre": "perteneciente o relativo a la tierra. Terrenal. Perteneciente o relativo a la tierra en contraposición del cielo y del mar". Dice el diccionario, pues, que terrenal y terrestre coinciden en gran parte de su campo semántico, puesto que ambos términos indican algo que pertenece a la tierra y se contrapone a lo que pertenece al cielo. "Comunicación terrestre" frente a "comunicación marítima", frente a "comunicación aérea" o "comunicación celeste". Sin embargo, cómo resultaría posible separar todas estas cerezas sin tener en cuenta que "terrenal" ha acompañado tantas veces a "paraíso", para formar ambas (contaminándose entre sí) un lugar inventado, un lugar que no se contrapone a celeste sino a celestial, un lugar que, pese a corresponder a una definición que lo liga con la Tierra, no existe en ninguno de sus lugares. Cómo no ver al fondo ese significado de "paraíso terrenal" cada vez que alguien nombrase "comunicación terrenal", y cómo no apreciar la diferencia entre "bienes terrestres" y "bienes terrenales" a pesar de

---

* José Antonio Marina, *Elogio y refutación del ingenio*, Barcelona, Anagrama, 1996.

que, con el diccionario en la mano, ambas expresiones puedan resultar sinónimas...

No existen los sinónimos completos. ¿Por qué, si a veces parece que sí? Porque las palabras no sólo significan: también evocan. Y dos palabras de conceptos iguales no evocan lo mismo si son dos palabras diferentes.

Ni siquiera dos verbos tan iguales, tan indistinguibles, como "empezar" y "comenzar" se equiparan en su valor profundo. Se hace difícil hallar diferencias entre "comenzó a llorar" y "empezó a llorar"; pero las hay. Del latín vulgar *comintiare* el uno y de las propias raíces castellanas "en" y "pieza" el otro, ya parten de unos orígenes muy diferentes, que dan a este último (empezar) mucha mayor ductilidad. "No empieces..." le podemos espetar a alguien que se aproxima a la reiteración de alguna inconveniencia. Jamás "no comiences...". "Niño, no empieces con eso" no significará lo mismo que "niño, no comiences con eso". En el primer caso pronunciamos una admonición; y en el segundo, un consejo. "Por algo se empieza", disculparemos a quien haya resuelto con insuficiente destreza su primer paso en alguna materia; y eso carecería de equivalencia en "por algo se comienza", expresión ésta que sonaría artificial y cursi. "El lenguaje no es un producto, sino un proceso psíquico; y estudiar este proceso es estudiar la psiquis humana", escribe la especialista Yolanda Fernández[*]. Analizar por qué se han preferido esos usos de "empezar" que no tienen parangón

---

[*] Yolanda Fernández Acevedo en la revista *Claves*, Buenos Aires, mayo de 1999.

en su casi equivalente "comenzar" supondrá una inmersión en los gustos, las manías, las querencias y los delirios del cerebro humano que han dado paso a nuestra manera de ser. Y una entrada en el mundo de los resortes que conducen a las seducciones humanas.

Tienen las palabras su propio significado y un poco del significado de cuantas las acompañaron, y mucho del significado que fueron adquiriendo en su lugar dentro de las frases, los dichos, los refranes. Comprobamos así cómo se potencian, se vinculan y se amplían en sus profundidades algunos vocablos que se relacionan en su historia, en cuanto han sido juntos y han nacido el uno del otro, o se han separado en biológica bipartición: como *estricto* y *estrecho*, de modo que una persona estrecha de miras suele coincidir en nuestra apreciación con alguien severo en sus juicios; *dirigir* y *derecho*, porque el derecho es lo que dirige a la sociedad, la dirige derecha, directa, dirigida; *desprecio* y *despecho*, puesto que el despecho se mueve al final de su camino con un aire de desdén hacia quien nos ha zaherido; *ligar* y *obligar*, voces que comparten la raíz de lo que ata, ya sea por voluntad o por obediencia; *espejo* y *espejismo*, los reflejos que muestran una irrealidad en sí misma; *angustia* y *angosto*, el ahogamiento que sentimos ante una desgracia y que nos cierra la garganta para convertirla en un pasadizo; *lanza* y *lanzar*, *agüero* y *augurio*, *casa* y *casado*, *soltero* y *solitario*, *soldado* y *solidario*, *signo* y *seña*, *raudo* y *rápido*, *pie* y *peatón*, *concilio* y *concejo*, *veda* y *veto*, *peso* y *pesar*, *punta* y *apuntar*... Los ejemplos resultarían inabarcables, tan inabarcables como las relaciones electrónicas que se producen en la mente entre todas las palabras del diccionario de cada cual, y que abarcan incluso a los prefijos, sufijos y afijos. No es casualidad que "nostalgia" muestre la terminación médica del dolor (como lumbalgia o fibromialgia), porque el dolor siempre estará implícito en la pérdida de la propia tierra.

Ese valor profundo de las palabras, la historia que han acumulado en sus miles de millones de usos, los lazos que mantienen entre sí, las hace cambiar muy lentamente. Evolucionan con el ser humano y adquieren nuevos sentidos, trasladan nuevos temores, llevan a euforias diferentes. Hoy en día, por ejemplo, algunos adverbios van dejando su sitio a los adjetivos, y eso tiene una razón en el uso, pero el uso tiene una razón... ¿en qué? Cada vez decimos más "esto hay que hacerlo rápido" frente a la opción de las generaciones anteriores que expresaban "esto hay que hacerlo rápidamente" o bien "esto hay que hacerlo deprisa". Según la gramática normativa, las palabras adecuadas para esa idea son, en efecto, "rápidamente" o "deprisa", puesto que ambas complementan a un verbo (y para complementar a un verbo se necesita un adverbio) y no a un sustantivo (función que corresponde a los adjetivos). Pero los adverbios que se forman sobre un adjetivo al que se añade el sufijo "mente" tienden hoy en día a resumirse en la palabra base cuando ésta no chirría en exceso según el contexto: "aquí se trabaja duro" en vez de "aquí se trabaja duramente" (un adjetivo en el lugar que corresponde al adverbio), como "hay que hablar claro", en lugar de "hay que hablar claramente"; "ganó fácil" por "ganó fácilmente"; "lo apretaron fuerte", en vez de "lo apretaron fuertemente" o "lo apretaron con fuerza"; o "perfecto distingo el negro del blanco", como dice la canción, en lugar de "perfectamente distingo"... Y "llegaron rápido" en lugar de "llegaron rápidamente". Se ve sin dificultad que la economía del lenguaje impera en esta tendencia que quizá algún día se instale en la gramática normativa una vez que se haya generalizado entre los hablantes; pero algo de esa teoría falla en la alternativa rápido-deprisa, palabras distintas con las mismas sílabas. Alguna razón nos hace preferir "lo hizo rápido" frente a "lo hizo deprisa", aunque se trate de sinónimos y no se produzca economía alguna.

Tal vez la razón estriba en que "rápido" tiene dos buenas armas para progresar en nuestras memorias lingüísticas: su brevedad frente a "rápidamente" y, después, la historia negativa que ha acumulado el término "deprisa". Hacer las cosas "deprisa" se connota con rematarlas mediante apremio, con improvisación. El diccionario señala, por el contrario, que acometer algo deprisa equivale a hacerlo "con celeridad, presteza o prontitud", sin ningún matiz peyorativo. Pero la cereza adherida que trae esa palabra consigo nos lleva al concepto "con prisas", que entendemos hoy en día como una crítica. Así que muchos prefieren decir y escribir que el trabajo lo han hecho rápido, aunque eso vulnere una de las estructuras en que se basa nuestro idioma y aunque les puedan reconvenir los puristas de la gramática.

Las herencias, pues, no se detienen; siguen progresando en la lengua, oponiéndose a la situación de cada momento. He aquí la verdadera evolución del idioma, la que se impregna de millones de experiencias y de usos que confluyen en una costumbre, decisiones democráticas de los pueblos que actúan por su cuenta y enriquecen su lengua pese a la influencia de las cúpulas sociales y de los medios de masas, de los que generalmente emanan efluvios empobrecedores. Las palabras tienen una vida larga y amplia, las palabras pronunciadas por los abuelos pueden sobrevivir a todas las influencias, porque se incrustaron en nuestra gramática universal cuando estábamos adquiriendo las herramientas del lenguaje, las que siempre anidarán en nuestra inteligencia. Y nuestros abuelos ya veían con malos ojos que los trabajos se hicieran deprisa y corriendo, sin pensar, sin organizarse. Dejaron el terreno abonado para que nosotros, en uso del lenguaje generativo que nos ha sido dado, modifiquemos poco a poco su sentido y cambiemos la gramática.

"El idioma no se inventa, se hereda", escribe el colombiano Fernando Vallejo*. En un libro esclarecedor, este ensayista y novelista muestra (y demuestra) cómo el lenguaje literario de cualquier novela contemporánea es heredero de la *Odisea*, la *Ilíada* o la *Divina Comedia*... aunque el autor del que se trate ni siquiera haya leído estas obras; cómo las fórmulas del estilo y la belleza se transmiten entre los novelistas al través de los siglos, en una multitud de influencias y conexiones. Y si se diseminan

* Fernando Vallejo, *Logoi. Una gramática del lenguaje literario*, México, Fondo de Cultura Económica, 1998. La frase completa es ésta: "El idioma no se inventa: se hereda. Y lo hereda el hombre corriente bajo su forma hablada como el escritor bajo su forma literaria: en un vocabulario, una morfología, una sintaxis y una serie de procedimientos y de medios expresivos. En un conjunto, incluso, de frases hechas y refranes, de comparaciones y metáforas ya establecidas en que abundan la literatura y la vida".

por todas las vidas del género humano incluso las fórmulas estilísticas inconscientes (aposiciones, omisiones, repeticiones, uniones insólitas de palabras, el léxico literario...), cómo no vamos a ser también herederos inconscientes de las propias palabras y de sus recursos, sus usos, sus pensamientos implícitos, cuando éstas adquieren sus formulaciones más sencillas. Así van acumulando poder, ampliando su espacio.

El poeta Luis Rosales dibujó esa misma idea, pero con estas letras hermosas: "La palabra que decimos / viene de lejos, / y no tiene definición, / tiene argumento. / Cuando dices: 'nunca', / cuando dices: 'bueno', / estás contando tu historia / sin saberlo"*.

Una multitud de vocablos que ahora empleamos habrá cumplido ya más de dos mil años, tal vez tres mil, y así nuestra "rosa" es la misma rosa que pronunciaban los invasores romanos en latín, y nuestro "candor" ha llegado también con las mismas letras desde allí. Y son palabras prerromanas, más longevas aún, "galápago", "barro", "berrueco"... Algunas se nos muestran todavía en ese estado puro, otras se han ido transformando... Unas cambiaron en su camino desde la lengua del imperio de Roma, otras hicieron un recorrido tal vez más largo y sinuoso para llegar con el griego; unas cuantas pervivieron desde la conquista de los godos, y aún quedan las

---

* Luis Rosales, *Poesía reunida*, Seix Barral, Barcelona, 1981. Citado por Manuel Casado Velarde en *Aspectos del lenguaje en los medios de comunicación social*, lección inaugural del curso 1992-1993 de la Universidade da Coruña.

que guardan en sus sílabas un origen incierto, y muchas otras se vistieron con la fonética peninsular, pero abrigada en ella aún se ve su estirpe árabe, algunas navegaron desde América hasta la península Ibérica para establecerse en el español de los dos lados del mar… No todas las palabras han evolucionado por igual, ni acumulan las mismas experiencias, ni disponen del mismo espacio en los confines del pensamiento, aun siendo su lugar casi siempre inconmensurable; pero todas han establecido entre sí durante cientos de años unos vínculos inasibles, que exceden sus definiciones particulares y sólo pueden transferirse al completo cuando se comunican las conciencias.

El lenguaje, como ya se ha demostrado en la psicología, procede de un encadenamiento de la razón; y nada resulta casual en él, puesto que "el hablar es condición necesaria del pensar" (W. Humboldt). Y qué mejor referencia de esa imbricación que el hecho de que el vocablo *logos* ("palabra", en griego) lo hayamos heredado para usarlo en tantas raíces que nos llevan al concepto de pensamiento.

El que dicta un texto habla en voz alta para que los demás obren en consecuencia, y no es otra la imagen que nos viene a la mente cuando oímos la palabra dictador, que asimilamos enseguida con alguien que vocea para dar instrucciones precisas que han de cumplirse a rajatabla.

Todo el idioma está integrado por un cableado formidable del que apenas tenemos consciencia, y que, sin embargo, nos atenaza en nuestro pensamiento. Pensamos con palabras; y la manera en que percibimos estos vocablos, sus significados y sus relaciones, influye en nuestra forma de sentir. Y así se extienda nuestro campo de palabras, así estarán lejanos o próximos entre sí los límites de nuestra capacidad intelectual. "El lenguaje forma parte de la estructura de nuestra inteligencia", escribe el ensayista español José Antonio Marina, "nos pone en comunicación con nosotros mismos"*. Y la manera en que nos comunicamos con nosotros mismos es la manera en que pensamos y razonamos, la forma en que hacemos uso de una herramienta que adquirimos sin esfuerzo durante la infancia y que aún puede crecer y desarrollarse en la madurez.

En esa larga historia de los términos que ahora pronunciamos, determinadas palabras se han impregnado de un poder seductor: hacia los demás y también ante la propia conciencia (es decir: ante la propia inconsciencia). Son fuerzas de la naturaleza que alcanzaremos a dominar como el agua embalsada o el fuego de la chimenea, pero que también pueden desatarse sin que antes percibamos el peligro. El poder del agua, el calor del fuego, la seducción de la voz.

En un principio existieron los conceptos sin palabras. Los seres primitivos acomodaron las sílabas de sus primeros rugidos a ideas anteriores al idioma: el peligro, el miedo, el hambre... tal vez los primeros términos lingüísticos de aquellas tribus dieron nombre a esas sensaciones de la supervivencia. Un mono al que se enseñe el concepto "abrir" podrá aplicarlo después a situaciones

* José Antonio Marina, *La selva del lenguaje*, Barcelona, Anagrama, 1998.

muy distintas del ejemplo que se haya empleado para que adquiriese tal palabra. Abrirá puertas, cajones... su propia jaula, cuando se le ordene "abrir". Por tanto, disponía de esta idea antes de recibir ese término que, sin embargo, no puede pronunciar. Así sucede con los conceptos más básicos de nuestra lengua, más intuitivos. Pero después son las palabras las que nos aportan las ideas en nuestros caminos por el aprendizaje intelectual. La palabra "abrir" nos sirve también a nosotros para identificar todas las puertas. Pero la primera vez que cada uno oyó "escepticismo" pudo incorporar a su catálogo de ideas un concepto que no tenía hasta entonces. La palabra y la curiosidad por ella le habrán adentrado incluso en un terreno filosófico y desconocido. Primero aplicamos palabras (rugidos, gritos) a los conceptos. Y a medida que crecemos en el idioma, son los conceptos los que rellenan las palabras que hemos oído. Y las relacionan. Porque ya disponen de unas palabras previas que lo permiten.

Más adelante sentiremos en nuestra profundidad los significados, como dominadores de nuestra propia lengua que somos. Tomamos todo el valor que la historia les ha dado, heredamos también lo que supusieron para las civilizaciones pasadas. Una sola palabra del diccionario escogida al azar nos podría llevar por el espacio interminable de apenas una pequeña parte de nuestros pensamientos.

Las conciencias del mundo actual tienen a la voz "gordo" como peyorativa, generalmente, cuando se aplica a un adulto. Quién sabe si ese valor negativo de la gordura guarda más relación con el original *gurdus* (de origen prerrománico, cuyo significado era "estólido" y "necio"*), que con los conocimientos sobre los peligros de la obesidad.

Apozéke, en griego, llegó a convertirse con los siglos en el español "bodega", a través del latín *apothéca*; pero también derivó en "botica", al desdoblarse la etimología como ha sucedido en centenares de casos: lidiar y litigar, frígido y frío, caldo y cálido, circo y círculo, ave y avión... Y en español hemos recibido de nuestros ancestros la expresión "aquí hay de todo, como en botica", que empleamos para dar idea de la variedad de objetos que se almacenan o se pueden hallar en algún sitio. Pero... "hay de todo, como en botica"... o ¿"como en bodega"? En una farmacia no hay de todo, pero sí en la bodega de un barco o en sus casi sinónimos "despensa", o "almacén". Todo indica que en la palabra "botica" y en el dicho donde se ha fosilizado se resiste a desaparecer su concepto más primitivo, la savia común de dos cerezas de la misma collera transportadas en la misma comporta, llegadas desde cientos y cientos de años atrás, como la raíz indoeuropea *apo* nos muestra: "lejos de". Llegada desde lejos de nuestra tierra y de nuestro tiempo.

"Inteligente" tiene la connotación de *inter-ligare*: reunir, relacionar. Y consideramos inteligente a la persona capaz de extraer conclusiones con el cotejo de hechos aparentemente distintos; y "chabola" es adopción reciente del vasco *txabola*, cuya raíz parece proceder del

---

* Rafael Lapesa, *Historia de la lengua española*, Madrid, Gredos, reimp. de 1997.

francés *jaole* (jaula o cárcel); y hoy en día en la jerga carcelaria se le llama "chabolo" a la prisión. Las palabras, en efecto, se heredan a sí mismas pero acumulan la riqueza que lega cada generación, siempre encadenadas por un vínculo resistente.

El éxito del cristianismo tras la dominación romana tuvo su repercusión en el lenguaje: su influencia espiritual alentó, por ejemplo, la formación de los adverbios terminados en "mente": buenamente, sanamente: lo que es bueno o es sano para la mente; y eso lo asumieron miles y miles de personas, constituyendo un fenómeno masivo de evolución de la lengua, como fruto de la obsesión por el análisis de la propia conciencia y el afán por ver en los actos sus intenciones*.

Las palabras tienen, pues, un poder oculto por cuanto evocan. Su historia forma parte de su significado pero queda escondida a menudo para la inteligencia. Y por eso seducen. Y esa capacidad de seducción no reside en su función gramatical (verbos, sustantivos, adverbios, adjetivos... todos por igual pueden compartir esa fuerza) ni en el significado que se aprecia a simple vista, a simple oído, sino en el valor latente de su sonido y de su historia, las relaciones que establece cada término con otros vocablos, la evolución que haya experimentado durante su larguísima existencia o, en otro caso, el vacío y la falsedad de su corta vida. Nietzsche dijo que toda palabra es un prejuicio, y que toda palabra tiene su olor. Sí. Porque

---

* R. Lapesa, *op. cit.*

toda palabra es previa a sí misma, existía antes de pronunciarla. Y en eso reside su poder.

No hablamos aquí del poder evidente del lenguaje. "Sí" y "no" son probablemente las palabras que mayor poder acumulan por fonema. La autorización y la prohibición, la tolerancia y la condena, la libertad y el impedimento se resumen en esas dos sílabas tan opuestas en su semantema y que constituyen la contestación más tajante y más simple que se pueda conocer. Pero no queremos referirnos a ese poder intrínseco de las palabras, sino al que puede pasar inadvertido en una comunicación. Ese sentido subliminal, subyacente, oculto o semioculto constituye el elemento fundamental de su fuerza: el oyente no la conoce.

Quien emplea las palabras de esa forma puede buscar, con intención encomiable, un efecto literario o quizá un endulzamiento amoroso, pero también esta fuerza interior del lenguaje sirve a quienes intentan manipular a sus semejantes y aprovecharse de ellos. Entre un extremo y otro se hallan el uso inconsciente, el ardid comercial, la argucia jurídica y la mentira piadosa.

La capacidad de seducción que guardan las palabras parte de ciertas claves sobre las que podemos reflexionar. Ya nos hemos referido a la fuerza que otorga a cada vocablo su historia oculta, el enriquecimiento progresivo que se produce en su estructura semántica; y cuánto valor adquiere lo que millones de personas hayan pensado con él. Y la pureza o las evoluciones (nunca rupturas) con que se transmita de generación en generación. Todo eso conforma una potentísima capacidad de seducir, porque esos términos esconden al oído consciente gran parte de su significado. También constituye un elemento de primera magnitud el sonido de cada término: las connotaciones que impliquen sus sílabas.

A veces podemos dejarnos llevar, conscientemente, por la música y el valor propio de las palabras. Admiraremos el talento de un poeta que nos envuelve, o la elegancia de un amante que habla a su pareja con frases elevadas para pedirle lo que, expresado de otro modo, podría constituir una bajeza. Y con el mismo gusto con que nos hundimos en el ritmo de un poema podremos desentrañar la retahíla mentirosa de un pelagallos. Cómo se elige cada palabra para el momento adecuado, cómo se expresa con música lo que en realidad es un ruido, cómo se tocan los lugares sensibles de nuestra memoria... Eso es la seducción de las palabras. Un arma terrible.

II

Persuasión y seducción

Las palabras tienen un poder de *persuasión* y un poder de *disuasión*. Y tanto la capacidad de persuadir como la de disuadir por medio de las palabras nacen en un argumento inteligente que se dirige a otra inteligencia. Su pretensión consiste en que el receptor lo descodifique o lo interprete; o lo asuma como consecuencia del poder que haya concedido al emisor. La persuasión y la disuasión se basan en frases y en razonamientos, apelan al intelecto y a la deducción personal. Plantean unos hechos de los que se derivan unas eventuales consecuencias negativas que el propio interlocutor rechazará, asumiendo así el criterio del emisor. O positivas, que el receptor deseará también. Pero todos los psicólogos saben que cualquier intento de persuasión provoca resistencia. Por pequeña que parezca, siempre se produce una desconfianza ante los intentos persuasivos, reacción que se hará mayor o menor según el carácter de cada persona. Y según la intensidad del mensaje.

En cambio, la *seducción* de las palabras, lo que aquí nos ocupa, sigue otro camino. La seducción parte de un intelecto, sí, pero no se dirige a la zona racional de quien recibe el enunciado, sino a sus emociones. Y sitúa en una posición de ventaja al emisor, porque éste conoce el valor completo de los términos que utiliza, sabe de su perfume y de su historia, y, sobre todo, guarda en su mente los vocablos equivalentes que ha rechazado para dejar paso a las palabras de la seducción. No se basa tanto la seducción en los argumentos como en las propias palabras, una a una. No apela tanto a la construcción razonada como a los elementos concretos que se emplean en ella. Su valor connotativo ejerce aquí una función sublime.

La seducción de las palabras no necesita de la lógica, de la construcción de unos argumentos que se dirijan a los resortes de la razón, sino que busca lo expresivo, aquellas "expresiones" que se adornan con aromas distinguibles. Convence una demostración matemática pero seduce un perfume. No reside la seducción en las convenciones humanas, sino en la sorpresa que se opone a ellas. No apela a que un razonamiento se comprenda, sino a que se sienta. Lo organizado subyuga, atenaza con argumentos; pero seduce lo natural, lo que se liga al ser humano y a su entorno, a sus costumbres, a la historia, seduce así la *naturaleza* de las palabras.

Algunas palabras cumplen la función de un olor. Seduce un aroma que relaciona los sentidos con el lugar odorífero más primitivo, el nuevo olor llega así al cerebro sensible y activa la herencia que tiene adherida desde la vida en las cavernas; y le hace identificar esa percepción y su significado más profundo, más antiguo, con aquellos indicios que permitían al ser humano conocer su entorno mediante las sensaciones que hacían sentirse seguro al cazador porque los olores gratos anunciaban la ausencia de peligros; es decir, la inexistencia de olores peligrosos. La seducción de las palabras, su olor, el aroma que logran despertar aquellas percepciones prehistóricas, reside en los afectos, no en las razones. Ante determinadas palabras (especialmente si son antiguas), los mecanismos internos del ser humano se ponen en marcha con estímulos físicos que desatan el sentimiento de aprecio o rechazo, independientemente de los teoremas falsos o verdaderos. No repara la seducción en abstracciones, en nebulosas generalizantes, sino en lo concreto: es lo singular frente a lo general.

Las palabras *denotan* porque significan, pero *connotan* porque se contaminan. La seducción parte de las connotaciones, de los mensajes entre líneas más que de los enunciados que se aprecian a simple vista. La seducción de las palabras no busca el sonido del significante, que llega directo a la mente racional, sino el significante del sonido, que se percibe por los sentidos y termina, por tanto, en los sentimientos.

Todo esto nos lleva a saber que en cada contexto existen unas palabras frías y unas palabras calientes. Las palabras frías trasladan precisión, son la base de las ciencias. Las palabras calientes muestran sobre todo la arbitrariedad, y son la base de las artes.

Como nos muestra el semiólogo Pierre Giraud, "cuanto más significante es un código, es más restringido, estructurado, socializado; e inversamente. Nuestras ciencias y técnicas dependen de sistemas cada vez más codificados; y nuestras artes, de sistemas cada vez más descodificados"*.

---

* Pierre Giraud, *La semiología*, México, Siglo XXI Editores, 1972.

La historia del concepto "seducir" da a este vocablo un cierto sentido peyorativo, condenado desde su propio registro oficial. El diccionario de 1739 lo definía sólo con estas frases: "Engañar con arte y maña, persuadir suavemente al mal".

Por tanto, la seducción no se ha entendido históricamente como algo positivo: se ocultaba en la palabra el temor religioso por tantas veces como se habrá retratado la seducción de un hombre a una doncella, la seducción de una doncella a un hombre, la seducción del demonio al hombre y a la doncella... Pero no se reflejaba en el aserto del diccionario la seducción que puede ejercer un paisaje, o la seducción de un vendedor ambulante que proclamaba la eficacia de sus remedios. Y el adverbio "suavemente" de esa definición (que permanece en nuestro concepto actual: el modo se mantiene) ilustra la tesis que aquí traemos: con dulzura; con el sonido de las palabras o la belleza de las imágenes, con recursos que van directos al alma y que vadean los razonamientos.

Aquella idea que identificaba engaño y seducción —dos formas de designar el pecado— en el primer léxico de la Academia se matiza en el diccionario actual, que añade una segunda acepción, más conforme con nuestros tiempos: "Embargar o cautivar el ánimo". No hay ya en esta segunda posibilidad ninguna palabra que descalifique moralmente la seducción; pero se acentúa la idea de que el efecto se busca en las zonas más etéreas de la mente: embargar, cautivar, ánimo. La abstracción de los sentimientos.

Lo mismo ocurre con un verbo de significado muy cercano: "fascinar". No en su primera acepción (hoy apenas empleada) que define este concepto como "hacer mal de ojo". Sino como se explica después, en sentido figurado: "engañar, alucinar, ofuscar". Finalmente, la tercera posibilidad (igualmente en sentido figurado) es la que consideramos aquí: "atraer irresistiblemente".

La seducción y la fascinación (la primera precede a la segunda), pueden servir, pues, tanto para fines positivos como negativos, y así las entendemos ahora. Pero, en cualquier caso, se producen dulcemente, sin fuerza ni obligación, de modo que el receptor no advierta que está siendo convencido o manipulado, para que no oponga resistencia.

A veces la seducción de las palabras no trasluce una investigación intelectual sobre el léxico —siquiera fuese rudimentaria— a cargo de quien la utiliza, sino una mera intuición del hablante. Es decir, el emisor ejerce su herencia lingüística de una manera tan inadvertida como un novelista de hoy copia sin saberlo las estructuras de algunas frases de Quevedo, o como el niño comprende las reglas de la sintaxis. Sin embargo, siempre habrá en quien intente seducir con las palabras un atisbo de consciencia cuando las emplee para la seducción. Las habrá descubierto intuitivamente, *siendo hablado* por el idioma, pero las pronunciará con plena responsabilidad. Con la intención de manipular a los incautos.

III

Los sonidos seductores

El sonido no es sólo el contorno de las palabras. En nuestra vida cotidiana solemos quitarle valor porque nos parece periférico. Pero representa la fachada que vemos en ellas antes de conocer sus habitaciones. Los bebés son sensibles al sonido y a la entonación, incluso la perciben cuando aún se encuentran en el seno materno. También los animales son capaces de desentrañar los sonidos en que van prendidas las palabras y acercarlas a su contenido. La voz nos da el tacto de las frases, y con sus sensaciones vivimos la parte más irracional del lenguaje porque su registro nos permitiría incluso prescindir de los significados. Ahí reside su poder de seducción.

El lenguaje, pues, constituye en primer lugar un hecho sensorial, que recibimos con el oído o la vista. La primera impresión de lo que escuchamos nos llega con los golpes de voz, y en ese momento el cerebro humano descodifica fonéticamente una clave que le permite adentrarse luego en las ideas. El sonido pone la llave y abre la puerta. Pero lo hace con una celeridad que supera todas las velocidades conocidas. Diversos subprocesos mentales que estructuran la comprensión del lenguaje quedan superados mediante una suerte de conexión ultrarrápida entre nuestras neuronas y nuestros sentidos.

Ni siquiera necesitamos que las palabras se completen. Como nos han enseñado los psicolingüistas, analizamos su contenido sobre la marcha, con un desfase de tan sólo dos sílabas entre los fonemas y la aplicación de sus significados. Incluso el sentido parcial que se esconde en los sufijos o las derivaciones queda identificado a una velocidad de ensalmo. A menudo, la mente humana hasta prescinde del código de acceso completo, y le bastan las primeras sílabas, a veces el mero golpe de voz inicial, para comprender la palabra entera. Así, un vocablo común puede quedar descifrado en 150 milisegundos, porque el cerebro humano es sobre todo una inteligencia verbal, que llega incluso a separar el proceso de registro y el de análisis pese a que se producen casi simultáneamente; y casi en la misma fracción elabora la comprensión gramatical y sintáctica. Esos 150 milisegundos representan muy escaso tiempo, pero la relación entre lo que dura el sonido y lo poco que tardamos en descifrarlo nos lleva a pensar que la onda sonora de esa palabra ha ocupado mucho espacio relativo en nuestra mente durante el reducido margen en que la hemos tenido sobre ella, un momento en el que los fonemas han cumplido un protagonismo brutal.

El cerebro humano analiza el sonido de cada letra con una facilidad irracional. Parece increíble, cuando se analiza racionalmente, que la mente pueda descodificar con tanta celeridad el sonido "be" de la palabra "bato" como disímil del fonema "pe" del término "pato", y distinguirlos como dos seres semánticos muy diferentes cuando en su fonética se muestran casi idénticos. La sutilidad de la maquinaria lingüística resulta asombrosa, y más aún cuando se desmenuza en un laboratorio: tanto "be" como "pe" se pronuncian gracias a la unión de los labios y su posterior apertura explosiva; pero al lanzar el primero de estos sonidos se da una vibración de las cuerdas vocales algo distinta de la que precisa el segundo. La diferencia entre ambos estriba en que las cuerdas comienzan a vibrar antes al pronunciar "be". Contar el tiempo de esa distancia mueve a la perplejidad: en el caso de "pe", los pliegues vocales comienzan a vibrar unos 40 milisegundos después de que se separen los labios; y en la pronunciación de "be", esa vibración se adelanta unos 20 milisegundos. Y el oído lo distingue[*].

La capacidad sonora de la parte del cerebro que percibe el sonido del lenguaje parece, por tanto, superior a nosotros mismos. Y esa fuerza que han adquirido los fonemas que utilizamos y la manera en que se descifran habían de guardar alguna relación con el sentido que damos a cada palabra.

La poesía acudió siempre a los sonidos seductores, conocedora de este valor inmenso de las sensaciones que saben distinguir los sentidos con tan buen paladar auditivo. El lector se deja conquistar por la belleza y la evocación de las palabras porque así disfruta del juego que el poeta plantea. Después, si eso le agrada, podrá analizar la métrica, el ritmo y las aliteraciones, desentrañar

---

[*] Gerry T. M. Altmann, *La ascensión de Babel. Una incursión en el lenguaje, la mente y el entendimiento*, Barcelona, Ariel Psicolingüística, 1999.

los mecanismos de la hermosura. Pero ya habrá terminado entonces el vínculo de la seducción.

Los poetas demostraron, antes que los psicolingüistas, que todas las palabras suenan en nuestros oídos aunque las leamos en silencio. Después, los estudiosos del lenguaje y del cerebro humano han convenido en que la lectura de un texto va acompañada de una articulación interior, imperceptible. Ellos lo llaman "subvocalización". Por eso aprender a leer afecta a la forma de percibir las palabras que se oyen. Una vez que sabemos leer, no sólo vemos las palabras con sus letras. También las escuchamos con sus sonidos.

Y con los sonidos nos llegan los colores de los fonemas y cuanto sugieren. Las formas que envuelven los vocablos crean también una estética que alcanza a los sentidos del ser humano y puede, como un lienzo, dejar admirados nuestros ojos. Las letras cumplen el papel de colores en la paleta de quien plasma un poema.

La vocal *u*, por ejemplo, se inserta en "luz", en "lumbre", en "fulgor", en "fulgurante", en "iluminar", "luminaria"... palabras todas ellas que se apoyan en el sonido "u" y que se relacionan con la luz misma. Dámaso Alonso hablaba de "la magia de la imagen fonética" para componer "la imagen poética", y recordaba aquel verso del poeta dueño del color, Luis de Góngora: "Infame turba de nocturnas aves", donde la acentuación de la frase en las dos sílabas "tur" (turba y nocturna), en los dos golpes de la *u*, hace caer sobre el verso dos intensos chorros de luz, pero de luz negra; la misma luz negra que inunda la palabra "lúgubre"... La negrura de "luto" y "luctuoso", las sílabas que evocan el dolor primitivo de la palabra.

Y es esa misma sílaba "tur" acentuada en "turba" y en "nocturna" la que encontramos en "turbio", en el dúo de letras "ur" que hallamos en "oscuro", la misma letra *u* que sobreviene opaca en el azul marino o en la lúgubre luz del ángulo umbrío, del ángulo oscuro: un cierto fulgor, luz, sí; pero de brillo negro, el brillo de la "púrpura" y del "crepúsculo"; porque el azul profundo y las *úes* que lo muestran se hallan muy cerca, hasta el punto de que en francés se dice "no veo más que azul" para explicar que alguien no ve nada; y en alemán, "estar en azul" equivale a "estar borracho"... situación que en España se llama también "estar ciego", "ir ciego" o "coger un ciego"... así que estar en azul es estar ciego... y estar ciego es estar borracho, y no ver por culpa de la luz oscura de la borrachera que obliga a "estar en azul"... Las palabras evolucionan en círculos... Porque no en vano las palabras *circulan*.

La *a*, por el contrario, se muestra blanca... blancas son las letras *a* de alma y de cándida, de clara y de diáfana, de glaciar, de alba y de cal y de agua, y de cana o de diana, la *a* que transparenta, la *a* de cristalina y de escarcha... y de la propia palabra "blanca", que exhibe su blancura en las dos vocales que la pronuncian. Y blancos son los "álamos" en su madera blanca, y los "fantasmas" en sus "sábanas", en sus sábanas blancas, vestidos por las *aes* de todas esas sílabas que hacen menos blanca la "nieve" que la "nevada".

La letra *i* es tal vez el amarillo, palabra que la acoge además en su sílaba tónica, el amarillo de "genista" porque encajaría más a la retama el color blanco y a la genista el amarillo, siendo en realidad la misma planta, sinónimas en los diccionarios… El amarillo que se marchita y amarillea marchitándose y que pone el acento en la *i* de marchito, el amarillo del pelo rubio, el amarillo de un rostro lívido, del cofre aurino, de la piel cetrina, de la orina, de la ictericia y su palidez, el amarillo del trigo, el amarillo del limón amarillo que comparte el sabor con él, pues el nombre de este cítrico procede del término latino *amarellus* (amargo), pero la palabra que lo nombra tomó el color del claro brillante y se formó con la *í* acentuada… el mismo amarillo que asume la carga tónica de la delgada vocal que apuntala todas esas palabras, el amarillo que brilla.

La *o* lleva los valores de "negro", cuyo sonido se asocia con lo fúnebre tal vez porque *nekro* llegó al español desde el griego para nombrar a la muerte (identificamos el negro con la necrológica, y vemos el negro futuro de alguien… no se trata de un problema de racismo, sino de sonidos y etimología)… Negro como el carbón, como el luto también, como el chocolate, como el oro negro.

La *e* parece, en cambio, una letra menos coloreada, menos evidente, pero sugiere los marrones y los tonos pardos… el color marrón oscuro del café… La *e* del roble, de arce, del alce, del reno, del ciervo, del rebeco, la *e* de los árboles que en plural marronean con sus maderas perennes y que alfombran el suelo con sus pieles despegadas del cuerpo. El marrón del bosque que imaginamos cada vez que se oye la palabra "septiembre".

Mallarmé lo resumió al decir que la poesía no se hace con ideas, sino con palabras. Como la seducción. Porque la seducción vive en la poesía.

De la relación entre colores y sonidos han hablado Arthur Rimbaud, Sigmund Freud, Claude Lévi-Strauss, Iván A. Schulman, Vicente García de Diego, Pío Baroja, Renato Ghil, José Martí, Félix de Azúa, Gloria Toranzo, Auguste Herbin... y especialmente Eulalio Ferrer*. Cada uno con su asociación particular (y sus coincidencias), y todos con la intuición común de que el sonido y la vista se relacionan también gracias a que los conectan las palabras. Pero no ha elaborado nadie una teoría científica, sino sólo poética; que sólo se puede demostrar ante quien esté dispuesto a quedar seducido.

Los sonidos seductores nos evocan el color, pero también el tamaño. La letra *i* se ha apropiado del mensaje de lo pequeño, con decenas de palabras que muestran lo diminuto gracias a ella, una *i* con frecuencia arrullada por alguna *eme* o *ene* que, cuando aparecen, le dan un punto afectuoso: ínfimo, infantil, infinitesimal, mínimo, milimétrico, disminuir, miseria, minucia, diminutivo, aminorar, chiquinín, microbio, minimizar, micra... Y también palabras como ridículo, irrisorio, insignificante, nimio, pizca, tiquismiquis, chiquito... La seducción de los cuentos infantiles está implícita en el amarillo de tantas *íes* como aparecen en ellos. La *i* evoca aquello que, por pequeño, ha de cuidarse, lo que no pesa, lo que se disimula entre líneas...: liviano, delicado, sibilino... Las *íes*

---

* Eulalio Ferrer, *Los lenguajes del color*, México, Fondo de Cultura Económica, 1999. Gloria Toranzo, *El estilo y sus secretos*, Pamplona, Eunsa, 1968. Félix de Azúa, *Diccionario de las artes*, Barcelona, Planeta, 1995.

llevan prendidas la escasez y la ligereza, porque su sonido se apropió de ellas.

Los diminutivos se adornan con la *i*, no por casualidad: la *i* tónica de -ico, -ito, -illo, -ino, -ín… Y nos seducen expresiones como "el parquecillo que conozco" o "mi casita en la montaña". Gonzalo de Berceo se aprovechó de este poder sugestivo, y obtuvo literatura grandiosa al sumergirse en el tesoro de los diminutivos y emerger con algunas joyas, empezando por el diminutivo del alma: "tanto la mi almiella sufría cuita mayor"…, "algún maliello que valía poquillejo"…, "la oración que reza el preste callandiejo". Santa Teresa, mucho tiempo después, dejó ver en sus diminutivos lo que los profesores de literatura interpretan como deliciosa feminidad*: "esta encarceladita de esta pobre alma", "como avecita que tiene pelo malo, cansa y queda", "esta motita de poca umildad"…

La seducción literaria puede servirse de los diminutivos porque la historia de la lengua le da razones para ello. La vida de los sufijos ha ido saltando los años con el inmenso trabajo de dar connotación a las palabras, de adornarlas y exaltarlas o, por el contrario, envilecerlas y despreciarlas. El latín vulgar se enamoró de la derivación, y su expresividad afectiva creó diminutivos como *aurícula* (ahora oreja), *genúculu* (hinojo, rodilla) o *solículum*, en el lugar que correspondía respectivamente a *auris*, *genu* o *sol*. La orejilla, los hinojillos, el solecillo. *Genúculu*

---

* Rafael Lapesa, *op. cit.*

conduce a hinojos ("caer de hinojos" es caer de rodillas), pero *rótula* deriva en el diminutivo *rotella* y por eso hoy en día pronunciamos *rodilla* sin que veamos ya el diminutivo que, sin embargo, existió.

Los hablantes de aquellos siglos percibieron una identificación entre las *íes* y sus afectos. El diminutivo -illo nació precisamente con el mayor protagonismo de la letra *i*; porque cuando se generaliza (en el siglo XIV) los españoles de entonces abandonan la vocal *e* que la acompañaba y competía con ella, de modo que el primitivo sufijo –iello se convierte en arcaizante. Algo hubo en el ambiente que invitó a elegir la letra amarilla frente a la marrón a la hora de *pensar* los objetos pequeños. Quizá porque el amarillo se confunde con el blanco y se aprecia menos; su presencia se hace menor... queda *disminuida*.

Desde luego, no todas las palabras con predominio fonético de la *i* se pueden relacionar con algo reducido (ni con algo amarillo); pero sí parece que cuando el lenguaje desea profundizar en tal concepto acude con muchísima frecuencia a esa letra, la más fina del alfabeto. El sonido más delgado.

Los aumentativos escogen en cambio la *a* y la *o* (-azo, -ato, -ona, -ón...), porque abrimos más la boca con sus fonemas y porque su sonoridad y la carga tónica del acento sobre ellos logran asociarlos a los conceptos de lo inmenso: descomunal, grandilocuente, aparatoso, megalómano, ampuloso, faraónico... Incluso prefijos como "macro" y "micro" llevan en su marca diferencial la función clara de las dos letras que los distinguen entre sí.

"Habráse visto tamaño error"..., podrá decir alguien. Y el concepto "tamaño", que obliga a abrir generosamente la boca para pronunciarlo, no evoca en un principio una medición concreta: el tamaño puede concebirse grande o pequeño, los fabricantes de zapatos lanzan al mercado todos los tamaños... Y, sin embargo, el poder de la palabra, de sus letras, de su etimología, nos seduce con el concepto oculto que se hallaba en su origen latino: *tan magno*... tan grande... tamaño... He ahí por qué ese error se reveló así de grave, ese tamaño error. He ahí por qué la historia de la palabra y su sonido la condicionan.

La *j* (o la *g* cuando adquiere esa misión fonética) y la *ch* se instalan en las palabras del desprecio: paparruchas, chorradas, pendejadas, gilipolleces, casucha, hatajo, grupejo... Los sufijos despectivos suelen dar mucha rentabilidad a quien los profiere, con un mínimo gasto: no encubren ningún insulto, no resultan malsonantes; pero alcanzan de lleno al inconsciente. Suponen así un mecanismo claro de seducción fonética negativa, porque envuelven la palabra con un cierto hedor que nos hace volver la cara, desdeñarlas en su sonido y por ende en su significado. "Derechona", por ejemplo*; o "litrona" y "botellón"... cuyos líquidos arrullan el inconformismo de muchos jóvenes en los parques y tocan su paladar a granel.

Las erres se perciben a su vez con la connotación de la energía o de la fuerza, de los verbos que implican un nuevo intento. Porque la fuerza y la energía se hallan en palabras como "resurgir", "romper", "resucitar",

---

* Tengo por inventor de esta palabra al escritor y articulista del diario *El Mundo* Francisco Umbral.

"reactivar", "penetrar", "rearmar", "recomponer", "rasgar", "irrumpir", "rebatir", "rebelarse"... y las erres del prefijo re- que invitan a la repetición, a no desesperar y a emprender de nuevo lo que no se ha completado. La *r* que entra raspando en los oídos y que servirá para dotar de brío a las ideas aunque su contenido careciere de fuerza.

Las sílabas hacen que "patraña" sea más grave que "mentira", y "mentira" (con su famélica *i* resaltada) menos que "embuste", y dejan en venial la acusación de "falsear la verdad" frente al contundente insulto sonoro de la "manipulación".

Las eses evocan la suavidad, como la misma palabra falsear, como suave, como terso, como delicioso, bálsamo, vaselina, sabroso... La *s* influye en el significado. La *s* se desliza por el paladar del lenguaje, tiene un sabor liviano y contagia la idea más antagónica de la fuerza y la violencia. He aquí la *s* que da su principal valor fonético a la seducción, porque es el engatusamiento suave y casi imperceptible, inasible, el que ejerce el "enhiesto surtidor de sombra y sueño"... el ciprés de Silos lleno de eses con el que nos acarició Gerardo Diego.

El valor de los sonidos moldea, pues, las palabras y cuanto nos sugieren. "El jarrón estuvo en un tris de romperse", pronunciamos repitiendo una frase hecha, heredada. En un "tris": *tris* representa un instante brevísimo y evoca el sonido de algo que se rompe. Faltó casi nada para que el jarrón se rompiera... O alguien permaneció "erre que erre", machacón, como serrando un árbol, *sierra que sierra con la herramienta*, y la *r* nos da también así el ruido de la sierra en la rama del roble...

Y podemos comparar la frase *el ruido de la sierra en la rama del roble* (que acabamos de escribir para buscar el estruendo reiterado) con su alternativa *el sonido de la sierra en los surcos del sauce*, expresión que podría adornar cualquier poema bucólico. En la primera frase, la combinación rugiente resalta la *r* de "sierra". Pero en la segunda, la oración siseante potencia la *s* inicial de la misma palabra, lo que nos muestra dos valores fonéticos diferentes de un solo término, dos ruidos distintos para un mismo instrumento que corta la madera; las cerezas de los sonidos enlazados en collera consiguen alterar su percepción. La *s* contra la *r*, el *sosiego* frente al *rugido*.

Los fonemas de muchas palabras forman parte, pues, de los elementos de seducción porque se perciben con los sentidos más que con la inteligencia. Desde el valor afectivo y cariñoso de la *i* hasta el derroche vibrante de la *r*.

A veces resalta incluso en algunos términos el significado fonético por encima del etimoló-gico. Si alguien lograra algo por arte de birlibirloque, nos pondríamos de su parte sólo por el sonido de esta expresión que refleja sus actos, a pesar de que la voz se formase en su día con "birlar" (estafar, robar) y "birloque" o "birlesco" (ladrón)*, y a pesar de que la persona a quien se aplica obtenga sus fines mediante el engaño, como los magos y los prestidigitadores. Imaginemos la noticia que nos transmite un contertulio: "El ministro se ha sacado de la

---

* Germán Díez Barrio, *Dichos populares castellanos*, Madrid, Castilla Ediciones, 1987 (y eds. de 1989, 1993 y 1999).

manga 100 millones del presupuesto como por arte de birlibirloque". Lejos de constituir una merecida censura, la palabra se habrá puesto a favor de tan insigne contable. Una seducción que engaña. Un sonido que conquista. Una irregularidad que se convierte en travesura. Habrán birlado 100 millones, pero con gracia.

"¡Esto es una hecatombe!", podrá exclamar otra persona para definir el mismo caso y el mismo presupuesto. Y aquí tenemos una palabra con miles de años de vida. *Heca/tombe*: cien/bueyes, según la etimología griega. Y el primer diccionario *oficial* del idioma español (el *Diccionario de Autoridades*, del siglo XVIII) consagra como significado primigenio (y único entonces) el que hace referencia al "sacrificio de cien reses de una misma especie que hacían los Griegos y Gentiles cuando se hallaban afligidos de algunas plagas". Durante muchos siglos sólo significó eso: un rito religioso. Hoy en día el *Diccionario de la Real Academia* admite también los sentidos en que el lector habrá pensado al encontrar esta palabra cualquier día en cualquier periódico: "mortandad de personas", "desgracia, catástrofe". El sacrificio de cien bueyes puede suponer una catástrofe para una aldea, por más que la aportación al altar fuera voluntaria y hasta piadosa, pero la genética de la palabra remitía exclusivamente a la matanza ritual de animales, con la precisión milimétrica de sus étimos. La vigente "mortandad de personas" casará mal, entonces, con la historia del vocablo; sin embargo, aquí se ve más bien que la sonoridad de sus sílabas se ha impuesto al significado. Hecatombe forma un conjunto fónico demasiado sonoro, rotundo, sobrecogedor como para significar solamente un sacrificio ritual y voluntario*.

La fascinación de los sonidos rotundos nos llena la boca de letras mayúsculas, esculpidas en moldes redondos. El hablante se da con ellas la satisfacción de pronunciar notas musicales sorprendentes y hermosas sin apenas separación entre sí; como el martilleo de un timbal en el timbre de la voz. "Tiene ideas carpetovetónicas", por ejemplo. La palabra acude presta al inconsciente de quien la pronuncia, y al de quien la escuche, para representar algo antiguo, anticuado, exagerado... quién sabe. Qué importa su significado real ("perteneciente o relativo a los carpetanos y vetones. Dícese de las personas, costumbres, ideas, etc., que se tienen por españolas a ultranza y sirven de bandera frente a todo influjo extranjero"). Qué importa en este caso la etimología. La palabra se aplica a menudo a personas extranjeras que ni son españolas ni abrigan ningún sentimiento xenófobo. Es el sonido el que se impone a la razón, y el cerebro humano completa el significado de la palabra cuando escucha sus primeras sílabas, sin esperar a adentrarse en su propio diccionario espiritual, porque el sonido protagoniza la carga emocional del vocablo, sin relación alguna con los más primitivos moradores de lo que en la era

---

* "Hecatombe del Real Madrid en el Bernabéu", titula *El País* en su primera página el 5 de diciembre de 1999, tras la derrota del equipo blanco en su propio campo frente al Zaragoza por ¡1-5! No se trata de ninguna muerte de personas, sino de un desastre deportivo. La palabra "hecatombe" hace honor a lo sonoro de la derrota.

prerrománica eran las actuales Madrid y Guadalajara (los carpetanos) y Zamora, Salamanca, Ávila, Cáceres, Toledo y Badajoz (los vetones).

Nos gusta decir que un político ha sido defenestrado, la palabra tiene fuerza y gravedad; pero, lejos de pensar que alguien fue arrojado por la ventana (su sentido etimológico; y "finiestras" con el valor de "ventanas" está ya en el *Poema de Mio Cid)**, lo imaginamos simplemente destituido... eso sí: ruidosamente. La fuerza de esas sílabas da idea del desastre (el defenestre) que sufrió, aunque sólo quedara apartado de su cargo.

En el lado opuesto, en el lado de lo pequeño, sucede algo parecido con "pírrico". Perdida ya la herencia de Pirro (aquél que ganó una batalla en la cual el daño sufrido no compensaba la victoria lograda), las *íes* de esa palabra hacen creer a algunos hablantes que este adjetivo equivale a "insignificante". Decía un periódico español el 8 de agosto de 1999: "El Barcelona cerró ayer la pretemporada en Berlín con un juego pírrico". Como quiera que el equipo azulgrana ni siquiera ganó, todo indica que quien escribió así, como tantos otros, se dejó seducir por el envoltorio de la palabra, el sonido del desprecio que acompaña a pírrico igual que a irrisorio y a ridículo.

---

* "Mio Çid Roy Díaz — por Burgos entróve, / en su compaña — sesenta pendones; / exien lo veer — mugieres e varones, / burgueses e burguesas a las finiestras sone, / plorando de los ojos — tanto avien el dolore; / de las sus bocas — todos dizían una razóne: / "Dios, qué buen vassallo — si oviesse buen señore!". *Poema de Mio Cid*. Texto antiguo y traducción exacta por M. Martínez Burgos, 4ª ed., Burgos, Caja de Ahorros Municipal, Imprenta Aldecoa, 1982.

Por todo eso nuestros antepasados identificaron ya la palabra "miniatura" con algo pequeño, cuando su raíz procede de "minio", el colorante usado para los dibujos que acompañaban a los textos en los manuscritos medievales*. El sonido de la *i*, el falso sufijo "mini", esa terminación en "ura" que vemos también en "ternura", "dulzura"... ¿cómo no vamos a regalar una miniatura a un ser querido? El sonido de la palabra se ha impuesto a sus propios genes, y la hemos tomado por la idea que transmite la fachada antes que por el interior de la casa.

¿Tienen un valor propio, pues, los sonidos; un valor significante? Eso parece; al menos en una cierta cantidad de palabras donde resaltan por encima de su etimología. Incluso el sonido actúa con fuerza propia también cuando el significado queda indemne, porque a menudo lo refuerza o lo matiza. La voz "tormenta" se acompaña con el repiqueteo de la *t* que rememora la lluvia sobre los cristales, pero la palabra "tromba" nos lleva por delante con la fuerza de su agua.

La voz "tumba" ya se nos muestra terrible por la sola función de lo que representa; y a ese estremecimiento contribuye aún más el sonido que la caracteriza: tumba, que entronca con la onomatopeya "tumb" de la que se formará luego "tumbar" (las cerezas siguen saliendo juntas

---

* Explicación que da el académico Manuel Seco a Juan José Millás en un reportaje publicado por *El País Semanal* a finales de septiembre de 1999. El *Diccionario* de Seco (Madrid, Aguilar, 1999) ofrece esta primera acepción de "miniatura": "Pintura minuciosa y de pequeño tamaño que frecuentemente sirve de decoración e ilustración a libros o manuscritos".

del canasto). "El Gobierno tumba la propuesta de la oposición", por ejemplo. Y ese "tumba" retumba (otra cereza) en nuestros oídos. La fuerza expresiva de la oración llega directamente a las emociones, seduce al lector porque le transmite sin más la fuerza del poder político que puede tumbar lo que desee. La palabra "tumba", empleada al final de cualquier frase larga, sepulta cualquiera de las palabras anteriores para absorber toda su fuerza, así: "Aquellos políticos del franquismo que no permitían la discrepancia no sólo empobrecieron a su país, sino que además convirtieron a España en una tumba".

La magia de los sonidos acompaña a las fórmulas y los hechizos; *abracadabra*, por ejemplo: una sucesión de *aes* que abren la boca y la gruta que resulten necesarias. Y con palabras llenas de magia y de sonidos se hacen los maleficios, y con palabras seductoras se conjuran.

En 1997, el Tribunal Superior de Cataluña determinó, tras una sólida argumentación jurídica, que no se había producido ensañamiento en el asesinato de una mujer que recibió 70 puñaladas. Consideraban los jueces que, una vez infligidas las primeras, el resto se le asestaron a un cadáver y, por tanto, no añadieron dolor innecesario.

Tres años después, en mayo de 2000, el mismo tribunal reafirmó su criterio, en este caso para un asesinato en el que mediaron 17 patadas, estrangulamiento y descuartizamiento de la víctima, de modo que el criminal (su ex marido) vio rebajada su sentencia de 22,5 años a sólo 15.

Pero ambas sentencias levantaron la perplejidad nacional, porque la fuerza de la palabra "ensañamiento", el sonido expresivo de la *ñ* que invita a pensar en alguien recreado en el crimen, se situaba por encima de cualquier considerando y más allá de cualquier resultando. Esas 70 puñaladas son un ensañamiento para la verdad del lenguaje, diga lo que diga la verdad de los tribunales y de la ciencia forense.

Ensañarse: "Deleitarse en causar el mayor daño y dolor posibles a quien ya no está en condiciones de defenderse". *(Diccionario de la Real Academia Española)*.

La *ñ* invita a pensar en la insistencia, ñaca ñaca, ñiqui ñiqui, saña a saña, el ensañamiento emparenta con la *ñ* explícita del empeño, con la *ñ* implícita de la vesania (que *oímos* como ve-saña), con la reiteración, el furor, el enojo ciego, la saña que da sentido a esta palabra de origen incierto en nuestro idioma y, por tanto, antiquísima. Su sonido ya la hizo merecedora de este significado en el primer diccionario del idioma español: "Cólera y enojo con exterior demostración de enfado e irritación"; y en "sañudo" (aún más onomatopéyica) vemos "furioso, colérico y airado o propenso a la cólera". La fuerza de la saña está en la historia de nuestra fonética, y mal hizo aquel tribunal al orillar su expresividad, al separar, por un lado, unos hechos que encajan en la imagen eterna de la saña y, por otro, la definición técnica que la enfría y la disecciona como si fuese una sandía.

Valoramos el sonido también cuando damos nombre a un hijo, incluso a nuestro perro. Desconocemos generalmente el significado de los nombres ajenos, casi nunca nos planteamos la etimología de palabras como Teresa, Irene, Julia, Lucas, Ignacio, Ruth, Cristina, Leonor, Carmen, Emma, Sara, Isabel, Marta, Enrique,

Joaquín, Javier, José, Carlos, Emilio, Fernando, Antonio, Jaime, Juan, Wifredo, Miguel, Santiago, Adolfo... y sus sílabas nos empujan y nos seducen, hasta el punto de que incluso se teoriza sobre la influencia del nombre en el propio comportamiento. Y llamamos al perro recién comprado o recién recogido con un nombre que proyecta sobre él nuestra idea de su carácter o de su figura. Y con su nombre lo educamos, y de su nombre obtenemos su imagen. De repente, unos vecinos dan en la flor de llamar "Tyson" a su rottweiler, y después el animal tendrá atemorizado al barrio porque, constituido en arma y tratado como un boxeador y no como un amigo, andará suelto y sin control muy a menudo por la calle (al contrario que el púgil de quien toma el nombre, que suele pasar más tiempo encerrado). Quien da a su perro un apellido de boxeador, cuando ni siquiera se trata de un boxer (uno de los cachorros más hermosos de la creación, permítaseme este paréntesis que no hace al caso), le da también, con su idea del nombre, el carácter que espera de él. En el mismo acto de nombrar lo que carece de palabra nos solemos entregar al sonido como significante, y los nombres nos seducen por sus fonemas y por su herencia antes que por su contenido. No otorgamos a un niño el nombre de alguien a quien odiamos. La palabra usada influye. Su contexto la anatematiza o la endulza.

En 1978 se presentó a las elecciones para el Senado por Massachusetts un candidato semidesconocido llamado Paul Hongas. Al poco de comenzar la campaña, su fama era enorme, muy por encima del resto de los candidatos, gracias a un anuncio televisivo en el que un niño pronunciaba con especial gracia su nombre. La peculiar pronunciación se hizo tan popular que, de la noche a la mañana, el candidato pasó de ser un desconocido a ocupar un lugar privilegiado en la mente de sus votantes*. Les sedujo el sonido de su nombre. Y Hongas llevó sin querer a millones de personas una idea peculiar de sí mismo. Se convirtió en un hombre simpático sólo porque el enunciado de su nombre lo era.

Nuestro idioma tiene muchas palabras nacidas de un sonido para representarlo a su vez: murmullo, bisbiseo, siseo, susurro, ronquido, bramido, estampido, tintineo, tableteo, triquitraque, maullido, glugluteo, carraspear, arrullo, castañetear, trueno, estruendo, tronera, rugido, traqueteo, trino, carrañón, carraca, estrépito, guirigay, gorjeo, bullicio, rumor, fragor, bregar, cencerro, alboroto, ulular, rasgueo, crujido, atronador, estridente, cocoricó, kikirikí, chirrido, rechinar, chillido, chapotear, cacarear, balar, gruñir, mugir, zurear, arrancar, arrullar, chiscar, roncar, rezongar, ronronear, runrún, cacareo, incrustar, farfullar, cuchichear, balbucear, balbucir...

Y cómo no: bomba, una palabra que nos explota en la boca, con los mismos efectos fonéticos de "tromba" o de "tumba".

Las letras que evocan sonidos sirven también para dar un aura mayor a conceptos visuales, que adquieren, por contagio analógico, la metáfora de sus fonemas: las estrellas "titilan"; alguien empleó una "triquiñuela";

---

* José Miguel Contreras, *Vida política y televisión*, Madrid, Espasa Calpe, 1990.

otro se "aturulla", o es un "zascandil" o un "papanatas"...

Son todas ellas expresiones seductoras si se emplean en el contexto adecuado, porque alcanzan un valor superior a sí mismas. "Noticia bomba", gustan de decir los periodistas. Y el lector se siente ya en la primera fila de una explosión informativa.

A menudo no recordamos una palabra, la tenemos en la punta de la lengua, esperamos a que nos llegue para enunciar un concepto que sí apreciamos con claridad... Pero intuimos sus vocales, que merodean por nuestra memoria a la busca de las consonantes que necesitan para vivir. La evocación de su sonido será la mejor pista para encontrar el término preciso. Y eso muestra cómo la sonoridad de las palabras, y especialmente su primera sílaba, tiene tanto poder en nuestro subconsciente. La primera sílaba nos permite a menudo reconocer la palabra que escuchamos, antes de que el hablante o el texto la completen. Y luego acudiremos a ella para recordar un nombre, una idea.

El hombre que susurraba a los caballos adoptó por título una película dirigida y protagonizada por Robert Redford. Y al oír o leer esa expresión comercial tomamos consciencia enseguida (inconscientemente) de la ternura con que se conducía alguien hacia los animales, de las palabras cálidas y sugerentes que sabría transmitirles; y adoptamos de pronto una actitud favorable hacia la obra. Susurrar... qué seducción.

Todos estos casos evidentes nos pueden servir para tomar razón de la fuerza que adquieren los sonidos y de su capacidad para transmitir con ellos significados anejos, a veces casi imperceptibles. El sonido envuelve las palabras, es la presentación y el vestido; y como los adornos en un plato de restaurante o la ropa que elegimos para una fiesta, influye en el concepto de fondo, igual que la primera impresión que percibimos sobre la comida o sobre las personas se relaciona con el primer examen sensorial completo que hacemos de ellas.

El sonido envuelve, pues, los significados y los condiciona. Pero además cumple un peculiar papel (secundario y a la vez fundamental) en la percepción de las palabras. El sonido constituye la clave de acceso para que una idea entre en nuestra enciclopedia mental y encuentre en ella su sentido. Porque en el proceso que nos lleva a comprender las palabras se produce una sucesión de actividades cerebrales relacionadas primordialmente con su música. Y esa cadena de sucesos infinitesimales que se desarrollan en nuestro cerebro se basa en primer lugar en las similitudes fonéticas con las que contamos en el diccionario mental de cada uno. Nuestra mente compara un estímulo fonémico o grafémico con todas las representaciones almacenadas en nuestro lexicón privado, y ahí empieza la selección. Empieza la comprensión de las palabras pero también el mecanismo de las seducciones.

En la primera de esas tareas (el reconocimiento de la palabra), el cerebro se sirve de un código que le permite saber en el menor tiempo posible si se trata de un término contenido en el diccionario mental o no. Según han averiguado los psicolingüistas, el código de acceso se sitúa primero en la porción inicial de la palabra, generalmente la primera sílaba. En unos milisegundos, arroja al inconsciente todas las palabras que empiezan así. La selección se reduce a medida que avanzan los golpes de voz, hasta quedar completado el proceso de reconocimiento de la palabra en unos 150 milisegundos, como hemos dicho.

William Marslen-Wilson demostró que reconocemos las palabras antes de acabar de oírlas (o antes de que se acaben de pronunciar). Este psicolingüista pidió a unos voluntarios que *pisaran* una grabación pronunciando las palabras que escuchaban. Y a menudo completaban la vocalización de un término sin que éste hubiera terminado en la cinta. Acuciados por la rapidez que se les pedía, a veces pronunciaban palabras parecidas a las que después se oían en la grabación; eran intentos fallidos. El tiempo que se tarda en reconocer una palabra está directamente relacionado con la cantidad de esa palabra que hay que oír para distinguirla sin lugar a dudas del resto de los vocablos disponibles que comparten el sonido inicial. En el caso de "candado", se llega a este momento al encontrar la segunda *a*, ya que con anterioridad es compatible con "candor" y varias posibilidades más. Por ejemplo, una palabra como "tejado" hace trabajar al cerebro lingüístico con una selección inicial que incluirá aquellos términos que, comenzando por *t*, guarden relación con el contexto (por ejemplo, "techo"); después, a medida que descodifica más fonemas, enviará "tejer", "teja", "tejar", "tejad"...; y finalmente seleccionará "tejado", probablemente antes de que la palabra sea pronunciada o leída al completo. En ese momento se abre la entrada del vocablo en el diccionario mental y aparecen todos los sentidos que tenga archivados en su memoria la persona que escuchó el mensaje, todas las frases en que fue utilizada y que dejaron su poso allí. Surgen de ese modo todos los sentidos ocultos de la palabra "acorde".

Ese proceso que se relaciona con el sonido traerá consecuencias insospechadas, que, una vez establecidas estas bases, analizaremos unas páginas más adelante. Porque el sonido de las palabras influye en la seducción amorosa, en la fascinación política o en las manipulaciones de la publicidad.

Algunos especialistas han demostrado que los fonemas de las palabras tienen incluso un efecto de eco sobre aquellas que se les parecen. Herbert Schriefers, Antje Meyer y Willem Levelt* hicieron un experimento sobre la influencia del sonido en la percepción de los conceptos: un grupo de personas debía pronunciar lo antes posible las palabras que nombraban unos objetos que les eran mostrados, mientras oían por unos auriculares otros vocablos que se relacionaban con tales cosas. Pues bien, fueron más rápidos al nombrar esos objetos cuando por los auriculares escuchaban una palabra parecida por su sonido que cuando escuchaban una similar por su significado.

El cerebro de un adulto medio pesa 1,3 kilogramos y contiene unos 10 billones de células nerviosas o neuronas. Cada una de ellas puede estimular a otras en una cuantía que varía entre unos pocos cientos y tal vez cien mil. Una neurona, a su vez, puede recibir la misma cantidad de estímulos. Las combinaciones, pues, se acercan

---

* Citados por Gerry T. M. Altmann, *op. cit.*

a lo infinito. Parece mentira que, con estos datos, el cerebro humano resulte operativo. Pero lo es. Y todo empieza con un sonido.

Los sonidos son, entonces, resortes de la seducción con las palabras, porque se aposentan en ellas, acompañan su historia y se manifiestan con gran potencia al convertirse en el envoltorio que las rodea, casi imperceptible, sin embargo. Influyen en sus significados y en la percepción de los conceptos. Quien logre dominar las sutilezas de los sonidos habrá adquirido un poder intransferible, para crear belleza y para expresarse con eficacia.

Pero los campos de la seducción con las palabras se manifiestan también con otras armas, a menudo mucho más perversas.

IV

Las palabras del amor

La conquista sentimental es el campo donde el ser humano pone todas sus dotes de seducción. La propia palabra "seducción" adquiere su significado principal en las comunicaciones entre personas que se atraen o que buscan acercarse: la seducción amorosa. La seducción por antonomasia: si decimos que una mujer ha sido seducida por un hombre, o que un hombre fue seducido por una mujer, no estamos pensando con esas frases en que el uno intentara convencer al otro respecto a un negocio en el que no se animaba a invertir un dinero.

Hay en muchos amantes una intención omnipresente que se manifiesta con claridad en sus lenguajes: dar un tono elevado y espumoso a las frases que reflejan su relación. El lenguaje del amor busca los sonidos suaves y las palabras que se arraigan en la historia de la humanidad, los conceptos profundos y universales, aquellos que recibieron su principal brillo en las obras de los poetas. Gustavo Adolfo Bécquer aún seduce a los jóvenes enamorados de estos dos siglos que vivimos, y a los del tránsito entre ambos, y sus textos brillan repletos de ternura gracias al uso justo y certero de palabras como "Sol", "Luna", "Dios", "ojos", "silencio", "pupilas"... que llegan siempre en el momento en que el ritmo atrae la atención hacia el remate sonoro de las últimas sílabas. Mario Benedetti es heredero de esas palabras de seducción, como tantos otros poetas, esas voces que llegan desde los ancestros: muerte, claridad, luz, gloria...: "Una mujer desnuda y en lo oscuro / tiene una claridad que nos alumbra / de modo que si ocurre un desconsuelo / un apagón o una noche sin luna / es conveniente y hasta imprescindible / tener a mano una mujer desnuda. / Una mujer desnuda y en lo oscuro / genera un resplandor que da confianza / entonces dominguea el almanaque, / vibran en su rincón las telarañas, / y los ojos felices y felinos / miran y de mirar nunca se cansan. / Una mujer desnuda y en lo oscuro / es una vocación para las manos, / para los labios es casi un destino / y para el corazón un despilfarro. / Una mujer desnuda es un enigma / y siempre es una fiesta descifrarlo. / Una mujer desnuda y en lo oscuro / genera una luz propia y nos enciende, / el cielo raso se convierte en cielo / y es una gloria no ser inocente. / Una mujer querida o vislumbrada / desbarata por una vez la muerte"*.

Suelen los poetas escoger muy bien sus palabras. Y acuden generalmente a aquellas que han acumulado durante los siglos mucho espacio en nuestras mentes. No encontraremos fácilmente en un buen poema palabras como "marketing", o "liderar", ni "posicionamiento". Las palabras antiguas relucen en ese texto de Benedetti como en los de tantos maestros del ritmo y la rima. Las voces de los primeros versos reflejan (una vez más) la luz

---

* Mario Benedetti, *Inventario II*, Madrid, Visor Libros, 1993.

azul en sonidos como "desnuda", "oscuro", "alumbra", "luna", pero luego el poeta busca la claridad en el segundo sexteto con términos como "resplandor", "confianza", "almanaque", "telarañas", "mirar", "cansan"... Y muestra así su dominio de los colores que pintan las palabras.

Los poetas han trasladado a los amantes ese brillo del idioma, para que éstos lo empleen en su propio beneficio. Y la herencia de tales vocablos no lleva sólo el mero instrumento del término y su significado: se acompaña también de la belleza que atesoró tantas veces como fue empleado en los poemas. "Amor", por ejemplo, deslumbra si se pronuncia rodeada de oscuridad, sorprende en su primera llamarada. Porque llega un momento en que incluso una formulación tan significativa como "te quiero" les resulta a los amantes vulgar y poco descriptiva de sus sentimientos; injusta. Y pasan entonces a hablar de "amor", una palabra que acumula la fuerza de todos sus siglos.

El uso del idioma en España reserva para ese segundo estadio la expresión "te amo", que los enamorados pronuncian como algo sagrado. Suele mostrarse más pródigo el americano con este verbo; incluso lo emplea sin rubores cuando lo proyecta sobre su persona amada ante un tercero que ejerce como interlocutor: "yo le amo", "yo la amo"; mientras que el español se lo reserva para connotar esa pasión suprema en la que desdeña por insuficiente el "te quiero"; pero lo hará sólo en primera persona, y dirigiéndose al ser amado: "te amo", rara vez en la tercera persona del singular: "él la ama", "ella le ama"; ni siquiera "ella me ama", "él me ama".

El poder seductor de "te amo" entronca con la misma raíz de la palabra "amor", mucho menos polisémica que "querer". "Siento amor por ti" podemos decir; pero no "siento querer por ti", pese a que "querer" se ha sustantivado (después de que existiese el verbo, mientras que amor y amar no guardan una sucesión cronológica): "las cosas del querer", "querer es poder"... La profundidad del sustantivo "amor" y del verbo "amar" se nos representa, pues, mucho más vasta. Alguna relación guardará con el hecho de que la voz "amor" la pronunciaran ya los romanos, y la escribieran exactamente así, y con el mismo sentido que nosotros, y tiene, por tanto, miles de años. Su longevidad seduce, como la antigüedad de la palabra "rosa". "Querer", en cambio, procede en español de *quaerere*: tratar de obtener, buscar. Por supuesto, aquello que amamos intentamos obtenerlo (es decir, aquello que amamos lo queremos), pero el concepto de amor es previo al propósito de conseguirlo. En "querer" toma mayor importancia subliminal la búsqueda misma. La palabra amor —volvemos a las cerezas que salen juntas del canasto— se aplica a los sentimientos más sublimes: el amor a la patria, el amor a la profesión, el amor al trabajo, el amor a unos ideales, el amor a Dios (ningún cristiano reza "quiero a Dios y a la Virgen", sino "amo a Dios y a la Virgen"; y pronuncia "mi amor hacia la Virgen", no "mi querer hacia la Virgen")... Todo lo cual nos convierte también, paradójicamente, en amantes de los conceptos y de los objetos más asexuados: uno puede ser amante de la historia, amante de los libros, amante de la naturaleza, amante de la música, amante del vino...

Todos estos valores se hallan en el poder seductor del verbo "amar", en el que caben todas las pasiones que ha conocido el ser humano desde que emplea esta palabra.

Oír "te amo" propina un aldabonazo a quien lo escuche, bien se reciba la palabra en persona o bien como parte de un diálogo en la película que estamos presenciando. Y "te amo" supone una mayor responsabilidad en quien lo dice y en quien lo recibe. Mucho más que "te quiero".

Amor se le llama también a un arbolillo del que el *Diccionario de Autoridades* ya contaba que da hojas cortas y que suele presentarse "mui poblado de flores encarnadas, que duran mucho tiempo", y que "por lo apacible y deleitoso que es a la vista se le dió este nombre". Un árbol llamado amor; pero nunca un árbol llamado querer.

La palabra amor ha sido empleada en el lenguaje de la seducción para ennoblecer un acto que de por sí ya era noble: "hacer el amor" se dice hoy en día entre las parejas. Pero "hacer el amor" significaba en otro tiempo solamente "galantear" o "enamorar"; y hoy ya, por influencia del inglés en esta nueva acepción (la anterior bebía en el francés), equivale al coito, al acto carnal por antonomasia. Quien sienta alergia hacia la palabra amor y la declaración que subyace en un "te amo" también notará cierta aversión por la envarada fórmula "hacer el amor".

Pero el idioma que heredamos de nuestros antepasados recientes tiene un hilo de conexión con los más remotos ancestros. La confusa línea que separa el amor físico del amor espiritual, y el engaño de nuestros sentidos que contribuye a difuminarla nos vienen de muy lejos. *Leubh* significaba en aquel idioma indoeuropeo (que nadie conoce exactamente pero que ha sido reconstruido por los lingüistas) "sentir placer", y también "amar". Dos manifestaciones del amor que sabemos diferenciar en nuestros sentimientos y que, sin embargo, mezclamos con nuestro lenguaje, que relacionamos porque en el fondo sabemos que algo las une. Las lenguas germánicas han construido desde la raíz *leubh* palabras como *love*, *liebe* o *gelooven*, las maneras de referirse al amor en inglés, alemán y neerlandés*. Pero nosotros, con el latín mediante, hemos heredado de esa misma raíz "libido", el placer sexual inspirado por aquel antiquísimo *leubh*. Tal vez hace miles de años que el ser humano se sirve del concepto "amor" para encubrir el concepto "placer". O viceversa. Por algo "querer" equivale a "desear", y el amor suele ir acompañado del deseo.

"Hacer el amor", decía, termina con una palabra elevada, "amor", pero empieza con una muy mecánica, "hacer". El verbo "hacer" sirve para multitud de usos, la mayoría de ellos más ligados al trabajo y al deber que a una situación placentera. "Hagamos el amor" suena a una obligación, a los deberes del colegio, y a lo que se emprende con alguna herramienta, a una función menestral y poco etérea.

Los jóvenes amantes de hoy (o aspirantes a serlo) suelen preguntarse entre sí, hablando casi en jerga: "¿Quieres que nos lo hagamos?". Pero no lograrán con esas palabras una frase que engatuse, fallarán en el objetivo si han pretendido la seducción. La respuesta sólo alcanzará a ser positiva en caso de que quien escuche la proposición se sienta predispuesto desde el día anterior.

*Louis-Jean Calvet, *Historias de palabras*, Madrid, Gredos, 1996.

Hacer*lo* y hacérse*lo* propicia que la carga semántica de la pregunta o la exposición recaiga precisamente en la peor parte de "hacer el amor", puesto que, al suprimir esta última palabra, se elimina lo que de seductor pudiese tener el conjunto, alentado por la fuerza de "amor" aunque desinflado por las carencias de "hacer". En esta fórmula juvenil todo queda fiado, pues, a tan funcional verbo y a ese "lo" sin semántica propia, un pronombre que puede sustituir a cualquier cosa. Todo queda fiado a que no haga falta seducción alguna.

Las frases de jerigonza a este respecto resultarán sin duda incontables en todos los países que hablan español, y no vale la pena extenderse sobre fórmulas como "¿nos enrollamos?" o similares, a las que se puede aplicar el mismo criterio que a la posibilidad expuesta en los párrafos precedentes.

La palabra "amantes" sufre de los mismos síndromes que la cereza "amor" con la que comparte raíz. Ahora ha pasado a definir las relaciones extraconyugales después de haber significado solamente "los que se aman". Quienes conozcan el valor seductor de las palabras huirán de frases formadas por la voz "amantes" si en tal relación ese concepto excluye otros, si se asocia con la voz "querida" o "querido"; porque evitarán mancharse con expresiones inelegantes que suelen llevar implícito el concepto "engaño" por los millones de veces en que se han asociado las dos cerezas. Y la mera huida del término inadecuado ya procura una cierta capacidad de seducción.

Las palabras llegan a nuestro intelecto mediante el sonido y ahí reside, como hemos visto, el primer elemento de seducción de muchos vocablos. A continuación, el cerebro identifica las unidades léxicas y morfológicas, y acude, a velocidad superior a la de la luz, hasta su diccionario mental completo, donde busca, con esa rapidez que resulta incomprensible para nuestros sentidos, el significado que se adapta a los fonemas escuchados*. La computadora que en nuestro interior analiza las palabras maneja unidades subléxicas tales como sílabas, raíces, afijos... En primer lugar, los sonidos que el cerebro recibe se comparan con varias representaciones mentales almacenadas en nuestro diccionario intelectual. Eso da una pequeña lista de palabras parecidas entre sí, de conceptos similares, de términos unidos por esos enlaces informáticos de los que hablamos más arriba. Y de los cuales descartamos *inmediatamente* (y es ésa una palabra muy larga para un proceso tan fugaz) los que no se ajustan al contexto. Así, al oír la voz "desnuda" rechazamos en el acto (pero se representan en nuestro subconsciente) conceptos similares en su sonido, como "desnatada", "desnuca"... pero también otros asociados a su significado: "en pelota", "en bolas", "sin bragas". Y volveremos a "desnuda" para quedarnos con ella, pero tras haberla comparado con las anteriores.

Una vez identificada la palabra emitida, se obtiene la certeza de que se halla o de que falta en el diccionario

---

* Si el lector desea conocer de manera más científica (y a la vez didáctica) este proceso mental, le sugiero la obra de Alberto Anula Rebollo *El abecé de la psicolingüística*, Madrid, Arco Libros, 1998. Y para mayor detenimiento, el estudio de Mercedes Belinchón, José Manuel Igoa y Ángel Rivière *Psicología del lenguaje. Investigación y teoría*, Madrid, Trotta, 1998.

mental propio. Si no está ahí, nuestra mente intentará componer su significado gracias al entorno de esa palabra. Y la decisión adoptada y el significado intuido quedarán ya como una entrada de ese término, que añadiremos a nuestro vocabulario particular y que ordenaremos en esa virtual relación alfabética. Aprendemos los significados de las palabras con la experiencia de sus contextos. Si la voz identificada constaba en nuestro diccionario, la computadora personal del cerebro llamará a la superficie a todas las propiedades asociadas a esa palabra y que están almacenadas en nuestra memoria. Todas.

Y aquí se produce el principal mecanismo de la seducción amorosa. Porque las palabras alternativas escogidas producen en el oído ajeno una emoción concreta: puede apreciarse enseguida que el hablante ha esquivado otras menos dulces. En la medida en que el emisor dispone de varias posibilidades para formular su mensaje, su elección se torna significativa. Se aposentarán así los amantes en una "amistad especial", en una "relación", palabras éstas que sustituyen a la más comprometida "amantes". Pero ambos habrán visualizado por un momento la voz desechada, que verán sustituida por otras más brillantes, de mayor elegancia. El receptor comprobará así el cuidado del emisor por elevar la consideración de sus relaciones. El mero hecho de que haya arrinconado los términos soeces o inconvenientes ya originará un encanto especial. Esa seducción se producirá de una forma tan inconsciente como opera el funcionamiento de los mecanismos que han rastreado la palabra exacta y le han otorgado el significado correcto de entre los que cabían en ella: por ejemplo, "yo conduzco un coche rojo" y "yo tengo el pelo rojo" terminan con el mismo color; pero no en la misma tonalidad. Nuestro diccionario mental lo sabe, y nos arroja a la superficie el concepto adecuado para cada una de esas oraciones.

Más adelante, cuando las dos personas que se aproximan hayan conjurado sus miedos, recuperarán quizá la voz "amantes", para dar mayor intensidad a sus oraciones y más sensualidad a los diálogos; y tal vez se vean a sí mismos incluso como "cómplices", en una travesura lingüística que se puede entroncar con el arte del birlibirloque. "Cómplices" de un "delito" que ellos se presentan como inocuo; y que quizás hasta lo sea.

El lenguaje de la seducción encontrará expresiones más románticas en las personas que se hallen en la fase final de la aproximación y que disfruten de cierta facilidad de palabra: "¿Quieres que durmamos juntos esta noche?". Y esa pregunta conducirá por el lado de las emociones a la imagen de una pareja abrazada y envuelta por las sábanas, soñando a la vez el mismo sueño entre esa oscuridad que hace brillar los cuerpos; una propuesta que se extiende en su duración a cuanto dure la noche. Todo lo cual dejará de lado la vertiente más animal del asunto y endulzará la elección decidida.

Por todo eso, las palabras de esta seducción amorosa acuden generalmente a metáforas y circunloquios, porque los enamorados o quienes simulan serlo carecen de un referente claro y lexicalizado. Así se desechan además las alternativas más burdas, y en el mismo acto de arrinconarlas (y en la percepción por la otra persona de que eso se ha producido) se da ya el primer paso para la seducción.

La metáfora es seductora por naturaleza, porque produce sorpresa y ayuda a salir de la realidad visual para pasar a la realidad imaginada. Las metáforas de la seducción responden a una cierta técnica natural de los hablantes, y se basan generalmente en elegir una parte de lo que se propone, de modo que la situación completa quede englobada por ella. "¿Quieres que nos despertemos juntos mañana?"..., por ejemplo.

Esa técnica inconsciente en la seducción de las palabras para el amor forma una sinécdoque, en efecto, pero una sinécdoque tramposa.

La sinécdoque es una figura estilística que consiste, como hemos apuntado, en referirse a sólo una parte de un objeto, idea o persona, para reflejarlo entero: "César Rincón era un magnífico espada", por ejemplo. Pero en los casos habituales de metáfora por vía de sinécdoque lo que se busca es el efecto de destacar alguno de los aspectos de la idea, para darle relieve ante el interlocutor (el relieve de la espada en ese caso, cuya sola ideación nos recrea la figura del torero); y aquí, en el lenguaje de la seducción amorosa, se emplea una parte también, es cierto; pero no con el objetivo de resaltar un elemento que englobe el todo, sino de dar oscuridad a otro. Esa parte que sustituye al resto es más bien el cebo que conduce al resto, que no se cita pero se piensa. Con "César Rincón era un magnífico espada" no se pretende ocultar que se trata de un torero. Al contrario, se resalta que estamos ante un matador. Pero cuando en una pareja situada junto al portal surge la frase "¿te apetece una copa?"

(o "¿te apetece un trago?" en los hablantes americanos) el ofrecimiento textual se refiere sólo a una bebida, pero no para resaltarla como tal sino para que en él quede implícita la invitación a algo más, algo que de momento se oculta. Ambos entenderán que la invitación a la copa o al trago (además mediante la metáfora —metonimia— que sustituye el continente por el contenido) implica subir a la casa, y que una vez allí el proceso continúa.

El receptor del mensaje habrá considerado sin saberlo todas las palabras y los conceptos que aparecieron durante veinte milisegundos en su mente, asociados a la idea de subir a la casa y tomar una copa, sin que por ello pueda reprochar a su interlocutor ni un atisbo de atrevimiento.

"¿Quieres que salgamos juntos?" es otro caso. Sí, la propuesta invita a acudir al cine, a cenar... Pero en el lenguaje de la seducción esa idea de "salir" a la calle también implica una regularidad en las salidas, para luego "entrar" en la casa. Pero igual que se puede inventar la sinécdoque relativamente tramposa eligiendo la parte inicial del proceso, tenemos la opción de escoger la zona final, que habrá pasado por alto el culminante momento intermedio: "¿Quieres que desayunemos juntos?".

Y "juntos" toma aquí y allí (dormir juntos, desayunar juntos, salir juntos) un gran valor psicológico, de nuevo basado en la historia antigua del vocablo: *iunctus*, unidos, la raíz etimológica que alimenta también a uncir y yuncir, la evocación (y la sustitución al mismo tiempo: he ahí el gran efecto) de la palabra coyunda: conyuntos, la cereza que trae consigo la voz "conyugal" pero que aquí no aparecería con su valor de derecho, sino meramente de hecho. Coyunda que emparenta con coito, palabra ésta que a su vez deriva de *co-ire:* ir juntos. Se cierra el círculo de la seducción.

Al margen de esa metáfora por vía de sinécdoque, la trampa principal de la frase no se halla, pues, en "dormir", ni en "esta noche"..., sino en "juntos". Y "juntos" es "juntados", "unidos", las palabras que asomarán un instante al oír los sonidos "jun" y "tos". No "pegados", que adquiriría el valor negativo de lo que luego resulta difícil despegar: "juntos", unidos apenas por una junta (las juntas separan a la vez que unen), un hilo de luz que nos permite alejarnos un instante y volver a continuación... Una persona puede proponer a otra del sexo opuesto: "¿Quieres que vayamos juntos al fútbol?". Y el receptor de la propuesta tal vez abomine del fútbol, pero la palabra "juntos" siempre trepanará la sensibilidad del que espera complacido.

He ahí el valor connotado, el truco subliminal, la apelación directa a la voluntad inconsciente. La seducción de la palabra.

Y eso se consigue mediante unos vocablos símbolo que no reproducen sólo la realidad sino que la adornan. La lógica de la mente emocional es asociativa, y toma los elementos simbólicos del recuerdo —o que lo activan— de una determinada realidad como si se tratara de esa misma realidad, según explica el norteamericano Daniel Goleman*. "Ése es el motivo", añade, "por el cual los

---

* Daniel Goleman, *Inteligencia emocional*, Barcelona, Kairós, 1997.

símiles, las metáforas y las imágenes hablan directamente a la mente emocional, como ocurre en el caso de las artes (las novelas, las películas, la poesía, la canción, el teatro, la ópera, etcétera)". La mera construcción de la metáfora ya es literaria, ya es seductora. Si además se añaden palabras connotadas, arraigadas en la historia de las relaciones humanas, el efecto de fascinación resulta inevitable.

Las palabras que refieren los objetos más valiosos soñados o manejados por el género humano arraigan también con éxito en el lenguaje de la seducción amorosa. "Eres mi tesoro", se dicen los enamorados o quienes aspiran a parecerlo. "Mi tesoro" y "te adoro" comparten las letras "oro" en su interior, y por eso tienen una cierta relación familiar entre sí y parecen dar valor de alhaja o piedra preciosa a la persona a quien se dirigen. Y "tesoro" —en el siglo XVIII aún se escribía thesoro— comparte la alusión a "oro" con el latín *thesaurus* (*aurus/aurum*), de donde parece proceder. Quienes se hallen inmersos en la maniobra de acercamiento usarán también joyas verbales como "perla", "mi rubí"... y otras que, a menudo cursis, pueden resultar eficaces si se les dota de un envoltorio austero que las haga brillar en el momento más inesperado. Su mera pronunciación evoca las alhajas contenidas en aquel cofre del cuento infantil, el hallazgo del barco hundido y las inmensas riquezas que ocultaba el mar con su armadura. La metáfora se adueña entonces de la realidad imaginada: no la compara con el objeto real, sino que la suma. No compara a alguien con un tesoro, sino que lo convierte en aquel cofre sumergido.

"Querer" y "desear" se mueven en campos de significado coincidentes. Querer hacerse con un tesoro bajo el mar equivale a desearlo. Pero en el lenguaje amoroso el deseo adquiere una connotación principal, ajena a su pariente "te quiero". "Te deseo" aporta al vocabulario seductor la fuerza suave de la *s*, que se desliza en la provocación y denota la sutileza del empuje expresado. Además, "te deseo" cuenta, dentro de esa capacidad subliminal de los sonidos, con la proximidad de "te desexo", la evocación fonética que nuestra mente inconsciente puede percibir sin percibir que lo percibe. Como se desprende del ya citado estudio de Herbert Schriefers, Antje Meyer y Willem Levelt, el dial busca en la enciclopedia de cada uno los significados que corresponden a la palabra oída y se detiene de manera imperceptible en sus sonidos más próximos, en sus significados vecinos, y algunos jirones de esos sentidos se añaden al mensaje que finalmente elige.

Se trata, no obstante, de una acepción que la lengua española no tenía reflejada en su primer diccionario. Ahora "desear" equivale en su tercer sentido a "sentir apetencia sexual hacia una persona", quizá porque hoy en día se puede expresar con naturalidad ese impulso hasta llevar al diccionario su empleo real, que antaño resultaba más pecaminoso. También "te deseo" guarda gran capacidad de seducción porque convierte al receptor en el tesoro sumergido, en algo valioso por lo que se lucha, y eso entraña un poder de fascinación que incluso afecta a quien ya se habituó a ser deseado, y a pesar de que Nietzsche dejase establecido que "en última instancia, lo que amamos es nuestro deseo, no lo deseado"*, tal vez porque, parafraseando al revés al filósofo alemán, quien escucha "te deseo" aprecia sólo la valía que eso le atribuye a él, y desdeña desde ese instante los valores peyorativos del deseo mismo. Aprecia lo deseado (él mismo) y desdeña el deseo y su pecado.

Pero "te deseo" encuentra su reducción de intensidad en una fórmula muy seductora que usan los muchachos y dejan de emplear los adultos (salvo que sean conscientes de la sutilidad que entraña y acudan a ella con inteligencia): "me gustas". También nos gusta todo lo que deseamos, y deseamos aquello que nos gusta. Pero este verbo, gustar, evade de responsabilidades a quien lo emplea, porque la palabra se relaciona con todo lo hermoso que tenemos al alcance de nuestros sentidos sin que por ese acto adquiramos una responsabilidad para con ello ni necesitemos hacerlo propio. Nos gustan los frutos de los árboles, nos gustan las tierras amplias y hermosas, nos gusta el cielo claro de luz intermedia... Y me gustas tú, esa persona que está al otro lado de la mirada escuchando y a la que debo dirigir las palabras más certeras.

"Me siento atraído por ti", pronunciaré, por ejemplo. Junto con "me gustas", esta expresión hace las veces de una declaración de amor en toda regla pero no forman ninguna atadura. He ahí la trampa, que ha de desenmascarar quien escuche tan seductoras palabras.

El amor implica impaciencia por ver al ser querido, implica cariño, ternura, pasión... Porque contiene a la

---

* Friedrich Nietzsche, *Más allá del bien y del mal*, Madrid, Alianza, 1972.

vez todos esos sentimientos. La seducción del otro, y el engaño, se produce cuando alguien lanza a su corazón cualquiera de esas sensaciones que se contienen en el amor, porque inmediatamente el receptor las relacionará con tal sentir y con su grado absoluto. Y, sin embargo, constituyen sólo una fracción del amor: "estoy impaciente por verte" forma parte del lenguaje del amor, pero también de los negocios. "Siento pasión por ti" entronca asimismo con el amor, pero también con la admiración a un deportista o una actriz, o un político. "Me inspiras mucho cariño" se enmarca igualmente en el amplio sentimiento amoroso y, sin embargo, se integra también en la amistad. "Me gustas" puede implicar amor igualmente, pero se puede pronunciar asimismo para definir a un futbolista. Pero quien expresa "estoy impaciente por verte", "siento pasión por ti", "me inspiras mucho cariño"... o "me gustas", "me siento atraído por ti"... lo hará generalmente para utilizar los efectos de la palabra "amor" sin pronunciarla y, por tanto, sin ligarse a ella. Los conceptos empleados para la sustitución conducen directamente a la voz "amor", pero se detienen antes de alcanzarla. No así sus significados profundos tal como los recibe la persona seducida, contaminados (contagiados, influidos) por tantas veces como sin engaño alguno acompañaron a esa palabra. Como "terrenal" se contagia de "paraíso", como "deprisa" se contamina con "corriendo". Como "acordes" entronca con el corazón.

La seducción de las palabras sigue dependiendo, pues, de su antigüedad y de los conceptos que las acompañaron durante tantos años, a veces adheridos y a menudo insertos en ellas. Y más antiguas son, más relaciones habrán experimentado. Y mayor capacidad de seducción habrán adquirido.

Tiene el ejercicio del amor (tomado ahora en su parte menos elevada; es decir, como un ejercicio) ciertas posiciones y propuestas difíciles de verbalizar. Los amantes que deseen referirse a ellas no disponen de muchas posibilidades si quieren huir de las expresiones soeces. No se puede acudir en pleno romanticismo a verbos como "lamer", "chupar", "empujar"... La seducción de las palabras llegará en ayuda de quien se la pida al dios del lenguaje.

Y es aquí donde recuperan su sonido las sílabas, y todo su sentido las metáforas que nos enseñaron los poetas. Cuando alguien deseche el verbo "chupar" y escoja "acariciar" (tal vez "acariciar con la boca") habrá cambiado la representación más chabacana de la succión, inserta en su misma sonoridad, por la más elegante expresión de lo delicado. Lo delicado que se contagia de esa *i* intermedia, lo "delicado" que se emparenta con "delgado", lo delicado de las *íes* de "acariciar", una palabra que dejó en el español el idioma italiano (*carizze*), transportador de tantos conceptos de lo refinado. "Acariciar" implica siempre ternura, pasar las yemas de los dedos suavemente por la cara, por los brazos, por las manos... Acariciamos a nuestros seres queridos, acariciamos una idea que esperamos realizar...

¿Quieres que te acaricie ahí con mis labios? ¿Quieres que te bese ahí? Y "ahí" tendrá un valor semejante al "lo" que referíamos más arriba, pero en este caso las palabras que lo acompañan modificarán su nulo papel sustantivo: la proximidad de los amantes bien puede permitirse un adverbio tan cercano.

Esa caricia llena de *íes* aun cuando sólo disponga de dos, caricia, se puede aplicar a los lugares más prohibidos para el lenguaje. Porque la caricia está connotada por el cariño, términos ambos que tal vez por casualidad empiezan igual y que no por casualidad se hallan próximos en la mente humana una vez que han empezado igual, cerezas que acuden juntas a los circuitos cerebrales como han demostrado los psicolingüistas. Acaricia, cariño... caritativo... El diccionario mental nos envía a la mente inconsciente toda esa página hermosa cada vez que oímos la voz "caricia". Y en este caso seduce su sonido.

Las metáforas, los olores de las palabras y los valores de las letras seducen, pues, en la poesía y también en el juego amoroso, incluso en el momento álgido, el culmen de la relación sexual. Los amantes delicados no se referirán entonces a un verbo como "meter", vulgar donde los haya, porque las cerezas que lo acompañan nos indican que podemos meter la pata, meternos con alguien, meternos donde no nos llaman, meternos un tortazo, meternos en camisa de once varas, meternos en un lío, meter miedo, meter un cuento... Tantos valores peyorativos acompañan a "meter" y "meterse" que por fuerza se ha contaminado para la función a la que ahora aludimos, y hasta resulta una palabra estilísticamente poco recomendable para cualquier escrito. En "meter" se percibe vigor pero también suciedad. Y tampoco servirá para esta situación la palabra "penetrar", que los forenses y los policías pronuncian con rigor profesional;

porque la penetración implica violencia, se consigue con dificultad, y puede alcanzar un grado de agudeza; y así sentimos el frío penetrante, el dolor penetrante. La fuerza descriptiva de "penetrar" se torna nula si buscamos la fuerza de la seducción, porque, como hemos visto, la historia de las palabras y las compañías regulares que hayan tenido influyen en la manera de percibirlas.

La actividad neurológica que se desarrolla en el cerebro cuando éste recibe el estímulo de una palabra, de una cosa, una ocurrencia, un color... refleja no sólo la cosa en sí, sino también los contextos en los que aparece habitualmente*. El ser humano descifra con brillantez los significados de las palabras desde sus primeros meses de vida y se vale para ello de los cientos de situaciones en que el vocablo se le muestra. Alguien que oye "vaso" por vez primera cuando se le enseña un recipiente con agua puede creer que la palabra representa esa bebida. Si oye "vaso" de nuevo cuando se le enseña la leche que contiene pensará que se le pretende transmitir el concepto "líquido". Y extenderá su razonamiento al escuchar "vaso" cuando le muestran vino. Si finalmente ve un vaso vacío y se vuelve a pronunciar la palabra "vaso", el aprendiz de hablante comprenderá que esta voz debe asociarla al concepto "vidrio" o "continente de líquidos", pero también habrán quedado almacenados en su memoria todos los registros desechados ("vino", "agua", "leche", "bebida"), que acompañarán subliminalmente al contexto de

---

* Gerry M. T. Altmann, *op. cit.*

"vaso" mientras esa persona viva para pensarlo. Eso hará que obtenga un sentido distinto en el hipotético proceso similar con la palabra "taza", porque en su aprendizaje habrá echado en falta la palabra "vino" (que no suele tomarse en taza y que, por tanto, el aprendiz nunca habrá asociado a ella).

Aprehendemos el significado de una palabra, pues, mediante el conocimiento de las circunstancias en las que su empleo resulta apropiado. Las palabras, entonces, se relacionan con su uso. Se ensucian o se elevan con él. Por eso quien disponga de la varita mágica de la evocación que proporcionan las palabras buscará otros caminos si quiere expresar el concepto "meter" sin que con él salgan anudadas unas cuantas cerezas podridas que le estropeen el encanto.

El amante certero preguntará entonces, por ejemplo: "¿Quieres que entre en ti?". Frente a "meter", frente a "penetrar", el verbo "entrar" se connota en cambio con la naturalidad: entra el año, entran las estaciones, entra el mes entrante, todo sucede con "entrar" como si formase parte de un designio sencillo, entra un libro hablando de tal cosa, entra el tren en la estación. Entra un instrumento en una sinfonía, nos entra un traje, nos entran los zapatos, entramos en una empresa... y todo ello es natural. Qué diferencia con "tengo que meterme los zapatos", "hay que meter ahí un instrumento", "mete tal cosa en el libro que escribes", "me metieron en la empresa"... Meter implica forzar, entrar sugiere pasar (la suavidad de esta *s*). Sus historias los avalan y los endulzan, como "los acordes" mejoran el sonido del "himno nacional".

"Me gustaría estar dentro de ti", propondrá el hombre. "Me gustaría que estuvieras dentro de mí", ofrecerá la mujer (sin que haya de producirse el diálogo necesariamente por ese orden). Y "dentro" adquiere un valor inmenso en la seducción, porque, obviamente, una vez que se entra se está dentro: pero el hombre deberá entrar y ese verbo va ligado a la cereza de otra acción seductora, que se percibirá tal vez inconscientemente: "adentrarse", verbo que se contagia del anterior y da idea de suavidad progresiva, de sigilo, como el espía que se adentra en las filas enemigas, despacio. Adentrándose, el amante ocupa el valor total de las palabras, el que cada una toma por sí misma y por sus vecindades. "Dentro" fue en latín *de-intro*, emparentada en el cesto de cerezas con "intro-ducir", o conducir dentro, más técnica esta voz, menos sugerente pero también más dulce que "meter" y a la que sustituye con ventaja.

"Me gustaría estar dentro de ti" adquiere un doble sentido que supone una doble riqueza, porque estas palabras seductoras del amante pronuncian una incitación al acto sexual y evocan al mismo tiempo una conexión moral, la entrada espiritual en la otra persona. "Te llevo dentro de mí", puede proclamar un ser querido. Y un amante que propone entrar o que alguien entre en él invita también así a que el uno permanezca dentro del otro en una dimensión sentimental. En una dimensión de palabras que seducen.

En las relaciones amorosas, las palabras evocadoras se hallan muy cerca de la poesía porque proceden de ella. La persona enamorada entenderá intuitivamente esta relación cuando se refiera a una realidad inasible con la intención de reflejar otra más concreta pero menos lírica. No alcanzará el mismo efecto de seducción si le dice a su pareja que durante su ausencia ha recordado las noches en que hicieron el amor que si le explica cómo ha tenido presente el inmenso placer que sintieron juntos. "Inmenso" suena en la voz que lo cuida como una extensión inabarcable, tan ilimitable como el propio placer. La fuerza de las sílabas compone una *m* interminable, apoyada en la *n* para lograr la explosión interior. La palabra placer, seductora por sí misma y acompañada aquí, además, de la valiosa voz "juntos", representa sólo la proyección sensitiva del acto sexual. Pero esa proyección en el pensamiento lleva aparejada la imagen misma de la unión carnal, reforzada además por el efecto metafórico y por las veces en que hemos asociado su sonido a una situación agradable. Llegamos así a la conclusión de que la mera pronunciación de la palabra "placer" ya lo produce.

El lenguaje del amor dispone de muchas palabras que seducen por sí mismas, independientemente del uso o de su lugar en la frase: labios, boca, pecho (si se expresa en singular), corazón, sonrisa, sentimiento, ojos, manos... Esas voces se estrechan en nuestro pensamiento con los conceptos de cariño y de ternura. La propia palabra "ternura" ofrece grandes posibilidades de seducción. Sobre todo porque en muchas situaciones puede sustituir a conceptos más comprometidos, como la palabra "amor". El galanteo donde se ofrece ternura se sirve de esa voz para elevar el ejercicio sexual mediante una referencia a los sentimientos grandes y a las emociones que trascienden la atracción física. Quien no quiere anunciar amor puede prometer ternura, y ejercer la seducción de igual manera. "Ternura" se define en el diccionario actual como "cualidad de tierno"; y en "tierno" encontramos una breve referencia (entre otras acepciones) a la idea que nos ocupa: "afectuoso, cariñoso, amable", en sentido figurado. Pero es más la ternura que todo eso, y quien reciba esta palabra como envoltorio de una propuesta sexual bien lo entenderá. La ternura nos lleva hasta la infancia, a los sentimientos que despiertan los niños y los cachorros, especialmente los niños dormidos y los cachorros dormidos, evoca el deseo de proteger que emana de los seres indefensos... No es el amor, no, pero sus manifestaciones físicas coinciden. Acariciamos a los bebés y a las crías de perro, abrazamos a nuestros abuelos, besamos a nuestros hijos... Y promete todo eso quien habla de ternura: no se trata de contactos físicos movidos exclusivamente por la obtención del placer, sino de unas demostraciones de cariño equiparables a los sentimientos más nobles y familiares... Eso sí, con alguien que no es de la familia.

Antiguamente, la voz equivalente a nuestra "ternura" actual era "terneza". Después convivieron y se hicieron sinónimas. Ahora empleamos más el vocablo "ternura", si bien "terneza" pervive en el léxico publicado por la Academia. Y en el siglo XVIII se definía "terneza" (equivalente ya entonces a "ternura") de una manera muy ligada a la expresión verbal o escrita: directamente relacionada con las palabras. En primer lugar, la "terneza" significaba "blandura, flexibilidad, delicadeza", en el sentido en que hablamos, por ejemplo, de una carne tierna y de la terneza de la carne. Pero a continuación se enunciaba así su significado: "Dulzura y suavidad en las palabras o expresiones", y "afecto, cariño y sentimiento explicado con palabras o acciones afectivas y suaves". Y ahí reside la seducción que ejerce ahora esta voz, en el valor antiquísimo de tantos millones de personas que en otras épocas la pensaron así y la transformaron, que nos la transmitieron en tantas frases cuyos sentidos hemos averiguado como los niños deducen la sintaxis, porque igual que ellos no miran la gramática y la aprenden, nosotros vadeamos el diccionario impreso y, sin embargo, conocemos intuitivamente sus significados porque se ordenan en nuestro diccionario mental.

Tiene la palabra "ternura", además, ese poder de los sonidos. Porque su formulación actual ha vencido a "terneza", cuya fonética (el viento suave de la *z* que un día roló a brusco) se fue haciendo en Castilla con el tiempo más dura, más fuerte. "Ternura" recuerda la suavidad, "terneza" evoca la fuerza de sus últimas letras, la fuerza de los últimos fonemas de la palabra "fuerza". La ternura es blandura, lo que se opone a la dureza de las personas bruscas. De "terneza" heredamos "enternecer", es cierto; y de "ternura" no heredamos verbo; pero el poeta siempre tendrá a su disposición toda la carga cadenciosa y placentera del neologismo "enternurar". Tal vez algún día lo pronuncien unos enamorados, o lo use un creador de versos seductores.

La ternura vive asociada también a la carne, y por eso relacionamos este sentimiento con las caricias y los recorridos sobre la piel: la carne tierna, los poros tiernos del bebé, la ternera tierna (valga el pleonasmo: el concepto "tierna" está dentro de "ternera")... Y en lo profundo de nuestro pensamiento esa palabra ("tierno") y cuanto significa convive con nuestras entrañas. Notamos muy adentro la ternura. Por eso sentimos ternura hacia alguien "entrañable", y usaremos también esa palabra en aquella seducción amorosa que, partiendo de sentimientos auténticos pero no apasionados, busca un contacto físico arropado por sensaciones dignas. "Entraña" deriva de *interanea* ("intestinos" en latín), y significó siempre "cada uno de los órganos contenidos en las principales cavidades del cuerpo humano y de los animales"; y ahora designa también "lo más íntimo o esencial de una cosa o asunto"; y por eso "entrañable" equivale a "íntimo, muy afectuoso"; y por eso "entrañablemente" se define como "con sumo cariño, con la mayor ternura" (el diccionario acaba conectando las cerezas una vez más); y por eso "entrañar" es "introducir en lo más hondo", "contener, llevar dentro de sí", "unirse, estrecharse íntimamente, de todo corazón"... Y por eso resulta seductor calificar a alguien de "entrañable", porque esta palabra expresa, impensadamente, el deseo de abrazar, de estrecharse, de acariciar, de dar ternura y caricias al otro, de elevar el sexo a la categoría de sentimiento, de lograr de nuevo una sinécdoque tramposa: la ternura forma parte del amor, pero no siempre lo representa completo. Y, sin embargo, nos atrae porque la metáfora nos seduce.

El lenguaje de la seducción sexual también contiene palabras que en el juego de aproximaciones elegantes no se suelen pronunciar si no se desea que acabe el encantamiento. A no ser, claro, que la seducción resulte de las palabras soeces, lo que también puede parecer interesante entre determinadas personas dadas a los aspectos duros de la vida. Y no vamos a condenar aquí ningún tipo de elección; sólo diremos que para ese lenguaje no se precisa reflexión alguna, ni libros ni paisajes ni puestas de sol ni otros aditamentos personales diferentes de los ya adheridos al cuerpo. La seducción de los exabruptos no apela a las inteligencias ni a los sentimientos ni a la herencia cultural, sino sólo a los instintos. Y no siempre es eficaz.

El lenguaje del amor, decíamos, da valor a determinadas palabras y desprecia otras muchas. Elige con decisión implacable. Y eso lo representaba con tino una publicidad de la marca SofLens, de lentes de contacto o lentillas. "Me gustan tus gafas", pronunciaba el protagonista masculino del reclamo. "Gracias", respondía la modelo que desempeñaba el papel femenino. En la siguiente imagen, ella no mostraba ya su bonita montura de claros cristales, puesto que se supone había comprado las lentillas que se anunciaban; y él cambiaba ligeramente su frase para usar una palabra de seducción: "Me gustan tus ojos", decía sin pronunciar ya la palabra "gafas" (pero tampoco la voz "lentillas"). La mujer, antes simplemente agradecida con su simple respuesta de "gracias", sentenciaba ahora el anuncio con una contestación muy diferente: "Bésame".

La diferencia, pues, entre "me gustan tus gafas" y "me gustan tus ojos" (vadeando el término "lentillas" que corresponde a la segunda situación) puede conducir a resultados así. Claro que se trata de un anuncio, pero la escena no parece inverosímil, ni la habrán juzgado imposible los propios publicistas que pensaban en seducir a los consumidores. "Gafas" y "ojos" representan la diferencia entre las palabras frías y las palabras calientes. Generalmente, el calor de las palabras les viene de muy lejos, sumando todas las voces que las usaron, acumulando acepciones y matices, trayendo hacia el presente su valor de antigüedades. Las palabras frías suelen tener menos edad (aun procediendo en muchos casos del griego; pero se trata de formaciones recientes) y generalmente responden a conceptos técnicos, metálicos y calculados.

Cada vez que alguien acude a la palabra "ojos" en una maniobra de seducción está evocando con ella los ojos más hermosos que jamás hayamos visto. Es uno de esos conceptos universales que cada cual proyecta sobre su ideal particular. Como sucede con la palabra "mirada", que puede sustituir con ventaja incluso a un término tan cálido como "ojos". "Más aún que tus ojos me gusta tu mirada"; y quien reciba ese directo al corazón llevará sus recuerdos a la mirada más hermosa que jamás haya conocido, para tomar de ella el concepto "mirada" que alguien le dirige. El resultado es seductor por necesidad.

Pero "gafas" deriva de "gafa", un concepto técnico: era una "gafa" el gancho que servía para armar la ballesta de Guillermo Tell y estirar la cuerda hasta montarla en la nuez y dejarla presta para disparar hacia la manzana; y también toda aquella grapa o sujeción metálica, de la cual nació el concepto "gafas" para sustituir a "anteojos"*, porque el agarre que une las dos lentes fue lo que más llamó la atención a quienes le dieron nombre; el agarre que emparenta con *agafar* (agarrar en catalán) y con gafete (así se llama en América a las credenciales que se grapan a la solapa de un congresista con un ganchito o con un broche; los genes del idioma español han alumbrado también ese término). Todo en "gafas" suena menestral, evoca los instrumentos, la técnica. "Ojos", en cambio, procede del latín *óculus*, y de la raíz indoeuropea *ok*, y contrastará siempre con la anterior por la fuerza que ha recibido desde entonces. Tanta, que un día significó también "yema" o "brote", el manantial de donde brota el agua en los Ojos del Guadiana, ese "ojo" ancestral de donde surge "inocular", el ojo que llora y se llena de lágrimas cálidas... El *Diccionario de Autoridades* definió "ojo" en su primera acepción con una metáfora que daba la medida del espacio que ocupará siempre esta voz en nuestro espíritu: "Ojo: órgano por donde el animal recibe las especies de la vida y por donde explica sus afectos".

Para definir cabalmente este vocablo sólo servirá la poesía.

En la aproximación amorosa se revalúan por encima de sus propios significados vocablos como "acariciar" y "mimar" (y en esta última palabra de nuevo la delicadeza de la *i*, el arrullo de las emes), y se desprecian términos que en la mayoría de las culturas hispanas suenan

---

* "Gafas" apenas se usa en algunos países de habla hispana en América (Argentina, por ejemplo), donde se prefiere "anteojos".

vulgares... Por eso la seducción utiliza los primeros en el lugar de los segundos. Los términos usados tantas veces en la poesía se han fosilizado como palabras seductoras en sí mismas: los besos y las caricias como la Luna o los nenúfares. "Quiero acariciar todos tus labios", por ejemplo, donde "labios" extiende su campo antonomásico a otras partes de la anatomía femenina, para evitar palabras menos sugerentes. "Quiero recorrerte todo el cuerpo", "estoy deseando entrar en tu cama para darte un beso íntimo"...

Íntimo... es otra palabra seductora, llena de *íes* porque lo íntimo se liga a lo reducido, y con una presencia invasora de la *m* que evoca el arrullo, una palabra muy próxima a "ínfimo" en el vocabulario mental que activa las palabras vecinas, y que apenas se define en el léxico oficial con todo su significado inmenso (ni tiene el diccionario por qué; ya hemos dicho que sus definiciones son sólo la puerta de las palabras). "Lo más interior o interno", dice la Real Academia que es "íntimo". "Aplícase también a la amistad muy estrecha y al amigo muy querido y de gran confianza". Y termina: "Perteneciente o relativo a la intimidad". ¿Y qué es la intimidad?: "Amistad íntima", responde en primer lugar el diccionario. Y en segunda acepción: "Zona espiritual íntima y reservada de una persona o de un grupo, especialmente de una familia". Pero nuestra intimidad no parece sólo espiritual; reside también en puntos concretos del cuerpo, y la podemos disfrutar en un ambiente intimista, donde intimamos... donde nos unimos al otro. Y si alguien nos envía un beso íntimo sabemos muy bien en qué lugar del cuerpo esperamos recibirlo, y desearemos que se produzca porque la expresión habrá volado tan seductora que no resultará fácil oponerse.

El amor reside en el cerebro (como todos los demás sentimientos del ser humano), y hace muchos años que eso se sabe; pero el lenguaje ha trasladado la sede del amor a otro lugar: el corazón. No podía concebirse que los razonamientos y las pasiones anduvieran revueltos en un mismo lugar. El cerebro ha sido reservado por el lenguaje para las decisiones racionales; y el corazón, para las pasionales. Por eso se pueden comprender los impulsos del enamorado, porque salen (im-pulso) con la fuerza de la sangre y de los latidos, el poder de la naturaleza, y forman el pulso que nos anima. El coraje. Y por eso se disculpa todo aquello que se hace con el corazón; y, tal vez por esta influencia sublime que tienen las palabras en nuestra manera de pensar, los tribunales acceden a considerar circunstancia atenuante todo aquel comportamiento que resulta de la pasión, del impulso cardiaco, visceral, sanguíneo. Aunque su única residencia esté en la cabeza.

Y si podemos connotar las palabras de la aproximación amorosa también cabe hacerlo con los términos de la separación. "No me abandones", por ejemplo. Qué expresión tan brutal y seductora (va directamente al corazón ajeno para conmoverlo): abandonar un bien implica descuidarlo, y abandonar a alguien significa desampararlo; pero los dos significados se suman en este último caso y se refuerzan. Y se mezclan. Las lenguas germánicas dejaron esta raíz en el sur de Europa: *ban*, orden de castigo*. El abandono y el desamparo constituyen un castigo** según nuestra mentalidad heredada con el idioma, y la persona abandonada se siente así, como un perro sin rumbo y sin casa, al albur de las carreteras, abandonada como consecuencia de algo que ha hecho (o ha dejado de hacer) y que siente punible quien adopta la decisión de abandonar. El abandonado, a su vez, toma el papel de un animalillo; aún más: de un objeto. Tal vez porque en un principio el diccionario (reflejo de la realidad de su siglo) sólo concebía el abandono de la casa, de un lugar, de un puesto, de una tierra. Si después se abandona a una persona, el significado engloba que, como explicaba el lexicón de 1739, hemos decidido alejarnos de ella "dexándola del todo inútil y de poca monta".

"Abandonó a su mujer y a sus hijos"; "abandonó a su marido y a su familia"... Suena terrible esa palabra, puesta en el lugar donde también se podría decir sencillamente "se divorció" o "se separó". "Abandonar" sugiere y evoca... seduce. Golpea con fuerza al corazón que no piensa. "No me abandones". Suena terrible esa palabra porque terrible fue su historia.

---

* *Ban*, en el vocabulario germánico, equivalía a proscripción, prohibición (una prohibición que se anuncia públicamente); pasa al latín como *bannum* y al español como "bando" (que a su vez emparenta con el inglés *banner*, anuncio). El bandido es la persona proscrita que ha perdido la paz pública. Pero tal vocablo puede alcanzar ahora tonos meliorativos, gracias a los bandidos tipo Tempranillo, y tomar el valor de insulto cariñoso: "ah, bandido...".

** Según el catedrático José Antonio Pascual, "abandonar" llegó al español a través del italiano.

Vemos con frecuencia, pues, que en los términos de la seducción una parte de lo que decimos sirve para reconstruir una totalidad, bien sea ésta la vida larga y completa de la palabra o bien se trate de los connotados fonemas que modifican o amplían el término. La palabra pronunciada es la punta de un témpano majestuoso que se esconde bajo la superficie del agua. Sus sílabas contienen todas las claves para que, permaneciendo sumergida, la completa profundidad de la expresión aflore en el subconsciente. Ante la tristeza de alguien a quien pretendemos acercarnos, a quien queremos consolar, emplearemos probablemente unos cuantos ánimos encaminados a la diversión. "Vamos a divertirnos esta noche para que olvides eso". Seamos divertidos, divirtámonos. El verbo contiene una invitación a la risa y a la despreocupación porque en esos conceptos reside su historia. En el Siglo de Oro, "divertirse" quería decir "abstraerse", "dejar de prestar atención a algo". Es decir, verterse en otra cosa. Ya en latín *divertere* significaba "llevar por varios lados", y el diccionario actual mantiene como primer significado "apartar, desviar, alejar", en lo que nació de un concepto militar: despistar o distraer al enemigo. Sólo en su segundo escalón reconoce "entretener, recrear". Y en efecto, la invitación a divertirse entraña el olvido de la situación de tristeza, el apartamento del dolor o del trabajo o del agobio. Una invitación que sonará seductora en mayor medida, por tanto, para quien desee salir de un problema y busque refugio en una buena juerga. Los millones de voces que han pronunciado esta palabra se han pegado a ella para moldearla, y nosotros reconocemos ahora todas sus evocaciones.

El periodista William Lyon creó un personaje muy presente en las columnas que él publicó durante algún tiempo en el suplemento local de Madrid de *El País*. "Mi actual esposa me dijo…", solía repetir cuando necesitaba referirse a alguien. Al margen de la broma literaria, la expresión ha podido sumarse desde entonces a las insinuaciones seductoras de aquellos cónyuges con ánimo de aventura extraparlamentaria. Cuando llega el momento de contarle al recién conocido que "hay alguien más", siempre se podrá acudir a la fórmula "mi actual marido" o "mi actual esposa": eso relativiza mucho la situación.

Todos estos casos constituyen una mínima parte de los que se pueden acopiar. No se trata en este libro de ofrecer un catálogo de casos concretos, tarea que resultaría inabarcable; no se pretende mostrar tipos de peces sino tipos de caña; examinar los mecanismos de seducción que se esconden en el lenguaje, para que podamos utilizarlos o hacerles frente, según la situación.

Y en el lenguaje del amor constituyen elementos de primer orden la historia de las palabras, las compañías que tuvieron, las metáforas en general y las tramposas en particular, las fracciones en que se divide el significado de un vocablo y con las cuales se completa de nuevo si se unen todas ellas (y que, sin embargo, lo evocan de lleno cuando se pronuncian por separado), el sonido siseante y amarillo, la vecindad de los conceptos que se activan en nuestra mente por semejanza con los pronunciados.

Cada persona se adentrará, con ellos de la mano, en la búsqueda de otros equivalentes, que aplicará si lo desea a situaciones similares o... muy distintas. Valgan todos ellos sólo para reflexionar sobre la seducción que poseen nuestras palabras y averiguar dónde nace su poder de sugestión. Podrían exponerse muchos más, pero no es éste un libro de ayuda sentimental, ni siquiera de autoayuda. Además, cada persona hallará sus propias fórmulas de la seducción verbal, su manera de convencer al corazón ajeno... y también su forma de ocultarse ante él.

Porque las palabras seductoras sirven igualmente para tal fin. A menudo quien se implica en una relación sentimental más de lo que en realidad deseaba empieza a sustituir de repente unos vocablos por otros. Bajará del "te amo" al "te quiero", desdeñará aquellas expresiones que con tanto talento había encontrado y caerá en otras, a veces más vulgares, que se le escaparán sin advertirlo; ya no hablará de sus "sentimientos" sino de sus "sensaciones"..., no empleará el verbo "prometer" sino "intentar", no pretenderá seducir, sino que no le aten. Tal vez incluso haya sabido suplantar a tiempo la oferta de "fidelidad" por la más real de "lealtad".

Hemos considerado más arriba que el lenguaje nos sirve sobre todo para dialogar con nosotros mismos. Las palabras nos hacen el pensamiento. Y más importantes aún resultan los resortes de las palabras en el mundo de los sentimientos: para entenderse, para no herir, para analizarse. El cerebro funciona con multitud de interconexiones neuronales: un sonido activa un circuito neuronal, y hace que el intelecto escoja un significado, pero ese significado continúa la cadena: los circuitos de las palabras activan a su vez los circuitos de los sentimientos.

"Carecer de palabras para referirse a los sentimientos significa no poder apropiarse de ellos", escribió también Goleman en *Inteligencia emocional* *. Y en efecto, las seducciones del lenguaje sentimental no sólo se dirigen a modelar la voluntad del otro. También sirven para ensalzar y endulzar las percepciones de las que puede disfrutar uno mismo en su relación con la realidad. Y para precisarlas. Muchas veces no sabemos cómo dar el pésame a alguien por la muerte de un ser querido. "Te acompaño en el sentimiento", dicen muchos; pero eso nos parece a menudo una fórmula manida, tópica, acartonada, sin valor alguno para quien la escuche. Y "lo siento" se puede aplicar a situaciones infinitamente menos graves, lo que puede dar idea de que la muerte de un familiar se asocia a la pérdida del teléfono portátil. Sólo en la medida en que hallemos con palabras lo que sentimos realmente podremos expresarnos ante los demás y ante nosotros mismos. Y las palabras con su halo seductor pueden venir en nuestra ayuda si nos proponemos llamarlas. Porque existen. Pueden enriquecerse con su papel arrinconador de términos bajos, con las sinécdoques tramposas, con las metáforas que utilizan las palabras más universales y más adaptadas (a la vez) a cada experiencia personal, esos términos que nos evocan siempre lo más hermoso que hemos relacionado con ellos. Las palabras seductoras

* Daniel Goleman, *op. cit.*

marcarán la clara diferencia entre quien dice aburridamente "te acompaño en el sentimiento" y quien expresa "dame un abrazo, amigo". Entre quien propone un osculeo vulgar con gestos evidentes o palabras burdas y quien anuncia a la persona deseada, en plena maniobra de lenta y estudiada aproximación, que le gustaría besar su sonrisa.

V

Los símbolos de la publicidad

Aquella canción de los años setenta que la voz de Nino Bravo llenaba, una melodía tantas veces reinterpretada y reescrita, y empleada después en la publicidad, decía en su estribillo: "Libre, como el Sol cuando amanece, yo soy libre; como el mar. Como el ave que escapó de su prisión y puede al fin volar…".

Libre ha de sentirse el ave que sale de su jaula. Y *Libre* se titulaba la canción. Millones de americanos y de españoles la habrán escuchado (en su día constituyó un gran éxito internacional), pero tal vez sólo unos pocos hayan reparado en la incongruencia del texto. "Libre, como el Sol…". Porque de poca libertad goza el Sol, que ha de amanecer todos los días a unas horas fijas, que cumple su jornada laboral hasta la noche y no disfruta de ningún fin de semana festivo, ni de vacaciones en verano, que es precisamente cuando más trabaja. Tampoco el mar le aventaja mucho, "libre, como el mar…". Porque el mar mide sus mareas también con un estricto horario que se prevé con gran precisión, y además siempre camina a expensas de la Luna.

Sin embargo, opera aquí el valor simbólico de las palabras para seducirnos con ese ambiente de libertad que el propio publicista quería evocar mediante esta canción, utilizada en 1999 y 2000 como sintonía de fondo para una oferta de teléfonos portátiles con los cuales el usuario podía moverse a su gusto por toda suerte de lugares y de tarifas.

En esta época que adora a la tecnología, en los años del gran desarrollo catódico, electrónico y telemático, la fuerza de la publicidad no reside principalmente en las imágenes, en los diseños modernos o la rapidez de las comunicaciones. Sigue estando en las palabras, recipientes repletos de pensamientos y de ideas, seductoras por su poder venido de lejos.

El Sol, el mar, los paisajes inmensos, la naturaleza entera, dan sensación de libertad aunque sigan unas reglas incontrovertibles. El ser humano identifica la libertad con los amplios espacios, tal vez llevado por el gusto ancestral de contemplar los paisajes inmensos desde una montaña, porque eso proporcionaba seguridad y capacidad de prevenir los ataques del enemigo, lo cual permitía proteger la libertad de la aldea. El Sol, por ello, es libre también, porque nos mira desde allá arriba. Y el mar, por su parte, lo refleja y lo repele, y al llegar la tarde lo engulle. Identificamos libertad y hermosura, libertad y grandeza, libertad y espacio, libertad y poder.

Para averiguar el motivo de que "Sol" transmita esa idea de libertad podemos acudir a la historia del vocablo y repasar las definiciones que los hablantes asumieron siglos atrás, que enriquecieron la raíz *sāwel* hallada en el indoeuropeo: "El principal de los siete planetas, Rey de los Astros, y la antorcha más brillante de los cielos, que nos alumbra y vivifica. Es el que gobierna la serie de los tiempos, y el luminar, cuyos movimientos juntamente con los de la Luna causan con el concierto de sus revoluciones y periodos los años, los meses, los días"... El Sol que da nombre al viento solano, ese aire que llega del Este, allá donde nace el Sol.

Sí, donde nace. Ahora ya sabemos que la Tierra gira en torno al Sol. Pero en nuestro lenguaje empleamos todavía expresiones como "el Sol sale", "el Sol se pone", "el Sol llega", "se va el Sol", "de Sol a Sol", y hablamos así del recorrido del Sol porque para nuestra lengua, para nuestra manera de ver el mundo, el Sol cumple un papel subordinado a la Tierra. Y si lo cumple para nuestro lenguaje, lo sigue también en nuestra percepción inconsciente, igual que el corazón mueve los sentimientos en el mundo del idioma y de nuestras ideas, pese a que en él no reside ni una sola neurona capaz de sufrir o alegrarse.

El Sol, pues, ha simbolizado en millones de mentes humanas el gobierno del tiempo, que depende de sus movimientos; y qué mayor libertad que ésa, contemplada su fascinante definición ahora, mezclada con los días que vivimos, tan apresurados. El Sol reina sobre la naturaleza, y no parece sometido a nada, allá arriba, adonde nadie puede llegar. Se mueve con su poder inmenso, el que decide los días largos y los cortos, el que determina la noche de San Juan, el que coloca el calor y ahuyenta el frío. Al menos en el mundo que nos interpreta el idioma.

Este valor simbólico de las palabras se añade a los factores de seducción del lenguaje. Seducen las flores porque representan nuestro sentir cuando las regalamos, seducen los metales preciosos porque evocan la perennidad del sentimiento (su valor al margen) y seducen todos los demás símbolos porque proyectan en nuestra mente un sentido superior o una idea más elevada.

Así, el Sol, el mar, la Luna, el horizonte... se convierten en poéticos y seductores con su mismo enunciado. He aquí las verdaderas palabras unívocas universales, todas las ideas que reflejan los grandes espacios de la naturaleza. Las palabras grandi-elocuentes. Si pronunciamos "árbol", el receptor imagina algún tipo de árbol, probablemente el que tenga más cercano o sienta más intenso en su memoria. Tal vez un castaño, un endrino, un abedul, un olmo, un sauce, un ciprés... La palabra "árbol" corresponde, pues, a una infinidad de imágenes posibles que dependen en su aplicación concreta del lugar donde se escuche ese vocablo, del clima, de la naturaleza local, de su biología... (Porque el lenguaje humano no representa o señala directamente la realidad, sino que "representa *representaciones mentales* que los sujetos tienen y construyen acerca de la realidad")*. En cambio, Sol, Luna, mar, horizonte... son términos planetarios que evocan imágenes casi idénticas en todas las personas. Como otros más etéreos pero de gran univocidad: justicia, igualdad, historia, histórico... Símbolos perfectos. El horizonte sirve como referencia de las metas más deseadas: hay que tener un horizonte en la vida, un punto hacia el que se camina y que se halla lo suficientemente lejos como para imaginarnos un gran espacio ante nosotros. Y el horizonte es "horizontal" (de nuevo las cerezas

---

* *Psicología del lenguaje...*, *op. cit.*

anudadas), equilibrado, modelado por una ley de la gravedad que lo mantiene siempre estable, sin inclinación alguna hacia los lados; con accidentes en su línea de unión con el cielo, sí, pero respondiendo siempre a la sujeción imaginaria de sus extremos.

Y el equilibrio es rentable en el lenguaje de la seducción, porque cuanto se identifique con él guardará la armonía de la naturaleza, se convertirá en objeto deseable que brilla a lo lejos y nos atrae: "Redoxon, la salud es equilibrio. Redoxon mantiene tu equilibrio", dice el anuncio. Los símbolos, las palabras seductoras.

De cualquier forma, la voz "libre" en esa canción dispone también de una fuerza descomunal, que se impone incluso a la fuerza del Sol. Porque se dirige al inconsciente colectivo con el valor de los mensajes ocultos bien elaborados: resulta difícil que el receptor reflexione sobre ellos porque su misión principal consiste en impedir la reflexión. Resuena así la palabra "libre" y llega directa al corazón (es decir, al cerebro sentimental). He aquí las leyes físicas del idioma, ajenas a las leyes físicas de la naturaleza, como "ensañamiento" era ajeno a las leyes de la Ley porque en él predomina el fuero de las palabras. Es el papel de las seducciones.

Porque "libre" y "libertad" guardan las connotaciones más primitivas. Todas aquellas palabras que remiten al entorno natural del hombre poseen un valor especial. "Sumérgete en la fragancia de los limones salvajes del Caribe", dice un anuncio de jabón. El autor del texto conocía muy bien los resortes de la seducción con el lenguaje. "Sumérgete"... la inmersión en el mar (el mar es el símbolo oculto tras ese vocablo, la inmersión en la inmensidad), y la inmersión en un mundo ajeno al que vivimos, diferente a la tierra que pisamos, un lugar donde cambiar. "Fragancia" (antiguamente "fragrancia"), palabra connotada de un olor que sentimos nada más pronunciarla. Y que también significa "el buen nombre" de una persona. Un continente que sólo puede transportar contenidos positivos.

Pero ese lema publicitario despide una seducción aún mayor: la palabra "salvajes". Se trata de un concepto que asimilamos inconscientemente a la libertad, la libertad del salvaje que no conoce horarios ni obligaciones, que dispone de su vida; la libertad de las plantas silvestres... y de cuanto acontece en la selva, palabras todas ellas (selva, salvaje, silvestre) unidas por los cables de nuestra memoria. El adjetivo acompaña a "limones", pero a su vez los limones, en el momento de oírse por el televisor tal palabra, coinciden con la imagen de una espléndida mujer en biquini. Las asociaciones que puedan desarrollar los telespectadores (hombres y mujeres) quedan a su albedrío, pero en cualquier caso la expresión "limones salvajes" adquiere un gran valor de seducción por sí misma, porque remite a la libertad primitiva.

"La publicidad no vende productos, sino que compra clientes", dice el aforismo del sector. ¿Y con qué les paga? Con una moneda falsa, que, sin embargo, guardarán en su cómoda más antigua porque se trata de una moneda reluciente: con la seducción de las palabras.

Las mujeres hurgarán en el monedero para adquirir una costosa crema que suaviza el cutis, pero hasta hace poco no se planteaban esfuerzo económico alguno por una pastilla de jabón. ¿Por qué?: porque la publicidad de las cremas les promete hacerlas bellas, mientras que el jabón sólo prometía dejarlas limpias. Así que los fabricantes de jabones han debido acudir ya a las sugestiones de la hermosura, como "conserva el cutis", "piel tersa y joven"... Vance Packard explica: "Ya no compramos naranjas, sino vitalidad. Ya no compramos simplemente un coche, sino prestigio"*.

Finalmente, en realidad, lo que se compran son palabras.

La libertad constituye un valor fundamental en el lenguaje de la seducción y siempre merecerá consideración en el mundo de la publicidad, incluso en los países que sufren una dictadura. Y veremos a menudo expresiones como "la libertad de elegir" (publicidad en concreto del recinto comercial Multicentro, en Madrid) o "siéntente libre" (teléfonos portátiles)... Libertad para todos los anuncios y para todos los públicos, lo mismo si el mensaje intenta vender un automóvil que si elogia una compresa: "Donde te lleva un Montero no llega nadie"** proclama otro mensaje, encaminado a romper los límites de nuestro paisaje particular. Y otro anuncio pronostica: "Cherry Alexander se fue hasta el fin del mundo. Tú puedes llegar más lejos" (con una cámara de fotos Canon, claro). "Chrysler Stratus Cabio y Nuria Roca: Vivo

---

* Vance Packard, *Las formas ocultas de propaganda*, Buenos Aires, Sudamericana, 1959 y 1970.

** Debió escribirse "a donde te lleva un Montero...", por ser un verbo de movimiento, puesto que "donde te lleva" significa que el Montero te lleva en el asiento, o en la cajuela...

el momento" evoca la libertad del presente sin las ataduras del futuro*. Y otros buscan el camino de la libertad absoluta: "Con un Vitara te lo puedes permitir todo", "con la nueva Barclaycard la libertad cabe en tu cartera [...] Y verás qué fácil es tener el crédito más libre"**.

La idea de libertad ha llevado durante muchos años la cereza adjunta que sugería su antónimo: la esclavitud o la prisión. Eso lo saben intuitivamente los publicistas, porque apelan continuamente a romper los grilletes que nos atan al trabajo, a nuestro entorno… evocan las limitaciones de nuestra vida cotidiana y nos ofrecen una distinta, mediante cualquier objeto de consumo que rompe nuestras cadenas. El *Diccionario* de la Academia aún recoge

---

* Casi todos estos ejemplos están extraídos de un solo suplemento dominical escogido al azar, el del 23 de mayo de 1999, en el momento de abordar este capítulo. Por cierto, un error similar a "donde te lleva un Montero…" se puede encontrar tres páginas después de ese anuncio, en otra publicidad: "¿Dónde van las lágrimas de los dioses cuando lloran sobre Escocia?", dice el texto de una publicidad de whisky. Lo correcto habría sido "¿Adónde van…?". En cambio, otra publicidad juega bien con el equívoco: "Quería un maquillaje de fondo que pudiera ir donde ningún otro maquillaje puede. En mi bolsillo" (anuncio del producto Manifesto, suplementos dominicales del 9 de enero de 2000). El lema "con un Vitara te lo puedes permitir todo" lo tomo del libro de Antonio Ferraz Martínez *El lenguaje de la publicidad*, Madrid, Arco Libros, 1996. Y el reclamo "con la nueva Barclaycard la libertad cabe en tu cartera" sale de la prensa del 9 de enero de 2000.

** Estos dos ejemplos salen también de los suplementos del 23 de mayo de 1999. Los siguientes a ellos los tomo del citado libro de Antonio Ferraz.

dos acepciones que entroncan con ese concepto de libertad que implica el reciente abandono de las ataduras: "Estado o condición del que no es esclavo"; "estado del que no está preso".

Así pues, la seducción de tal palabra-símbolo entronca también en este caso (como en el amor, como aquellos acordes del himno, como en tantos ejemplos que harían este libro interminable) con la historia de los vocablos y de las ideas, arraiga en los temores más profundos del ser humano, que ha heredado el miedo a la falta de libertad incluso como un miedo al dolor físico. La esclavitud o la mazmorra que a menudo conducían a la muerte.

Frente a eso, la "libertad de vivir" que proclaman los publicistas en sus vallas gigantescas constituye un factor de seducción que se dirige a lo más inconsciente de nuestro ser, en una formación publicitaria habitual que aúna palabras simbólicas. "Renault. El placer de vivirlos". "Los kilómetros no se cuentan. Se viven" (neumáticos Pirelli). "Un Martini invita a vivir"… Vida, libertad, capacidad de elección.

La publicidad acude a palabras seductoras que buscan además erigirse en palabras gancho. Lo cual se justifica en la propia técnica de la especialidad, desarrollada desde hace ya muchos años. Millones de padres de familia (excluyo aquí a las madres de familia, no porque yo lo quiera hacer, sino porque lo hace la publicidad) compran un coche amplio (si sus ingresos se lo permiten) cuando acuden a un concesionario para adquirir un automóvil. Y, sin embargo, habrán soñado toda su vida con un descapotable pequeño y veloz. El psicólogo norteamericano

Ernest Dichter ha explicado que los hombres consideran al descapotable como una amante simbólica. No pueden satisfacer su deseo de comprarlo como tampoco alcanzan a obtener los favores de cuantas mujeres imaginan junto a ellos. Pero les gusta recrearse en la idea, y en eso no se mete nadie porque nadie lo conoce. Con los consejos de Dichter, el fabricante estadounidense de automóviles Sedan decidió incluir en la publicidad de sus vehículos familiares algunas palabras que invitaban a la imaginación y al escape, a la libertad*. El *escape* que en español implica salir del manto que nos atenaza *(ex-cappa*, en latín: fuera de la capa), la escapada de un fin de semana. Pretendían aunar en un mismo producto la idea de la esposa y la quimera de la amante. Y fue un gran éxito, porque el coche les permitía imaginar. Sin saberlo.

La fuerza de las palabras es tan estremecedora que incluso pueden cambiar la percepción de lo nombrado mediante una leve modificación de su envoltorio: la palabra misma. La publicidad moderna lo ha demostrado, y el ejemplo puede servir para pensar en la relación entre recipientes y contenidos. Los expertos del sector recuerdan cómo los fabricantes de margarina se enfrentaban en un comienzo en Francia con un prejuicio tenaz contra su producto. Comparada con la manteca, se le reprochaba ser "grasosa", "pesada" e "indigesta", de tener un "gusto aceitoso". Pero bastó con presentar a la margarina bajo

---

* José Miguel Contreras, *op. cit.*

la apariencia de una manteca coloreada de amarillo y a la manteca bajo una apariencia blancuzca para comprobar que casi toda la gente se equivocaba y adjudicaba entonces a la manteca los defectos de la margarina, y a esta última las virtudes de la primera. Muchos eligen una marca de tabaco o una de zumo, pero luego serían incapaces de distinguirlas al gusto. La conclusión de los técnicos es formal: no fumamos cigarrillos, sino imágenes de cigarrillos; no tomamos bebidas, sino sensaciones mentales de las bebidas. Es igualmente evidente que las mujeres no compran cremas suavizantes, astringentes o rejuvenecedoras, sino imágenes de la juventud, del éxito, del amor. De allí la importancia del nombre, del envase y de lo que se ha convenido en llamar "la imagen de marca". El comercio vende símbolos. Y esos símbolos funcionan en los niveles subconscientes e inconscientes, en los ámbitos irracionales*.

Las ciruelas no conseguían la aceptación de los consumidores franceses alrededor de 1950, pese a las inversiones de la compañía que pretendió comercializarlas. Los empresarios decidieron consultar con los especialistas y acudieron al Institute for Motivational Research. Allí los expertos determinaron que la ciruela sufría las consecuencias de un fuerte complejo de inferioridad. Las pruebas de asociación de palabras demostraban que el producto estaba vinculado en la

---

*Vance Packard, *op. cit.*, pp. 154-155.

memoria de la gente a términos tales como "reseca", "solterona", "pensión familiar" y sobre todo, "estreñimiento". Era preciso darle una imagen nueva. Así que se puso en marcha una campaña publicitaria con colores alegres y brillantes (para alejar la idea de lo reseco y lo oscuro) y con figuras que jugaban entre sí con cierto aire infantil, que dieron paso más adelante a bonitas chicas que patinaban o jugaban al tenis. Las ciruelas se veían en platos lustrosos de alegre colorido, o al lado de blancos requesones. Acompañaban al cuadro llamativas leyendas que decían: ponga alas a sus pies, adquiera la sensación de tener el mundo a sus pies, las ciruelas contribuyen a enrojecer su sangre y dar brillo y color a sus mejillas. La ciruela se convirtió así en una Cenicienta triunfante.

Esas asociaciones de ideas que ya apreciamos con claridad en las imágenes encuentran su correspondencia en las palabras. Las imágenes significan y evocan; las palabras, también. Las imágenes simbolizan; igual que las palabras. Las representaciones de una idea pueden alterar la manera en que es sentida por un receptor. Así sucede también con las palabras.

La seducción simbólica no sólo reside en las voces de nuestro acervo. El cerebro, como hemos analizado antes, percibe en primer lugar el sonido de los vocablos, y a continuación los descodifica; y después averigua si el concepto identificado se halla o no en el diccionario mental. Una vez que accede a su significado, lo procesa con la adición de cuantos matices haya conocido esa palabra. Pero en el caso de que se trate de un término que desconozca también pueden prosperar los mecanismos de la seducción. Se ignora el significado, pero se cuenta con el sonido. El poder de la fonética emerge entonces con toda su capacidad. Y el sonido evoca a menudo otros mundos. La seducción opera entonces por reflejo: la palabra carente de significado proyecta, sin embargo, la idea sobre algo que fascina o que creemos superior... sólo por su sonido.

Los mensajes que excluyen los vocablos conocidos por el público para sustituirlos por otros desconocidos pueden adquirir un gran valor de sugestión inconsciente. Una fórmula de seducción publicitaria consiste, por ejemplo, en enviar a millones de personas hispanohablantes monolingües un mensaje en inglés o en francés. *The finish line is a state of mind*. Lucky Strike, patrocinador oficial de fórmula 1". "Camel Trophy. *Adventure Watches. One life. Live it*". "*Eau parfumée. The Green Tea. Fragance collection. For men and women*. BVLGARI" (y en el frasco que se inserta en ese mismo anuncio se puede leer: "*eau parfumée au thé vert. Extrême*")*. Otras marcas acuden a trucos similares: "Chesterfield *way of life*", Nescafé Cappuccino. *Il vero Cappuccino all'Italiana*". Incluso marcas españolas adquieren grafías extranjeras: Bankinter, Cortty (propiedad esta última de El Corte Inglés), Reny Picott, Gordon's, Teleline, Moviline, Movistar, Airtel...*

---

* Sobre el significado de este desprecio de los publicistas hacia nuestra lengua y el complejo de inferioridad que implica y difunde me extiendo en el libro *Defensa apasionada del idioma español*, Taurus, Madrid, 1998.

Es cierto que generalmente tales licencias publicitarias pretenden identificar el producto con el país de origen y sembrar la idea de que se trata de algo auténtico. Pero, curiosamente, esto ocurre sólo con el idioma inglés, el francés, el italiano... jamás con unos productos de marfil que llegaran, por ejemplo, de Argelia y que se pudieran expresar en algún dialecto magrebí.

Pero aquellas palabras que no se entienden por ser extranjeras ejercen una función seductora entre quienes ven siempre lo ajeno como algo superior, especialmente si se expresa en alguna lengua occidental. Y no sólo adquiere ese valor lo que no se comprende por hallarse escrito en otro idioma. También lo que no se entiende por estar expresado en términos científicos. Porque ellos evocarán un mundo de precisión y de infalibilidad, proyectarán el foco del significado sobre un campo de prestigio, a pesar de que la palabra lanzada al cerebro del receptor tenga vacía su casilla en nuestro diccionario personal. Un vídeo Panasonic es "nada menos que el

---

* La Compañía Telefónica española, añado aquí, ha conocido por sus estudios de mercado que los españoles no identificaban algunas de sus filiales como correspondientes a ella (Moviline, Teleline...). ¿Y cómo va a identificar un español esos nombres extranjeros con una compañía española? Los publicistas a veces se dejan seducir por el mal entendido prestigio de las palabras extranjeras, emplean siempre palabras extranjeras... y así les aparecen los mismos efectos de las palabras extranjeras (identificación con otro país) cuando venden un producto español que no quiere presentarse como extranjero. Parece mentira que desdeñaran ese efecto.

nuevo NV-FS 90, en sistema S-VHS con 4 cabezales", que "dispone de sonido estéreo NICAM de alta fidelidad" y "posee Jog & Shuttle y un sistema de edición por inserción"...

Lo preciso y lo desconocido se refuerzan cuando coinciden, en una fórmula química que produce perplejidad primero y adhesión después.

Las alusiones a los avances técnicos, a las fórmulas incomprensibles pero fruto aparente de largas investigaciones, prestigian los productos. Los anuncios de artículos inmersos en la competencia tecnológica (automoción, informática, audio-vídeo) explotan, hasta saciarlo, el poder oculto de las palabras y los símbolos, y crean una jerga cientifista. Es eso lo que se persigue con el uso de voces que nadie entiende, términos como "bioalcohol", y "fórmula lipo-activa" (productos de limpieza), o "sistema osmo activo" o "liposomas" (cosmética)". O la "lanolina" de los jabones y las fórmulas dermoprotectoras...*

En efecto, los conceptos técnicos seducen en los tratos comerciales. Pero hay en ellos un descomunal abuso de poder. El emisor es consciente de que los receptores no comprenderán el concepto (como ocurre también en el caso de los anuncios en inglés o francés). El emisor, lejos de explicar lo que desea vender, pretende apabullar al consumidor. Y suele conseguirlo, merced a ese poder seductor de los términos científicos y las

---

* Antonio Ferraz Martínez, *op. cit.*

fórmulas químicas. La propia palabra "fórmula" se ha contagiado de ese prestigio. Dice un anuncio de Canal Satélite Digital: "Tenemos una fórmula infalible para hacer feliz a tu familia". Y la palabra "fórmula" aparece escrita con mayúsculas. El anunciante quiere vender la infalibilidad matemática que implica esa palabra.

Los tecnicismos aparentan rigor, pero pueden abundar en la confusión y las manipulaciones. D. Bolinger* explica un truco en la obra *Lingüística y sociedad*, de la que es coautor: una empresa lechera puede anunciar una leche que esté "98% libre de grasa". El producto, en efecto, tendrá sólo un 2% de nata. Pero el mínimo legal de nata en la leche puede estar cifrado en el 3,35% (para que sea leche), por ejemplo; de modo que la leche con 2% tiene menos de la mitad de la nata quitada. Una muy rica leche natada podría anunciarse con ¡96% libre de grasa!

El lenguaje técnico para un público que no lo es resultará siempre seductor, pero por la vía de la trampa.

Las palabras frías y las palabras calientes que se agolpan en nuestro diccionario mental cambian a veces de temperatura según el contexto que las rodea, porque éste puede transmitirles el calor o contagiarles el frío como la voz "sierra" tomó, en el ejemplo que expusimos páginas atrás, el rugido de su *r* o la suavidad de su *s* según

---

* VV. AA. *Lingüística y sociedad*, Madrid, Siglo XXI de España Editores, 1976.

las palabras que la escoltaran. Son cálidas generalmente las voces que dejaron los árabes y frías las que arraigaron en el griego y llenan los tecnicismos más antiguos de nuestro léxico (y con más razón son fríos los tecnicismos de ahora, los nuevos términos de la informática o la medicina). Los poetas se acurrucan en las palabras cálidas, los científicos disfrutan con las voces gélidas. Y la publicidad hace uso de ambas según le interese: las viejas palabras del español le sirven para la fascinación; y las nuevas, para el avasallamiento.

Fascinan palabras como "futuro", "libertad", "movimiento"... y avasallan fórmulas como "teléfono dual", "display con amplia pantalla", "transmisión de datos por infrarrojos", "batería de litio de serie", "texto predictivo" y "carcasas intercambiables de Xpress-on", expresiones todas ellas tomadas de un mismo anuncio de teléfono portátil, marca Nokia; bajo cuyo logotipo se añade en cualquier publicidad de prensa editada en España: "*Connecting people*"*.

La publicidad explota profesionalmente todos estos resortes. Pero los términos de alcance planetario y de imagen universal (horizonte, Sol, Luna...), los conceptos que idealizamos en nuestro subconsciente personal y que por eso nos provocan placer al escucharlos, se hallan también en la vida cotidiana. No los empleamos con el

---

* Este texto del anuncio tiene en total 61 palabras, y aquí he seleccionado 23. Lo tomo de los suplementos dominicales del 9 de enero de 2000.

raciocinio del publicista, sino con la intuición y la analogía de usuarios certeros del idioma. Son palabras que se recrean en sí mismas.

"Futuro", por ejemplo. El futuro como algo esperanzador, la expresión que en su representación mental se contagia de otros significados positivos, como el futuro o la futura, sustantivos que representan desde antiguo a la "persona que tiene compromiso formal de casamiento con otra", y también la "sucesión de empleo o renta que uno espera y a que tiene derecho o pretensión para después de la muerte de otro". No hay significados negativos en "futuro", y nuestro vocabulario de la seducción en español lo sabe muy bien porque acude con frecuencia a sus mecanismos emocionales, el futuro que imaginamos azul seguramente por las dos *úes* de su formulación silábica, y azul suele ser el fondo que nos presentan los partidos políticos que hablan de un futuro esperanzador (porque saben que el azul tranquiliza y da confianza). El futuro es un símbolo del progreso, el espacio temporal donde se cumplen nuestros sueños (los sueños, los anhelos, sólo se proyectan hacia adelante). "Caminamos hacia el futuro", dicen los lemas políticos. Incluso lo dice un folleto veraniego que el Real Madrid envía a sus socios y en cuya portada aparece un jugador que cuando el tríptico llega a los buzones ha anunciado ya su deseo de irse a otro equipo. Y un reclamo publicitario de camiones: "Ebro. La fuerza del futuro", para que el agricultor espere un tractor que durará muchas cosechas… "Se arruinaron todos tus proyectos de futuro", enuncia un anuncio radiofónico en el que alguien quiere progresar gracias a Internet y se da cuenta de que no sabe inglés*. Evidentemente, la palabra "proyectos" ya implica la idea "futuro" (no se puede hacer un proyecto hacia el pasado); pero el autor del texto publicitario utiliza el pleonasmo porque sabe del valor seductor que tiene "futuro". Proyectos de futuro.

"La poesía es un arma cargada de futuro"... Qué magnífica y seductora metáfora de Gabriel Celaya, donde la palabra "futuro" anula los valores bélicos de las anteriores ("arma cargada") y de los vocablos que le siguen (un "arma cargada de futuro expansivo con que te apunto al pecho") porque al poeta y al lector les parecerá siempre posible que el futuro aniquile lo peor del presente; y que siempre lo mejore. Ah, cuando el futuro se acerca al presente: "Technics. El futuro del sonido". Y otra empresa: "Panasonic. El futuro de la imagen"; "AGF Seguros. Porque el mañana se decide hoy"... Qué mejor presente entonces que aquél fundido al futuro. "Ya es primavera en El Corte Inglés", se anuncia todavía en invierno.

La palabra futuro (sustituible por "mañana" o "el porvenir" con el mismo significado) seduce incontestablemente. "El futuro ya está aquí", "el futuro es hoy"...

---

* No entiendo muy bien esa obsesión de que para navegar por Internet hará falta saber inglés, y de que será un analfabeto quien no se haya preparado. Dentro de muy poco, los ordenadores tendrán incorporado un programa de traducción de cualquier texto y bastará con activarlo para que convierta al español (cualitativamente el segundo idioma del mundo) cualquier página que se encuentre. Lo cual no implica, por supuesto, que se haya de desdeñar el conocimiento del inglés.

los lemas y las consignas se valen de su inmenso poder. Incluso de su formulación gramatical. El tiempo que está por venir, el tiempo futuro, adquiere la fuerza de lo que no se puede desmentir en el presente: "Usted notará la diferencia", "usted pasará las mejores vacaciones"... Utilizar el concepto del futuro lleva consigo el poder religioso de la profecía. Y más que prometer, se pronostica.

Estas manipulaciones seductoras se verifican en la publicidad pero también en nosotros. Porque podemos manipular a nuestros semejantes con palabras símbolo, con metáforas que, una vez más, muestran una parte de la realidad para ocultar otra. Una persona que haya pagado en primavera por la instalación de su antena digital puede encontrarse al llegar el invierno con que el viento la ha descolocado unos centímetros y ya no recibe señal alguna. En primavera él no había contado con el invierno, y el instalador tampoco. Protestará telefónicamente ante la empresa que acometió ese servicio y ésta se evadirá del problema diciendo que va a cobrar por el nuevo desplazamiento y el trabajo repetido porque han pasado los seis meses de garantía; plazo que, efectivamente, figura en la letra pequeña de la factura. Si el consumidor que se siente estafado tiene en su archivo léxico algunos leguleyismos le resultará fácil asustar al instalador. Si le habla del derecho positivo, del *Boletín Oficial del Estado*, de la ley de servicios e instalaciones, de las ordenanzas municipales o de la oficina del consumidor y la reversibilidad de los plazos de garantía, es fácil que el instalador se avenga a recolocar la antena. Imaginará que se halla ante un abogado o un funcionario de la Administración central y pasará por el engaño. Y en ello habrá adquirido una gran influencia el vocabulario que empleó el cliente. Porque no habrá hablado al cerebro del técnico, sino a su miedo.

Mediante ese léxico, que se puede inventar con un poco de oído (también lo hacen los publicistas), habrá apuntado apenas un componente de lo que pretende transmitir. Y únicamente tiene las palabras, el vocabulario enrevesado, llenas de connotaciones pero vacías de contenido real. Su interlocutor pondrá el resto: creerá que el reclamante también atesora los conocimientos que se supone suelen acompañar a tales palabras, igual que el comprador de un coche familiar cree que está comprando un descapotable.

En efecto, las palabras-símbolo se encuentran con mucha frecuencia en la publicidad, pero pueden hacerse un hueco en el lenguaje del amor o en el sermón que recibe un adolescente de su madre o de su padre como consecuencia de haber aportado al final de curso una ristra de suspensos: has de labrarte un camino, buscar tu horizonte, asegurar tu futuro, hacer un esfuerzo, y otro esfuerzo...

Labrar... la palabra ancestral que significó siempre garantía de sustento. Labrar la piedra, labrar la tierra, labrar la madera. Ese labrar que en latín fue *laborare*: trabajar. Laborarás la tierra, laborarás la madera, labrarás los campos, y llegarán los frutos de la labranza; los frutos de tu trabajo. Labrarás tu futuro porque tú has de trabajarlo.

Metáforas y recursos poéticos, de nuevo, de los que tanto provecho extraen los publicistas. Iberia: "usa tus alas"; Kodak: "el color de tus recuerdos"; Coca-Cola: "la chispa de la vida"; Colgate: "limpia hasta el aliento"; Rolex: "el tiempo es arte". Todos ellos repletos de palabras connotadas, palabras seductoras dentro de la imagen literaria. Y la metáfora exprime aquí todos los saltos que da una comparación. Iberia no es "como unas alas", una empresa parecida a las plumas que el ser humano siempre deseó en sus brazos para volar libre y horadar el aire, sino que ella misma se constituye en las extremidades aladas que se agitan al viento y levantan el cuerpo del suelo, aderezado su mensaje con el adjetivo posesivo que apela directamente al subconsciente: tus. Iberia son alas. No "como alas". Son tus alas. Y Coca-Cola no es como una chispa. Es la chispa. Y Kodak no pone color a los recuerdos, es exactamente el color que tienen.

Un truco manipulador de la publicidad cuando ejerce ese poder de las palabras para engatusarnos consiste precisamente en el empleo de adjetivos posesivos. Se trata de un uso muy ajeno al español natural: "El detergente X deja sus manos suaves; compre su coche en nuestra red de distribución; si no está satisfecho le devolveremos su dinero". Cualquiera que se expresase con naturalidad diría: "El detergente X deja las manos suaves; compre el coche en nuestra red de distribución; si no está satisfecho le devolvemos el dinero"*. Pero el publicista busca implicar al consumidor, y por eso usa y abusa de los adjetivos posesivos o de los pronombres

---

*Me referí a esta técnica, desde otra perspectiva, en *Defensa apasionada del idioma español*, op. cit.

personales. "Pronombres personales" se llaman aún, pero quién sabe si la fuerza de la publicidad acabará por cambiar tal nombre y se denominarán algún día "pronombres personalizados", como explican esos anuncios de bancos o de cursos de inglés o de cualquier otro asunto que han relegado ya la sencilla expresión "atención personal" para hablarnos de la "atención personalizada", con una derivación final que nos evoca un esfuerzo más en la acción de personalizar.

El mundo de la publicidad acude, pues, generalmente a unas seducciones en cierto grado distintas a las que examinamos en capítulos anteriores. Por ejemplo, suele despreciar la sonoridad de las palabras (a diferencia de la seducción en la poesía y en el amor, que adora su fonética) y prefiere recrearse en el entorno natural que evoca la libertad del ser humano, la libertad que proyecta hacia adelante, hacia el futuro que siempre imagina hermoso. Y coincide con la seducción que se libra en la política (como se verá más adelante) mediante el empleo de palabras incomprensibles, extrañas, que tienden a acomplejar a los oyentes y a acrecentarles sus sentimientos de inferioridad. La primera de estas fórmulas (la libertad, la naturaleza, el futuro) guarda alguna relación con el arte. La segunda, sólo con el poder.

Con todo, los peligros que hasta aquí hemos reseñado en el campo de las seducciones publicitarias con palabras se quedan pequeños ante el vastísimo mundo que se abre con las técnicas subliminales.

Eduardo García Matilla, estudioso español de la comunicación y de la publicidad, sacó a la luz en 1990 un libro sobrecogedor, subyugante… y muy divertido*. Allí analizaba los resortes de muchos anuncios de alto nivel y de baja estofa. Recordaba cómo en 1956, y en un cine de Nueva Jersey, se había insertado entre los fotogramas de una película la imagen de un helado, que apareció en pantalla apenas una fracción de segundo… una fracción invisible. El cerebro consciente de cada espectador era incapaz de percibir esa imagen añadida a los 24 fotogramas de un segundo de proyección… pero no el subconsciente. En el descanso del espectáculo, y una vez emitido el típico mensaje "visite nuestro bar" (esta vez con muchos segundos de permanencia en la pantalla), el aumento en la adquisición de helados resultó ser de un 60% respecto a cualquier día similar. Vance Packard, por su parte**, ha explicado también el experimento que desarrolló el psicólogo social James Vicary, igualmente en Nueva Jersey y en esta ocasión durante las seis semanas en que se exhibió la película *Picnic*. La prueba consistía en proyectar sobre la pantalla (en días alternos), y mediante una máquina especial (taquitoscopio) sincronizada con el proyector, flases con mensajes publicitarios lanzados a una velocidad de 1/3.000 de segundo. Por tanto, invisibles para el cerebro consciente. Invisibles en lo que siempre hemos entendido como invisible. Invisibles para nuestro pensamiento. En ellos se decía: "¿Tienes hambre? Come

---

* Eduardo García Matilla, *Subliminal. Escrito en nuestro cerebro*, Madrid, Bitácora, 1990.

** Vance Packard, *op. cit.*

palomitas", y "bebe Coca-Cola" (cómo no). Se sometieron al experimento, sin saberlo, 45.699 personas. Pero a partir de ahí habría que cambiar la consideración general del adjetivo "invisible". Porque aquellos mensajes, sí, fueron invisibles para el pensamiento. Pero no para los sentimientos. Los resultados establecieron una venta de palomitas un 57% superior en los días en que se proyectaban los mensajes subliminales y de un 18% en las consumiciones de Coca-Cola. Los expertos culparon de estos resultados más pobres en el caso de la bebida al mal tiempo reinante, es decir, a los elementos, y consideraron que con el apoyo de las frases "hace calor" o "tengo sed" se habrían incrementado más las ventas del refresco. He ahí la fuerza sugestiva de las palabras más allá de los medios técnicos que se empleen para difundirlas.

La publicación de esta prueba desató una polémica descomunal en los diarios y revistas más importantes de Estados Unidos, en muchos de los cuales se exigía la prohibición de semejante tipo de publicidad porque suponía un ataque a la libertad individual. No se aprobó tal medida legislativa, y el caso se fue durmiendo en la memoria de los periodistas, pero no en los planes de los creadores de anuncios. El propio García Matilla reproduce en su libro casos de publicidad subliminal que está a nuestro alcance descubrir. No se trata ya de fotogramas ocultos (la investigación de casos así sólo podría resultar eficaz si fuera detectivesca; sus autores no parecen inclinados a comunicar esas pruebas), sino de analizar con detenimiento la publicidad que insertan diarios y semanarios. García Matilla muestra decenas de anuncios españoles (con reproducciones gráficas) donde se usa la técnica de la publicidad subliminal: cubitos de hielo que esconden levemente figuras eróticas, modelos masculinos con el pene erecto marcado bajo el pantalón (lo cual se aprecia sólo con detenimiento), mujeres que agarran botellas con una peculiar posición de la mano... Todo conducía en esos ejemplos a manipular el pensamiento y las decisiones mediante la dependencia que establecía el anuncio: los productos resultaban tan atractivos como una imagen erótica. Y además sin que el lector la percibiese. Los productos eran en sí mismos eróticos, por tanto.

El mecanismo mental que se producía en aquel caso del cine de Nueva Jersey guarda mucha relación con lo que la psicolingüística nos ha explicado respecto a la manera en que comprendemos las palabras. El ojo humano ve mucho más de lo que creemos; y el oído escucha a veces más de lo que oye. La retina fue capaz, en aquel experimento, de identificar los fotogramas que pasaron inadvertidos para las inteligencias y hacer que la voluntad respondiera luego a esos estímulos. Con el lenguaje se produce un efecto similar. Los científicos han demostrado que los mensajes visuales o sonoros transmitidos por debajo del umbral de percepción (es decir, subliminales) pueden entrar en el cerebro sin que éste los procese conscientemente.

Ya hemos visto que los sonidos que llegan al sistema auditivo estimulan el circuito neurológico a medida que avanzan por él, y que activamos todos los registros compatibles con una secuencia de sonidos a medida que ésta se desarrolla. Si la secuencia de sonidos tiene más de un significado posible, activamos todos los significados compatibles y sólo después suprimimos los inapropiados, de acuerdo con el contexto. Parece inevitable que un subproducto de todo ello sea que activemos decenas de significados espurios y no intencionados. Así, por ejemplo, los experimentos sobre la anticipación de palabras han mostrado que cuanto más común es un vocablo, más fácil resulta anticiparse a su llegada y pronunciarlo; o percibirlo mentalmente. Y también que la presencia de un vocablo determinado en un contexto ayuda a identificar con antelación (antes de que se terminen de pronunciar) aquellos que se relacionan semánticamente con él. Los psicolingüistas vieron, por ejemplo, que la palabra "escoba" se percibía unos milisegundos antes de lo normal si previamente se había pronunciado "bruja". Y que "taza" hacía notar antes su significado completo en el cerebro si la había precedido "plato".

Pero se llevaron algunas sorpresas. Porque la palabra "taza" obtenía también ese privilegio si el término que se había insertado momentos antes (incluso frases antes) era "omóplato", lo que da idea de que con omóplato se activa también el registro "plato". Así pues, toda palabra contenida en otra o en otras pasa fugazmente por nuestro cerebro sin que nos apercibamos de ello, como el fotograma del refresco visita nuestro subconsciente y activa los registros mentales que le corresponden*. Sabemos, en efecto, que al oír "cantautor" nuestro cerebro

---

* El autor de ese estudio es el psicolingüista Richard Shillock, quien desarrolló la teoría a finales de los años ochenta. Citado por Gerry T. M. Altmann, *op. cit.*

percibe "canta" y "autor" por separado; y que en "semental" reconocemos la fuerza de "semen"; y que el sonido de "par" (dos cosas de una misma especie, dos personas de un mismo tipo...) nos da una pista de milisegundos para entender "parecido", "pareja", "parecerse", "aparear"... palabras de las que forma parte y en cuyo significado influye. Nuestra mente puede separar en ellas el concepto "par", y percibirlo como semantema, sin que apenas nos demos cuenta.

Teniendo en cuenta todo eso, estudios posteriores de los mismos psicolingüistas plantearon frases que buscaban un efecto todavía mayor. Frases como ésta: "Es un marmolista lento pero muy barato".

Nada parece sospechoso en ella si la analizamos con la parte consciente del cerebro. Pero en este caso se comprobó que esa nueva película experimental llevaba emboscado entre sus fotogramas el concepto "talento" (dentro de la secuencia "marmolista lento"). Las asociaciones con esa palabra funcionaban también: permitían reconocer con rapidez los conceptos que se le asociaban, y que los individuos sometidos a la prueba pronunciaron anticipadamente sobre la grabación que se les había dado a escuchar.

Las posibilidades de explotación publicitaria que ofrece este descubrimiento (y que parecen haber pasado inadvertidas para los propios estudiosos del fenómeno) pueden asustarnos. "Casa de campo, con suelo nuevo de madera", "los restaurantes Oros le esperan", "no se deje quitar tajada"... muchas frases similares a estas tres anteriores nos pueden evocar conceptos placenteros como "consuelo", "tesoros", "tarta"... y asociarlos así a productos sugerentes... sin que nuestra inteligencia guarde constancia alguna de ello. Los publicistas ya conocen, como hemos visto en este capítulo, amplios espacios del campo psicológico ante el cual los consumidores carecen de defensas; pero el terreno que les queda por explorar aún puede aportarles grandes beneficios. La seducción de los sonidos, de las agrupaciones que forman (a veces aleatorias), los símbolos que nos transmiten, las imágenes que evocan, ejercen sobre nuestras mentes una fuerza todavía inexplorada. Es el terrible pórtico de la manipulación del pensamiento.

VI

El poder de las palabras, las palabras del poder

La intención de seducir con palabras ha alcanzado en la política y la economía, en las almenas del poder, su más terrible técnica. Ya el austriaco Karl Kraus (1874-1936) combatió al nazismo desmenuzando aquella propaganda construida con palabras manipuladas para la seducción, aquel armamento verbal previo a la destrucción de los bombarderos y de las duchas asesinas. "Es en sus palabras y no en sus actos donde yo he descubierto el espectro de la época", explicó. Quienes estudiaron su obra, como Erich Heller, comprobaron luego que "Kraus descubrió los vínculos entre un falso imperfecto de subjuntivo y una mentalidad abyecta, entre una falsa sintaxis y la estructura deficiente de una sociedad, entre la gran frase hueca y el asesinato organizado"*. Como sostiene Giacomo Marramao**, si hubiéramos acometido un análisis más atento del lenguaje de los nazis habríamos podido

---

* Citado por Rafael Cadenas en la obra *En torno al lenguaje*, Caracas, Monte Ávila Editores Latinoamericana, 1997.

** Giacomo Marramao, entrevistado por Juan Arias en *El País*, 1 de agosto de 1992, y citado por el catedrático José Antonio Pascual en su conferencia "Las aristas de las lenguas".

"detectar la llegada del fascismo en Europa y del nacionalsocialismo en Alemania. Se habrían podido advertir ambos con la progresiva corrupción y barbarización del lenguaje precisamente en la polémica política. Esto es importante porque según cómo uno habla se deduce cuál es su inclinación cultural y política".

Jean-Pierre Faye se dedicó a analizar también, en los años setenta, la relación entre el lenguaje y la manipulación de las conciencias lograda por los nazis y los fascistas*. El autor francés observó cómo determinadas palabras actuaron perversamente en un momento crucial de la historia, la manera en que escoltaron a los tanques. En una obra inmensa, de 980 páginas, Faye sigue el origen de esos vocablos desde que nacen hasta que arraigan y comprueba "extrañas reglas cartográficas" que muestran cómo en Italia y Alemania "el nacimiento y desarrollo de una nueva jerga precede a las fórmulas para una toma del poder", mediante un "proceso de creación de la aceptabilidad".

Lo que comienza por un lenguaje manipulado acaba por conducir a la asunción del totalitarismo y al mayor genocidio conocido por la historia. Incluso la expresión "Estado totalitario", que hoy repudiamos, se abrió paso entonces con galanura frente al "Estado liberal" y fue descrito como "el Estado en la plenitud englobante de su contenido, en oposición al Estado liberal vacío de

---

* Jean-Pierre Faye, *Los lenguajes totalitarios*, Madrid, Taurus, 1974.

contenido, reducido a la mínima expresión y vuelto nihilista". Wilhelm Reich analizará la psicología de estas manipulaciones lingüísticas explicando que "los conceptos reaccionarios añadidos a una emoción revolucionaria dan por resultado la mentalidad fascista", originan una peste psíquica que se contagia a través del pensamiento.

Los totalitarios fueron capaces de arrinconar el término marxista "lucha de clases" (a su vez otra expresión que buscaba el papel embaucador de la palabra "lucha") por la "lucha de razas"; opusieron pertenencia a igualdad; la personalidad del pueblo frente a sus derechos; inventaron los términos parcialmente opuestos *jungkonservativ* ("jóvenes conservadores") y *nationalrevolutionäre Bewegung* ("movimiento nacional revolucionario").*
Descubrieron así el poder político de las antítesis, esas formulaciones unitarias constituidas por términos antagónicos: joven se equipara a revolucionario; y nacional

---

* Esa técnica de los términos antitéticos se reproducirá tiempo después en el español. Un grupo terrorista de los últimos años del franquismo se llamará FRAP: Frente Revolucionario Antifascista Patriótico, con la asunción por la extrema izquierda de esta última palabra tan querida de la derecha y de la dictadura; y la organización asesina ETA asumirá mucho tiempo, incluso ya en la democracia, esas siglas que significan "*Euskadi ta askatasuna*": "País Vasco y libertad", donde también este segundo término rechina en los oídos de quienes conocen sus métodos y su discurso. El lenguaje político y económico de la ocultación y el engaño, como veremos más adelante, acudirá igualmente a la mezcla antitética en nuestros días democráticos, bien es cierto que con resultados no tan graves.

equivale a conservador. Pero joven acompaña aquí a conservador; y nacional, a revolucionario. Logran la revolución conservadora. El conservador conserva y se rebela, a la vez. Y reinventaron el adjetivo *völkisch* (de *das Volk*, el pueblo; una palabra sin derivaciones fáciles en alemán frente a lo que ocurre en otros idiomas: popular, popularidad...), rescatándola del siglo XV para, aprovechando su sonoridad, adaptarla como expresión de lo "nacional", pero con la particularidad de que se refiere a lo más propio del pueblo en lo "nacional", de modo que el hombre *völkische* es idéntico consigo mismo y por ello se opone absolutamente a quien se le presente como su negación: el extranjero por excelencia, el esencial "diferente". Hacía falta esa palabra para desarrollar el racismo. Porque sobre su concepto se podrá combatir lo "antialemán en su totalidad"... y lo antialemán era solamente "lo distinto", aquello que no encajaba en esa bárbara concepción del término *völkisch*.

Después, el vocabulario nazi acogerá la voz *Volksgenosse*, que definirá a un camarada... pero no un camarada cualquiera, sino al camarada en *nuestro* pueblo: el camarada de raza.

La terminología propia de la Alemania prenazi dificulta la comprensión de los juegos de palabras para quienes pensamos en español. Porque aquellos vocablos son herederos a su vez de connotaciones precisas y antiguas, ajenos a los cromosomas que nos imaginamos en nuestra cultura hispana. La obra de Faye se adentra en esos largos vericuetos, que le resultarán apasionantes al lector armado de paciencia para recorrerlos. Explica Faye, por ejemplo, cómo el poder nazi hizo suyos dos lenguajes opuestos: "El fin [del socialismo alemán] es el compromiso entre los intereses o, si se quiere y en términos más modernos, su compensación [*Ausgleich*]. Objetivos éstos muy poco revolucionarios", continúa Faye. "Pero he aquí, de repente, su doble mutación. Esta compensación iba a efectuarse en un Parlamento económico: 'Hablamos de una cámara de trabajo en la que puedan hacerse realidad la idea de los estados y la de los Consejos'. [...] Los *estados* [en el sentido corporativo] y los *Consejos* [en sentido soviético], la reivindicación más típica de la derecha y la más espontánea creación de la izquierda no constituyen aquí más que una sola palabra, compuesta y desarticulada a la vez tal y como puede serlo en alemán: una palabra doblemente compuesta o una composición redoblada y diferenciada a la vez —der Stände und Rätegendanke—. Sintagma y paradigma a la vez, dirían los lingüistas, la expresión *encadena* abiertamente lo que ha *opuesto* implícitamente. Multiplica los términos de una división...".

Adolf Hitler consigue apropiarse de la terminología rival, incluso del concepto "camarada", después de que el lenguaje de sus maceros le haya preparado el terreno. Y haciéndola suya, toma también su fuerza: "Si hoy día estoy aquí como revolucionario, es como un revolucionario contra la Revolución", proclama en un discurso. Y continúan los hitlerianos: "Sólo falta arrebatar la Revolución de manos de los revolucionarios [...]. Una Revolución de un pueblo no puede ser otra que una Revolución nacional". Y más adelante, Hitler: "Soy el revolucionario más conservador del mundo".

Podemos reflexionar con Pedro Salinas*: "¡Cuánta desgracia ha caído sobre los humanos por ese tristemente célebre lema de Hitler: el Nuevo Orden! [...] Unos, muchos, han aceptado el sonido de las palabras o, poco más, su significación vaga y aproximada, dando por buena la causa que las echa al aire programáticamente, sin pensar un momento en si corresponden ceñidamente o no a lo que presumen representar".

Resulta difícil hacerse idea ahora, tantos años más adelante, del efecto que tuvieron las expresiones nazis en las primeras décadas del siglo XX. Las palabras que entonces ejercieron el poder de la seducción se han visto desposeídas de él más tarde, precisamente porque luego acumularon a sus sílabas todos los horrores que varias generaciones han llevado en su memoria después de la II Guerra Mundial. Se heredaron a sí mismas con todo el equipaje; y así donde hace unos decenios sólo se apreciaba una maleta podemos ver ahora los productos corrosivos y letales que contenía. Han llegado a nuestros días desenmascaradas, por fortuna. Y, sin embargo, sus técnicas se reproducen.

Slobodan Milosevic, el genocida serbio, extendería muchos decenios después del nazismo, casi en el cambio de siglo, la expresión "limpieza étnica" (genocidio) y seguiría un lenguaje similar en sus trampas y manipulaciones. Pero el mundo tardó demasiado, una vez más, en darse cuenta.

---

* Pedro Salinas, *Defensa del lenguaje*. Ed. no venal de la Asociación de Amigos de la Real Academia, Madrid, 1991.

Muchas de las tergiversaciones del idioma que observamos hoy en día en nuestro entorno más inmediato (examinaremos algunos casos en esta obra) no van a conducir al desastre que acarreó el nazismo. Llamar "la solución final" al exterminio de los judíos o "campos de concentración" a los campamentos del genocidio no son manipulaciones que se hallen a la altura de las que hoy en día nos rodean en nuestra vida cotidiana, esos eufemismos y engaños que observamos en los políticos que hablan español en América y Europa, o en la publicidad, o en los negocios. Pero, aun no dándose una relación cuantitativamente exacta, sí existe una relación esencial. Y un peligro. Los mecanismos coinciden.

Las palabras manipuladas, en efecto, van por delante de las injusticias para abrirles el camino. "Cruzada" se llamó a la guerra civil española; "Alzamiento", a la subversión antidemocrática de 1936; y hasta se denominó "el Movimiento Nacional" al partido más inmovilista posible.

La técnica que difundió Joseph Goebbels (el muñidor del aserto según el cual una mentira repetida mil veces se convierte en verdad) se ha reproducido en los más variados campos, también mediante ese "proceso de creación de la aceptabilidad" que denuncia Jean-Pierre Faye en su obra, una estrategia que prepara las acciones mediante palabras manipuladas que se arrojan por delante, palabras teloneras de los abusos y de la agresión.

Así, por ejemplo, en 1997, la ofensiva desatada por el gobierno español del Partido Popular contra un grupo de comunicación, Prisa, estuvo precedida también de palabras que acomodaban el campo para la batalla posterior*. El diario *El País* era tildado de "gubernamental" durante la etapa socialista (pese a la evidencia; la mentira repetida mil veces), los beneficios legítimos de la empresa se debían a los "privilegios" oficiales (y no a que el público prefiriera sus productos), y esa sociedad de prensa y medios audiovisuales no era una empresa líder, sino que constituía un "monopolio" (aunque cualquier ciudadano pudiera observar que pugnaba por el mercado en dura competencia con otros medios informativos de semejante rango)**. Gubernamental, privilegios, monopolio. El valor seductor de esas palabras por el lado peyorativo se acomodó en muchos subconscientes. Más tarde, las acciones coincidentes del gobierno y de un juez llegaron incluso a declarar ilegal un electrodoméstico (el descodificador para la televisión digital de pago montada por ese grupo periodístico; aparato que se vendía

* Deseo recordar al lector en este punto, para no hurtarle ningún dato, que durante la etapa en que se elabora este libro he ocupado los cargos de redactor jefe del diario *El País* (hasta octubre de 1999) y, después, de director editorial de los diarios y proyectos de prensa regional del Grupo Prisa. El lector tendrá perfecto derecho a pensar, por tanto, que no puedo hablar de este asunto con independencia intelectual.

** El diario *El Mundo* llegó a escribir algún imposible semántico: "No podía ser que el mundo de la comunicación estuviera *cada vez más monopolizado por un solo grupo*" (la cursiva es mía), señaló en un editorial el 27 de diciembre de 1996 a raíz de una de las acciones del gobierno del Partido Popular contra Prisa. Evidentemente, si algo está "monopolizado" no cabe que lo esté cada vez más; y si lo está cada vez más, es que no está monopolizado. Por más que se repita con pleonasmo "por un solo grupo". Y cuando el ministro socialista

ya en varios países de la Unión Europea), y a tener encausados y al borde de la cárcel preventiva a los principales directivos del grupo empresarial, acusados de una inexistente estafa a los abonados de la cadena televisiva Canal +. Aquellas palabras manipuladoras contra periodistas críticos no podían dirigirse a la razón (pues habrían quedado inservibles), y por ello iban directas a los subconscientes; no se trataba de razonar, sino de juzgar.

El juez en cuestión, Javier Gómez de Liaño, declaró dos años más tarde, tras ser condenado como prevaricador por el Tribunal Supremo a raíz de su actuación en este caso, connivente con el gobierno: "Me condenan por haber tratado a un poderoso empresario como a un ciudadano normal". La frase contenía un inmenso poder seductor, que invitaba al público a respaldar al magistrado. La fuerza justiciera de cuantos héroes han poblado la

---

José Barrionuevo actuó en los tribunales contra *El País*, por unas informaciones publicadas poco antes, el diario *Abc* explicó: "El ministro del Interior demanda al diario gubernamental". En este caso no era un imposible semántico, sino un imposible lógico. Un ejemplo más de la manipulación lingüística registrada en este caso: el 23 de enero de 2000, Jesús Cacho rememora en *El Mundo* parte del *caso Sogecable* y recuerda cómo no era posible acceder a los deseos de Jesús de Polanco y "entregarle" el 51% de la plataforma digital única que entonces defendía el gobierno. ¿"Entregar"? En aquel tiempo sólo funcionaba en España la plataforma Canal Satélite Digital, propiedad de Sogecable. ¿Cómo se le iba a "entregar" a Polanco el 51% de un negocio que ya era suyo? La única manera de lograr la plataforma única y "entregarle" el 50% consistía, eso sí, en expropiarle la otra mitad. Puro fascismo ayudado por la seducción de las palabras.

literatura infantil se manifestaba aquí con evidencia. Entraba en juego de nuevo la manipulación de las palabras dirigida al inconsciente. Sólo al inconsciente colectivo. Porque la razón habría descubierto enseguida que Gómez de Liaño no fue condenado por haber tratado al empresario Jesús de Polanco como a un ciudadano normal, sino por *no* haberle tratado como a un ciudadano normal, lo cual se demostró más tarde en la causa que llevó al magistrado a ser declarado culpable de prevaricación después de haber vulnerado los derechos individuales del presidente del Grupo Prisa y de haberle acusado de estafa sin que existieran ni motivo ni perjudicados.

Nos podemos preguntar ahora cómo toda aquella operación se pudo plantear ante la opinión pública sin excesivos costes. Sólo si analizamos el papel de las palabras previas y de sus difusores obtendremos la respuesta. Palabras preparadas para la seducción, dirigidas al subconsciente, mentiras intercaladas en los fotogramas de una película construida con datos ciertos.

Los materiales con que se construyen los engaños parecen infinitos: tan extensos como la inteligencia humana, tan vastos como los vocablos cuyo significado podamos dominar. Los mecanismos de defensa de que pueda disponer una persona ante tales cargas de profundidad se relacionan directamente con su capacidad de reflexión sobre el lenguaje, con su propio dominio del idioma y con su educación. Pero también la capacidad de usar las palabras arteramente en el propio beneficio es proporcional a esos recursos.

La contradicción eficaz

La técnica que desarrollaron los totalitarios italianos o alemanes ha llegado a nuestros días seguramente por el mismo procedimiento con que los recursos estilísticos de los clásicos se posan en las novelas de hoy. El lenguaje que heredamos no sólo nos trae palabras, sino estructuras. La gramática generativa se transmite también de generación en generación, y con ella el uso seductor de los términos que se oponen. Unos los han utilizado para el bien; y otros, para la trampa.

El empleo de términos antitéticos está en los versos de Garcilaso (su "manso ruido"), y en Quevedo ("es hielo abrasador / es fuego helado / es herida que duele / y no se siente / es un soñado bien, un mal presente / es un breve descanso muy cansado"...), y en los místicos ("rayo de tiniebla", "divinal locura", "muero porque no muero"...). Y el poeta vasco Gabriel Celaya ("me siento un ingeniero del verso") los heredó para componer unos poemas maravillosos: "Cuando se miran de frente / los vertiginosos ojos claros de la muerte / se dicen las verdades: / las bárbaras, terribles, amorosas crueldades"...*

Hielo abrasador, fuego helado, amorosas crueldades, ingeniero del verso, la muerte de ojos claros... Palabras que se contradicen en su sentido profundo, en el

---

* Gabriel Celaya, *Itinerario poético*, Madrid, Cátedra, 1976. El poeta vasco era, sí, ingeniero. Pero eso no invalida el sentido opuesto, o al menos paradójico, que produce la noción de ingeniería poética.

sentimiento que producen, y que, sin embargo, forman la unidad poética más hermosa.

Esa técnica de seducción que crean los términos antitéticos ha sido empleada también para la manipulación política.

Sabemos que el sonido de cuanto escuchamos nos da la clave de acceso para que una palabra oída (es decir, sólo un sonido en ese momento, en la milifracción de segundo en que se percibe y aún no se entiende) penetre en el léxico mental para buscar ahí el significado que le pertenece. Cada registro léxico es una especie de circuito neurológico, y los registros constituyen el lugar de residencia del concepto que guardamos de todas las palabras que conocemos*. Los fonemas entran en el almacén de los significados y toman de entre ellos el sentido adecuado; los sonidos que acceden al sistema auditivo de la persona estimulan su circuito neurológico y rastrean en el diccionario individual. El efecto añadido de que esos sonidos activan la palabra indicada pero también las que le son próximas (la "cohorte", los significados que se activan y luego se desactivan rapidísimamente**) adquirirá un valor tremendo en los factores de la seducción.

Si "omóplato" activa a la vez "plato", y si el significado de "plato" se incorpora del lecho donde descansaba (aunque no haya sonado su despertador sino el de una palabra vecina), y si ello tiene consecuencias sobre la

---

* Gerry T. M. Altmann, *op. cit.*
** Jean Berko Gleason y Nan Bernstein Ratner, *Psicolingüística*, Madrid, McGraw Hill Interamericana de España, 1999.

manera en que comprendemos otros vocablos del mismo discurso, los términos antitéticos que se activan y se neutralizan a continuación adquirirán igualmente un estado latente que proporciona asimismo ciertos resultados. Porque las palabras activadas no se desactivan por completo, permanecen latentes un tiempo muy aprovechable, como el fotograma de una película se queda en la retina la fracción suficiente para dar sensación de movimiento.

"Me prestaron un libro que leeré con muchas ganas ayer". Al leer esta frase, hemos activado primero un significado: lo leeré ayer. Pero enseguida nos hemos dado cuenta de que ese sentido es imposible. Y con gran rapidez recomponemos el significado certero, porque estaba latente pese a haberlo desechado: me prestaron un libro ayer.

La seducción de las palabras puede partir, pues, de este otro principio: nunca se recoge completamente el agua derramada; jamás un frasco de perfume que se abre volverá a reunir exactamente su capacidad odorífica inicial. Así sucede con las palabras activadas que no corresponden al significado correcto: quedan latentes, pero dispuestas para influir en la percepción subliminal de una frase. Desprenden su olor y se lo transmiten a la palabra que les acompaña.

David Swinney, entonces en la Universidad de Tufts, publicó hace años un trabajo que resultó ser muy significativo. No sólo pudo demostrar que sí se activan los significados erróneos, sino también los sentidos alternativos de las palabras ambiguas. De hecho, con esa activación surge el humor mediante juegos de palabras.

Un vocablo se activa pero no se desvanece, como una bombilla que se enciende en un instante pero luego se apaga lentamente. Eso permite frases afortunadas de la publicidad, guiños periodísticos o trucos literarios. Si alguien dice "puso sus reales en el banco", puede jugar al humor con los dos sentidos, de modo que uno de ellos sólo quede latente y se active en el momento elegido, mediante la sorpresa. Swinney demostró que en un ejemplo de ese tipo (puso sus reales en el banco) se activan las dos posibilidades: "el dinero está en la caja de una sucursal" y "se sentó en un lugar de descanso". "Cruzó el río a nado y se sentó en un banco" no es ambiguo. "Cruzó el río a nado y atracó un banco", tampoco. Y si decimos "cruzó el río a nado, y se dirigió hacia el banco…" en ese supuesto sí se produce ambigüedad, pero el sentido de "banco" que desechemos se puede recuperar. Sólo hace falta un nuevo estímulo, que ya no necesitará la fortaleza del incentivo inicial.

Esos casos de activación errónea (y, sin embargo, recuperable) se demuestran en ejemplos como los siguientes, que aporta Altmann y que mueven a la sonrisa: "Las damas de la parroquia se han desprendido de todo tipo de ropas. Se las puede ver este sábado en la sala parroquial". "Para los que tengan niños y no lo sepan, en la planta baja tenemos una guardería". "No dejes que sólo unas preocupaciones acaben contigo. La Iglesia puede ayudar". "Dos hermanas se encuentran después de dieciocho años en la cola de la caja del supermercado". Acudir al significado latente que habíamos abandonado produce un salto en la lógica que esperamos del lenguaje. Y, por tanto, genera una sorpresa. Las sorpresas resultan seductoras por naturaleza, el ser humano busca las sorpresas continuamente: con sus viajes, con sus nuevas relaciones, con los espectáculos; y la literatura y el buen estilo acuden a la sorpresa para producir placer. Ese efecto guarda relación también con los mecanismos mentales de la activación y la latencia que han analizado los psicolingüistas.

Un economista o un político se escudarán en la contradicción de palabras concordadas para maquillar el hecho de que una empresa o el producto interior bruto de un país hayan entrado en la inclinación más temida. "Hemos experimentado un crecimiento cero", "tenemos un crecimiento negativo"... Sabemos que es imposible crecer cero (crecer y no crecer al mismo tiempo), y que nadie puede entender cómo se crece (concepto positivo) negativamente. La razón humana puede llegar a analizar estas palabras y descubrir el engaño, pero la penetración de tales voces en el cerebro y en el subconsciente guarda todas las armas de la seducción. El sonido de los vocablos contradictorios "crecimiento cero" se percibe por el oído o por la vista, y a través de ellos accede al léxico mental, en cuyos circuitos neurológicos se activan independientemente los significados de "crecimiento" y de "cero". El resultado de la unión entre ambos términos ofrece un sentido racional: no se ha crecido. Y así lo percibimos con nuestro cerebro consciente. Pero el hecho de que se haya activado la palabra "crecimiento" adquiere una repercusión subliminal, seductora, un significado inconsciente, que despierta de su sueño con el sonido, que se activa y que no se llega a desactivar, que se despereza y se mantiene en vela, que derrama su perfume sobre la frase y que la impregna de modo que ya no se podrá reintegrar a su frasco. Si "omóplato" activa "plato" por el sonido y ello repercute en que se reconozca antes "taza", el sonido de "crecimiento" activa el significado profundo de la palabra, el concepto feliz de lo que se acrecienta, el sentido que dieron a este término millones de hablantes del español, el sentido de nuestra herencia en esta expresión, el crecimiento de los niños que se desarrollan sanos, el crecimiento de todo cuanto nace y crece antes de morir, el crecimiento de los puntos de lana en la aguja, el valor de la moneda que crece, como crecen el dólar o el yen, como se crece aquel que logra un éxito, como crece la Luna para convertirse en llena... y ello repercute en que se activen las connotaciones positivas y en que la realidad se disfrace.

El significado de las palabras del idioma lo constituyen simples pautas de actividad neurológica. Esas pautas reflejan la experiencia acumulada de los contextos en los que se usan las palabras, y se modifican con cada experiencia nueva. Por eso en el momento en que nuestra computadora mental acude a su diccionario propio toma con "crecimiento" una expresión que produce sensaciones favorables: crecen los niños bien alimentados, crecen las plantas sanas, crece la inteligencia con el propio crecimiento humano...

La mayoría de los ejemplos del verbo "crecer" que daba el *Diccionario de Autoridades* recogían casos congratuladores. Es verdad que en 1729 el diccionario incluía también la expresión "crecer hacia abajo", lamentablemente desaparecida de los *Diccionarios* actuales de la Real Academia. Pero no se trata de un eufemismo que pueda avalar desde allí este caso del "crecimiento negativo", porque el lexicón advertía con claridad de que tal contradictoria fórmula representaba una "frase irónica con que se explica que algúna cosa se disminuye en lugar de aumentarse. Regularmente se aplica", continuaba, "al hombre quando ya está en edad de no poder crecer, que mientras mas vive, se arrima mas a la sepultura". De esa broma lejana nos llega esta singracia del crecimiento cero, con la herencia de aquella estructura para modificar el contenido pero con la ausencia de ironía alguna, sustituida aquí por el arte burdo del engaño y la sinrazón de los significados imposibles.

La compañía de una palabra afecta a su vecina hasta el punto de crear un significado latente. Si "terrenal" se contagia de los efectos de "paraíso" para distanciarse así de "terrestre" aunque etimológicamente sean sinónimas, así "crecimiento" perfuma a "cero" y a "negativo", porque las cerezas unidas se traspasan sus significados entre sí, y no siempre equitativamente. "Crecimiento" compite con "cero", pero su valor seductor y su contenido le dan un arma indiscutible que hace valer su perfume por encima de la palabra a la que se opone.

Esta combinación "crecimiento cero" o "crecimiento negativo" mancha también al verbo que la acompañe: habrá de tratarse de un verbo frío, de semantema justo y polivalente. Porque el emisor de esas expresiones (crecimiento cero o crecimiento negativo) no acudirá a un verbo como "sufrir" ("la empresa ha sufrido un crecimiento negativo"), puesto que eso descubriría el significado que se pretende ocultar. Dirá, casi con seguridad, que la economía "ha registrado" o "ha experimentado" un crecimiento cero. Palabras frías para un tema caliente, voces que tecnifican lo que de otro modo se percibiría con la fuerza de la contundencia.

En *El Mundo*, *El País*, *La Vanguardia*, *El Periódico*, *Diario 16*, *Abc*... de España como en *El Tiempo* de Bogotá, como en *El Mercurio* de Santiago, como en *El Comercio* de Lima, como en *El Comercio* o el *Hoy* o *El Universo* de Quito, como en el *Clarín* o *La Nación* o *La Razón* de Buenos Aires... los tecnócratas pueden hablar también cualquier día de "la desaceleración" de la economía o de la "desaceleración" en el aumento del empleo (tomo el caso real del colombiano *El Tiempo* del 17 de noviembre de 1998). Y acudirán a una expresión de su jerga que busca la seducción del público, una palabra que no está en el vocabulario de los votantes y que, sin embargo, se verán obligados a aceptar. El idioma *frena* los automóviles en el lenguaje popular, pero la manipulación *desacelera* la economía en la jerga política. Nadie se dirige a sus amigos diciendo "desacelera un poco, que viene una curva" o "creo que la moto te ha patinado porque desaceleraste bruscamente". El prefijo negativo "des" se hace acompañar aquí del término positivo "acelera", en otro ejemplo de contradicción seductora, alterando la percepción del concepto para embaucar a los electores. Así, creemos que la economía llevaba una marcha positiva muy acelerada, y que por eso no importa que pierda velocidad. El concepto "acelera" bucea también en los significados positivos, porque nos gusta que se acelere una obra, que acelere un ciclista, o un piloto al volante de su bólido, buscamos un coche con buena aceleración, y estamos dispuestos a perdonar a alguien que se equivocó en alguna decisión personal o profesional por culpa de que iba muy acelerado. Se activa así en el cerebro un concepto positivo y, aunque el prefijo "des" lo modifique ante nuestra percepción consciente, su perfume se habrá derramado también con la activación involuntaria de la palabra y sus sentidos*.

Esta técnica de los conceptos contradictorios (de modo que el positivo perfume al negativo), profusamente usada por quienes prepararon el terreno al nazismo, ha llegado a un grupo terrorista como ETA, que buceó en los términos antitéticos para buscar ese efecto fascinador. Así, sus rehenes (del árabe *rahn*, prenda) son ocultados no en guaridas o escondrijos sino en una "cárcel del pueblo", a la espera de que se satisfaga el rescate. En ninguna otra cárcel se custodia a nadie mientras se aguarda un pago en dinero que le dé la libertad tras una condena, simplemente se precisa el pago del tiempo. El secuestrado es un rehén; pero el preso es un reo. El primer diccionario definía cárcel como "casa fuerte y pública" donde se recluye a los condenados. La cárcel es, por definición, pública y, por tanto, del pueblo en último término. Pero no las administra el pueblo directamente, sino la autoridad pública (obsérvese la vecindad entre "pueblo" y "pública" o "público"). ETA busca la antítesis entre sus *cárceles* y las estatales: admite la palabra "cárcel" (de percepción negativa y que corresponde al terreno

---

* En *El estilo del periodista* dedico 13 páginas a enunciar ejemplos como éstos. Por eso no me extiendo aquí en la casuística, sino sólo en la técnica de la seducción.

de sus enemigos, y que lleva intrínseco el concepto "pública, del pueblo") para contraponerla a un nuevo valor de *su* expresión "del pueblo": el pueblo auténtico, el pueblo vasco, de los vascos que creen en ETA, el pueblo que no está representado en la palabra "cárcel" por sí sola tal como la concibe el resto de los hablantes y tal como se ha reflejado ese término en sus circuitos neuronales tras las miles de veces en que los ciudadanos han oído ese término. Es otro pueblo: el pueblo tal como lo designaban aquellos alemanes que acudieron a *Völkisch* y *Volksgenosse*.

ETA llamará "impuesto revolucionario" a las extorsiones mafiosas con las que exige un dinero a cambio de no secuestrar o asesinar a quien lo pague. La antítesis se esconde aquí en lo más profundo de estas dos palabras, porque los impuestos responden a una organización estructurada de la sociedad; son pagos que el Estado o los ayuntamientos imponen porque tienen capacidad para ello, y por eso se llaman "impuestos"; y el Estado necesita de estos ingresos para mantenerse en pie, sufragar los servicios públicos, pagar a los funcionarios... sostener la situación. Los impuestos son, en ese sentido, conservadores. Pero ETA adjunta a ese concepto la palabra "revolucionario", contradictoria con la anterior, de modo que se rebaje el término "impuesto" (siempre desagradable, por democráticos y necesarios que resulten) y atemperar la obligación de pagar, en este caso a los terroristas.

Las últimas guerras que el mundo ha sufrido (Kuwait, Yugoslavia) arrojaron a los periódicos la cruel expresión "daños colaterales", inventada por los militares reacios a reconocer sus errores. Los "daños colaterales" sustituyen a la más cruda expresión "víctimas civiles"... o "fallecidos por mala puntería"; y parten igualmente de ese antagonismo conceptual. Se admite la palabra negativa "daños" (muy suave para lo que en realidad se está nombrando), pero se rebaja con el adjetivo "colaterales": es decir, daños marginales, daños que no afectan a lo principal... En definitiva, *daños inocuos* que proyectan sobre nuestro cerebro la conjunción subliminal *víctimas indemnes*.

Las guerras de Bosnia y Kosovo llevaron mucha sangre a las páginas de los periódicos, extraída de los cuerpos despedazados, de las madres moribundas y los soldados encendidos; y también la manipulación de las palabras. "Se anunció que en el ataque hubo 12 bajas civiles", decían los informativos y publicaban los diarios en cualquier lugar del mundo hispano. "Bajas civiles", escuché asimismo en la CBS en español durante una estancia en Nueva York. Qué contradicción más engañosa. Un ejército anota sus bajas y evita así hablar de muertes, tal vez con la disculpa certera de que también causan baja los heridos; palabra ésta —heridos— que a su vez evita el empleo de otras como mutilados, ciegos, mancos... o simplemente locos. Causan baja los soldados porque se precisa tachar sus nombres en la lista que conduce hacia el frente... son dados de baja en el ejército y dados de alta en un hospital o en un cementerio, pero nadie habla de "bajas militares" (la herencia cultural indica que se cae entonces en el mal estilo del pleonasmo, y quien se exprese con naturalidad tenderá a repudiarlo). "Bajas civiles", por eso, representa un imposible lógico cuyo efecto consiste en que todos los inocentes forman parte también de la guerra. No hay una lista de civiles donde se contabilizan sus decesos. Y, sin embargo, se les llama "bajas" para evitar "muertes" y se les añade "civiles" para, contradiciendo el término "bajas", perfumar la expresión con los riesgos de todo aquel que asume una guerra. Aunque no forme parte de ella.

Esta técnica de la contradicción en sus términos utilizada con fines seductores alcanza muchos otros casos, a menudo menos dramáticos. Se puede encontrar, por ejemplo, en la fórmula periodística "parece confirmarse"... Y también la conoce el pueblo, que bromea para juntar un término positivo que disminuye el negativo y lo edulcora: "Esta vez te he visto menos delgado ¿eh?".

Felipe González perdió las elecciones españolas de 1996 con una escasísima diferencia de votos que sorprendió a todos después de tantos escándalos de corrupción y tras las predicciones de los sondeos. Por eso, algunos de sus seguidores que conocían bien las manipulaciones que permite el idioma hablaron enseguida de que habían sufrido la más dulce de las derrotas mientras que sus rivales acababan de lograr la más amarga de las victorias. Fueron palabras que llegaron a las conciencias de los españoles, independientemente de su ideología, y que consiguieron relativizar los resultados. "Dulce" ponía azúcar a la derrota, y "amarga" echaba hiel a la victoria. Los datos se convirtieron a partir de ahí en emociones, dejaron de ser números para constituirse en sentimientos, pasaron de la frialdad a la calidez. Las expresiones antitéticas inventadas por los poetas para crear belleza cumplían una vez más un trascendental servicio a un político para lograr la manipulación y reducir el tamaño de las palabras molestas, y precisamente a alguien que unos años antes había avisado a sus compañeros de partido de que algún día podían "morir de éxito", otra contradicción eficaz. Finalmente, el pueblo español (quizás deseoso de que la dirección del PSOE pagase los años de corrupción y también el maltrato propinado al candidato favorito de sus bases y de sus electores, José Borrell), decidió dar al Partido Popular la mayoría absoluta en los comicios de marzo de 2000, tal vez para que ya no hubiera nadie que hablase de dulce derrota y amarga victoria, tal vez para que por fin los socialistas pereciesen de éxito y se encontraran, sí, en esa derrota final, con los ojos claros de la muerte.

LAS PALABRAS GRANDES

Ministros, diputados, directores generales, magistrados... hinchan sus voces con las palabras que más fascinan a los pueblos: libertad, justicia, democracia, seguridad, avanzar, impulsar... Palabras que contienen sólo elementos abstractos y que transmiten una fuerte carga afectiva universal. Los conceptos de "paz", "libertad" o "justicia" se convierten aquí en referentes globales del lenguaje político, como el Sol o el horizonte en el lenguaje poético y después en el publicitario. Son *palabras grandes* porque todos los seres humanos pueden identificarse con una idea general de la libertad como pueden identificar al unísono el satélite terrestre en la palabra Luna. La inadecuación con la realidad se apreciará después, tal vez cuando ya no exista remedio. Porque los manipuladores aplican a esos grandes cajones semánticos sus propias experiencias o sus ideales particulares. Más pequeños, y que, por tanto, caben en el enunciado general, sin achicarlo. Más sencillos, más asequibles. Menos rimbombantes. Democracia, sí; pero qué democracia. Justicia, sí; pero qué justicia. La idea pequeña de la justicia cabe en ese gran enunciado; pero es a éste al que se apela cuando la palabra se pronuncia desde una tribuna.

Las palabras no alcanzan el mismo valor para según qué personas. Por eso resolvió su problema aquella espectadora invitada a un estreno que debía saludar al autor de la obra teatral al terminar la representación. No le parecía una situación sencilla, porque se veía así en la obligación de acercarse a él con buen ánimo pese a que el espectáculo no había resultado de su gusto. Es más, le había horrorizado. No podía expresar su agrado porque eso significaría mentir y además se le notaría el disimulo. Tampoco se sentía con fuerzas de explicar la crítica que a su juicio merecía la obra, porque se arriesgaba a parecer impertinente o maleducada, aguafiestas y cruel. Máxime cuando había sido invitada por el propio dramaturgo. Así que resolvió decirle cordialmente: "Enhorabuena".

Sin más.

El autor entendió que le felicitaba por la calidad de la obra, pero la espectadora transmitió su enhorabuena por haber conseguido representar un texto tan malo y que además se llenara el teatro. Lo cual para ella era digno de felicitación. Una misma palabra (lo que estamos llamando una *palabra grande)* puede servir para muy distintos significados, porque cada cual la llena como su experiencia o sus deseos le dictan. Igual que el "rojo" de "tengo el pelo rojo" lo moldeamos con una tonalidad distinta del "rojo" de "tengo un coche rojo", según explicábamos antes. Un mismo término admite, pues, significados diferentes, sentidos a veces opuestos en la percepción de quien habla y de quien escucha, porque cambia al color sin cambiar su sonido, cambia la idea sin modificarse su envoltorio.

Algunos vocablos acogen un campo indefinido, vastísimo, con muchas posibilidades de recibir en su interior conceptos más ricos. Adjetivos como "formidable", "magnífico", "estupendo", "importante"… rara vez nos refieren una idea concreta. Sabemos que generalmente transmiten rasgos positivos, pero no acertamos a identificar exactamente lo que el hablante quiere expresar con ellos. Trasladan conceptos vagos, huyen de la precisión o el rigor. "Es una modelo magnífica", por ejemplo, nos puede inducir a pensar que posa con profesionalidad, que aguanta horas y horas de sesión fotográfica, que tiene unas características corporales muy adecuadas para llevarlas a un lienzo… o que simplemente es hermosa. "Hicieron un partido formidable", "es un jugador importante", "una película estupenda"… las *palabras grandes* tienen un cierto mecanismo de seducción (como "mirada", como "ojos") porque cada cual las rellena con su propia experiencia. Cae el público a menudo en este engaño, al imaginar su propio concepto de libertad o de democracia, o de impulso, o de rentabilidad, o de crecimiento, o del país que "va bien"; pero no siempre se ajusta eso al mismo concepto que anidaba en la mente del político, aun cuando ambos coinciden, sí, en ser definidos por la misma palabra; ni en la mente de aquellos que no entran en el grupo de los que van bien, porque resultan compatibles las realidades de que España vaya bien y, sin embargo, les vaya mal a los españoles: los datos macroeconómicos encubren también la riqueza mal repartida.

Un especialista en publicidad política explicaba hace años a sus eventuales clientes, para convencerles de la capacidad persuasiva de la televisión, cómo las frases más terribles o más trascendentales se pueden decir en apenas un segundo: "Te quiero", "te odio", "¿te quieres casar conmigo?", "¡le declaro a usted la guerra!". El experto norteamericano Carroll Newton sostenía que en un largo discurso político televisado se pierde la tercera parte de la audiencia habitual. En uno de quince minutos, la cuarta parte. En uno de cinco minutos, entre el 5% y el 10%. Y en un anuncio de 30 ó 60 segundos no se pierde nada*. Las palabras hacen valer entonces todo su arsenal, porque contienen un armamento condensado. Cada día que pasa, los medios de comunicación dan menores espacios a las palabras y más a las imágenes; la publicidad y la propaganda política saben que las palabras

---

* José Miguel Contreras, *op. cit.* Más adelante encontraremos en esa misma obra: "La televisión ha impuesto su propio lenguaje basado en la sencillez, la claridad y la concisión [...]. Debe huir de profundizar, de la transmisión de conceptos y de la crítica radical. El argumento político, tal y como hasta ahora se entendía, tiende a desaparecer".

contundentes pueden reunir mayor fuerza que las frases razonadas. Si se reducen las frases, quedan las palabras. "España va bien" constituye un aserto que no necesita resúmenes.

Si Karl Kraus podía reconocer a los nazis por su manera de emplear el lenguaje, hoy en día cualquier estudioso de las palabras podría haber vislumbrado la fulgurante victoria electoral de un nuevo caudillo de América, el venezolano Hugo Chávez, ex golpista, ex militar y líder arrollador. Su obsesiva querencia por palabras como justicia, igualdad y libertad, su continuo empleo de una voz tan connotada como "corrupción", su machacona idea de que él haría "renacer la democracia" en esa "república moribunda"... y su conocimiento del lenguaje, siquiera sea inconscientemente, logran brillantes frases de perversa seducción: "Entre AD y COPEI se repartían las instituciones", proclamó tras ser elegido*. Y pronunciaba "se repartían..." sin que se pudiera separar tal verbo de un largo contexto de acusaciones de latrocinio general. Esa expresión llevará al subconsciente colectivo entero de una nación hacia el "reparto" del botín, el reparto de los delincuentes tras su atraco: "se repartían las instituciones", declara Chávez, pero en realidad está diciendo: "se repartían el botín". La connotación nos traslada a otra palabra connotada a su vez, y con un

---

* Entrevista de Hugo Chávez con Javier Moreno, *El País*, 7 de agosto de 1999. Y declaraciones recogidas en el mismo periódico el 12 de agosto del mismo año.

sentido muy superior al que le otorga el diccionario. Porque "botín", según la definición de la Academia, es el "despojo que se concedía a los soldados como premio de conquista", o el "conjunto de las armas, provisiones y demás efectos de una plaza o de un ejército vencido y de los cuales se apodera el vencedor". Aún no se ha incluido en el lexicón oficial el significado relativo al "conjunto de objetos de valor obtenidos mediante robo", pero sin duda ese sentido forma parte de la memoria general de nuestros días. Tantas veces habremos visto o imaginado cómo los rufeznos se repartían el botín de sus fechorías que difícilmente podemos pensar ahora que esa palabra designa lo que se daba a los soldados tras una conquista. Sí tal vez, en cambio, en lo que evoca la segunda definición: aquellos objetos de valor de los que se apodera el vencedor de una batalla: los objetos (las instituciones) de los que se apoderaron los socialdemócratas y los democristianos venezolanos y que antes pertenecían al pueblo, al que se los robaron. Ésas son las manipuladoras evocaciones que residen en una sola frase de Chávez, y los efectos psicológicos que han podido producir en sus electores.

Porque "repartirse" no contiene nada malo en sí mismo. Parece lógico que dos partidos que gobiernan en coalición se repartan los cargos, y así sucede en todo el mundo civilizado cuando alguien no alcanza una mayoría suficiente. Pero ese "se repartían las instituciones" (y no los cargos) alcanza un valor de seducción innegable para los oídos inocentes de quienes quieran escuchar. "Repartirse" acude a los circuitos neurológicos del receptor, una vez activados, con toda la carga de su historia como palabra, con una fuerza especial que no transmitirá nunca el diccionario.

El ex militar Chávez continuaba el discurso exponiendo que sus antecesores "asaltaron el templo de la patria, mercaderes, y, como cuando Cristo, hubo que echarlos a latigazos". Esas frases del ex golpista ("asaltaron el templo de la patria", "echarlos a latigazos"...) van directas a los corazones ingenuos. Como sus simplificaciones: "No hace falta preguntar si el Sol está levantado en el horizonte si lo estamos viendo. Eso es una degeneración leguleyera, la que han tratado de esgrimir". "Yo respondo por mis acciones. Evalúeme por mis acciones. Pero yo no voy a responder a las voces de ultratumba". "Estoy atendiendo el clamor de justicia de un pueblo". "Luchamos contra una horrenda corrupción que ha invadido todos los estamentos". "Estamos trabajando para dar la garantía máxima de que la democracia en Venezuela sea sólida, sea una democracia en la que imperen la justicia, la libertad y la igualdad". "Yo me he encargado de llevar esta bandera allá por donde he ido; es la bandera de un país que está resucitando y se pone a las órdenes y enteramente dispuesto para lograr un mundo mucho más igualitario y más justo". "Juro que no daré descanso ni a mi cuerpo ni a mi alma hasta que hayamos enterrado esta IV República", "tronará mi voz ante la Asamblea Constituyente".

El lector que me haya acompañado hasta aquí habrá identificado muy bien algunas de esas palabras programadas en la mente de Chávez para la seducción general, términos que repite lo mismo en una entrevista con un gran periódico internacional que en un corrillo tras asistir a una entrega de premios. En su discurso se habrán percibido con brillo propio conceptos como "Sol", "horizonte", "ultratumba", "clamor"... La seducción de los símbolos en los dos primeros vocablos, la fascinación de los sonidos en los dos últimos... Y términos como "justicia", "democracia sólida", "bandera", "enterrar", "resucitar", "tronará" (también en estos tres con la sonoridad de las erres y la energía que infunden éstas a las palabras; y, por tanto, al discurso)... "Un país que está resucitando"... El recurso del sufijo con matiz despectivo en "degeneración leguleyera"... Y no les habrá pasado inadvertida tampoco a quienes compartan todas estas reflexiones una formulación muy llamativa en alguien que, como Chávez, ya no quiere hablar de su intentona golpista de 1992 ni de su mentalidad militar de 1999, una frase que le deja desnudo porque representa su esencia interior castrense: "...Un país que está resucitando y *se pone a las órdenes*"...

Si el lenguaje nos define, si con el lenguaje pensamos, el presidente venezolano se ha retratado con claridad: "un país que se pone a las órdenes"... de un militar. Las palabras expresan el pensamiento... a menudo involuntariamente. El refranero de nuestro idioma tiene algunas ideas para esto: "antes se coge al mentiroso que al cojo" o "al buey por el cuerno y al hombre por el verbo".

El estilo retórico de los militares de todos los países del mundo (cabría hacer con Fidel Castro el mismo examen que con Hugo Chávez), especialmente si se han constituido en líderes políticos, ofrece muchas facilidades para el análisis de sus discursos, que construyen aportando muy poca información. Pierre Giraud* interpreta que, indudablemente, es preciso que contengan la menor información posible, pues su objetivo consiste básicamente en reunir a los receptores del mensaje alrededor de un jefe o de un ideal común. En efecto, cuanto más vagas se exponen la convención y las palabras generales, cuanto más grandes son los campos semánticos, el valor del signo varía con mayor ductilidad para acomodarse a la interpretación de cada oyente. Cuanto más generales las expresiones, más adaptable su percepción por el usuario.

El populista Alfonso Portillo, elegido presidente de Guatemala en enero de 2000, acudió también con frecuencia a estas maniobras de seducción, utilizando señuelos llamativos y fáciles promesas. "…En países como el nuestro, desgarrado por la inequidad**, la violencia, la discriminación, la intolerancia, el despojo y la impunidad, la democracia tiene exigencias ineludibles y urgentes, frente a las cuales el Estado debe hacerse responsable de manera eficaz, procurando fortalecer los lazos de identidad y pertenencia del pueblo, especialmente de los excluidos". "Mi gobierno va a contribuir con decisión y coraje a edificar una institucionalidad civil en la que todos nos sintamos partícipes y representados, donde

---

* Pierre Giraud, *op. cit.*
** "Inequidad" no figura en el *Diccionario de la Real Academia*, pero me parece una palabra legítima del español para significar la no equidad.

labremos con dignidad y respeto espacios políticos, económicos, sociales y culturales de realización individual y comunitaria, sin egoísmos ni descalificaciones absurdas a quienes son o piensan diferente". "Esta Guatemala querida, esta patria nuestra tan martirizada, que ha sufrido el sacrificio de sus más preciados hijos e hijas, que ha sido tan degradada y despojada de sus mejores riquezas naturales y culturales... esta patria es la nuestra, nuestra única herencia colectiva, y nos pertenece a todos los guatemaltecos, sin ningún distingo. Por eso es labor del pueblo entero rescatarla. Recuperar Guatemala es recuperar su memoria y su derecho a soñar su futuro, cultivar su diversidad humana y ecológica, rescatar sus valores de solidaridad, trabajo y honradez. Éste es el formidable, el inescapable desafío que la comunidad de pueblos que integran nuestra patria debemos enfrentar, y que el gobierno que hoy inauguramos asume plenamente como proyecto histórico". "Al recuperar Guatemala estaremos compartiendo un ideal de futuro luminoso"...*

"Institucionalidad" (de las palabras largas en el lenguaje político hablamos ahora enseguida), "labremos", "coraje", "edificar" (recurso arquitectónico del que se tratará más adelante), "soñar su futuro", "ideal de futuro", "sus valores de solidaridad", "histórico" (palabra-cantinela que también analizaremos luego), "patria",

---

* Discurso de Portillo en su toma de posesión. Me remitió el texto íntegro (que no tiene desperdicio) la enviada especial de *El País*, Maite Rico.

"honradez"... (Añadir otros párrafos de la arenga presidencial, repleta de palabras grandes y seductoras, supondría alargar innecesariamente los ejemplos).

Las palabras que llenan la boca repletan también los oídos, pero se reducen luego en la mente de cada cual, para acomodar a las ideas propias preconcebidas todo cuanto pronunció el líder. Más tarde llegarán los desengaños, cuando se compruebe que la idea que el ciudadano se había forjado no guarda relación con lo que significaban las mismas palabras para el político que vendía el producto. Y le llamarán "mentiroso" por haberles seducido.

Las palabras largas

Los conceptos están al fondo de las palabras; y, como hemos visto, se ven influidos por ellas: por su sonido especialmente. La forma de pronunciar un término influye en la percepción de su contenido.

Esa realidad ha llevado a muchos políticos a creer que alterando a su albedrío la forma de las palabras pueden también ejercer en igual medida la modificación de los conceptos. Y es mentira. Pero hay que admitir que la maniobra ejerce un gran poder de seducción entre los incautos.

El oficio de político parece llevar aparejada una búsqueda de las palabras propias de una supuesta cúpula social, a la vez que el desprecio por el lenguaje más natural, tal vez porque éste pertenece al pueblo y usarlo les presenta como integrantes de la base de la sociedad. Ya es conocida la propensión de los personajes públicos a estirar las palabras por esa creencia tan absurda y tan arraigada según la cual los términos con muchas sílabas resultan más prestigiosos*. Buscan con ello la fascinación de los oyentes, que se quedan perplejos ante esa supuesta elevación de los conceptos, y quizá pensando que tales archisílabos esconden en sus fonemas añadidos un significado que ellos no alcanzan a abarcar. Así, en lugar de aplicar un *método*, los políticos establecen una *metodología*. Donde la gente sencilla dice *ejercer*, ellos pronuncian *ejercitar*. Si nosotros hablamos de *completar*, ellos se refieren a *complementar*. Los unos *cumplimos* y ellos *cumplimentan*. Nosotros hablamos de *señalar* un asunto y ellos lo *señalizan*. Si nosotros hablamos del *clima*, ellos se refieren a la *climatología*. Un ciudadano analiza los *problemas*, pero los políticos examinan la *problemática*. Si cualquiera tiene una *intención*, ellos muestran una *intencionalidad*. Si nosotros buscamos un *fin*, ellos van en pos de una *finalidad*. Si nosotros cumplimos una *obligación*, ellos plantean la *obligatoriedad*. Si nosotros seguimos las *normas*, ellos aprueban la *normatividad* y defienden la *normativa*. Si nosotros lamentamos los *accidentes*, ellos ofrecen los datos de la *accidentalidad* (o la *siniestralidad*). Si nosotros *concretamos*, los administradores de la sociedad

---

* En *El estilo del periodista* ya hablé de estos estiramientos, en su mayoría recogidos en una crítica al respecto publicada en *El País* por el profesor Aurelio Arteta. Aún se pueden añadir otros: corresponsabilización, jurisprudenciales, universalización, inmediatividad, confidenciabilidad... Basta escuchar cualquier debate parlamentario.

concretizan; si nosotros deseamos *aclarar* algo, los políticos buscan *esclarecerlo*. En lugar de *potencia*, hablan de *potencialidad;* en lugar de *necesidad*, de *necesariedad;* en vez de *culpar, culpabilizar; contabilizar* y no *contar, rumorología* y no *rumores*. Si los ciudadanos sienten una *obligación*, ellos decretan la *obligatoriedad*. Si nosotros decimos *todos*, ellos dicen *la totalidad*. Nosotros buscamos tener *crédito* y ellos quieren disfrutar de *credibilidad*. Y así sucesivamente: en lugar de *peligro, peligrosidad;* en lugar de *disfunción, disfuncionalidad;* en lugar de *límites, limitaciones;* en lugar de *influir, influenciar;* en vez de *emoción, emotividad;* en lugar de *distinto, diferenciado*, y en el puesto de *regulación* ellos colocan *regularización*. Si nosotros nos referimos al *uso*, ellos hablan de la *utilización*. Y si nosotros vemos un *exceso*, ellos aprecian un *sobredimensionamiento*. Nosotros generalmente sufrimos una *gripe*. Pero cualquier persona importante, o cualquier deportista destacado, lo que sufre es un *proceso gripal**.

Son éstos unos ejemplos claros del poder que dan las palabras, aunque se trate en ciertos casos de términos inexistentes (salvo si se considera que existen porque los políticos los pronuncian). Pero quien los emplee buscará la seducción con ellos, para enviar al público el mensaje de que su lenguaje ha adquirido una cualidad superior. Pretende fascinar y repartir perplejidad. Usa para ello el valor de los sonidos: hace creer que las palabras largas también prolongan su contenido. Se acercan

---

* "Gripa" en algunos países de América, entre ellos México.

a los tecnicismos interminables, kilométricos y llenos de sílabas de raíces griegas pero extrañas. Se pretende sobre todo confundir al receptor, dejarle anonadado ante un lenguaje que se supone superior, elitista, perteneciente a un grupo al que él no pertenece.

Ese propósito no resulta muy nuevo. El lingüista cubano y académico puertorriqueño Humberto López Morales explica en un documentadísimo libro* que los conquistadores españoles empleaban en sus cartas a la metrópoli algunas palabras indígenas que difícilmente podían dominar los hablantes de la Península, y que ellos llevaban de un sitio a otro, de las Antillas a la Nueva España, a pesar de que en los lugares a los que llegaron se usaban otras. Por tanto, no utilizaban aquellas voces autóctonas como signos, sino como símbolos; igual que los publicistas emplean ahora lemas escritos en inglés que el público no entiende. "Lo que verdaderamente querían mostrar los conquistadores de México y de Perú era su veteranía en la experiencia americana", con la que seguramente se ufanaban ante los cortesanos de Valladolid y ante quien hiciese falta. Su lenguaje los encampanaba también como avezados sondeadores de lo desconocido, los distinguía de sus interlocutores del otro lado del mar y también de la nueva tropa y los nuevos capitanes que llegaban a América desde la península Ibérica. Así que en otro tiempo acumularon el poder de la seducción muchos antillanismos que hoy todavía nos

---

* Humberto López Morales, *La aventura del español en América*, Madrid, Espasa, 1998.

suenan sugerentes, cálidos y hermosos, con el perfume que les añadieron los siglos y los propios objetos que nombraron: maíz, tuna, mamey, guanábana, barbacoa, guayaba, jaiba, mangle, naguas, yuca, papaya...

Los políticos de nuestros días siguen un camino similar al de aquellos conquistadores torvos. También quieren mostrar su experiencia en la administración de los bienes públicos y seducir a los inexpertos. Los ministros, secretarios de Estado, subsecretarios, directores generales y secretarios generales técnicos han quedado fascinados con todos los administrativismos llenos de redundancias y reiteraciones. Palabras huecas que, sin embargo, se pensaron igualmente para deslumbrar. Los dirigentes de cualquier nación hispana se han pasmado ante ellas y han decidido compartirlas, en un intento de participar de los saberes y los resortes de los funcionarios que dominan la Administración. Y que sí tienen experiencia en ella. Muchos altos funcionarios sienten un singular complejo cuando llegan a su despacho ministerial, una vez designados por su pertenencia al partido que ganó las elecciones: tienen a su cargo a personas que llevan mucho más tiempo que ellos en el departamento y suelen sufrir, por tanto, un cierto pesar en la conciencia, se ven a sí mismos en el papel de usurpadores. Y se proponen entonces congraciarse con esos trabajadores de elevado nivel, para lo cual empiezan por compartir y asumir su lenguaje: yo soy de tu mundo, yo soy como tú, les están diciendo. Después convertirán esa jerga en aparentes tecnicismos que siguen la misma línea de las palabras prestigiosas pseudocientíficas utilizadas por los vendedores de detergentes. "Derechos devengables", "pérdida de cuotas de mercado", "tasa de desempleo", "deuda ejecutiva", "comisión rogatoria", "deducir testimonio"...

Las perífrasis alargarán luego sus verbos: hacer entrada en lugar de entrar, hacer alusión en vez de aludir, poner de manifiesto en lugar de expresar, introducir modificaciones donde se puede decir "modificar", proceder a la detención en lugar de detener, hacer mención en vez de mencionar...*

Y el público caerá en la trampa, deslumbrado durante un tiempo si ese nuevo vocabulario se usa con cierto miramiento. Después, una vez que ha pasado el fulgor engañoso y la gente se encuentra tras él a quien lo encendió, los ciudadanos y los campesinos entenderán, a base de notar que esos señores se expresan en otra lengua, que los políticos forman parte de un mundo ajeno, porque las palabras los distancian. "Van a lo suyo", pensarán, porque también hablan de lo suyo y con las palabras suyas.

Este peligro de quedar desenmascarado a medio plazo se da más en los mecanismos de seducción que se agrupan y se identifican por su forma (estiramientos, perífrasis,

---

* Si el lector desea adentrarse en las características del lenguaje político desde el punto de vista principalmente científico y filológico, puede acudir a Manuel Alvar, *Lenguaje político: el debate sobre el estado de la nación (1989)*, publicado en Lingüística Española Actual, XIII/1, 1991. Y también a Marina Fernández Lagunilla, que ha escrito dos obras descriptivas y muy interesantes sobre este particular: *La lengua en la comunicación política I. El discurso del poder* y *La lengua en la comunicación política II. La palabra del poder*, Madrid, Arco Libros, 1999. De estas dos obras he extraído algunos ejemplos.

tecnicismos) que en aquellos que juegan con su fondo. Los políticos crean con tales prolongaciones criaturas antinaturales, con las que llenan sus discursos de seres extraños que al final sirven de alarma por culpa, sobre todo, de su abundancia. En cambio, la sutileza otorga más larga eficacia a las palabras aisladas que se recrean a partir de los significados profundos y subliminales, las seducciones que se basan en la etimología y en el contagio. En la unión de las cerezas, pues. Ahí el engaño resulta más certero, porque no se producen alteraciones morfológicas, no cambia el paisaje del idioma. Sólo se alteran los contenidos: vemos un castaño, y eso no nos extraña porque el castaño forma parte del paisaje de nuestra lengua propia, y lo *sentimos* natural, a diferencia de "sobredimensionamiento" o "necesariedad", verdaderos árboles inventados, robles de tronco azul y hojas negras. Pero ese castaño da peras, y el engaño sólo lo descubriremos muy tarde, con los frutos, cuando ya *pensamos* que por el mar no pueden correr las liebres; sólo si descubrimos el embuste.

Los discursos y declaraciones de los políticos se infestan también de trucos, concebidos unas veces para el general encumbramiento de quienes los pronuncian, encastillados lejos de las clases populares; y en otras, destinados a la ocultación de los problemas; y que pretenden en la mayoría de los casos embaucar a los electores.

La fuerza del prefijo

Parecen esqueléticos los sufijos, semejan prótesis que se adjuntan a las extremidades del lenguaje para que las palabras alcancen un lugar distante al que de otro modo no llegarían. Y, sin embargo, tienen vida propia, significados singulares, resultan reconocibles en nuestro pensamiento.

Uno de los más socorridos resortes del poder en la seducción política consiste en aplicar la extensión re- a un verbo, para alterarlo, para esconderlo mediante la sustitución del concepto verdadero. La palabra resultante tendrá incorporada así la connotación de que una acción política se repite o se vuelve a ejecutar, y se borrará de la mente la posibilidad de que constituya un hecho nuevo. La percepción sonora de la partícula re- surte un efecto inmediato en el oyente, en ese proceso que desentraña los morfemas, los sustratos subléxicos. Por tanto, tras oír re- el público se hallará ante un verbo que ya se puso en práctica antes: la nueva acción administrativa decidida por el político que habla no se puede condenar en sí misma, ni tomar como nueva, porque cuenta con algún antecedente. No estaríamos ante un hecho que surge y que se ha de enjuiciar con arreglo a una actualidad, sino ante un hecho que se produce de forma periódica. Con ello, pasa inadvertida esa segunda acción, que consideraremos menos noticiosa porque se presenta como una repetición de lo conocido.

El alcalde reajusta la tarifa de los autobuses, porque antes ya estaba ajustada. Ahora se vuelve a ajustar, sí, pero casi como una rutina, porque ese verbo y su prefijo no implican semánticamente un cambio cualitativo. Así, se pueden "reajustar" los precios continuamente, y arrinconar los verbos más transparentes para ese caso: "subir" o "incrementar", cuyos conceptos principales (los precios serán más altos) quedan escondidos porque la idea expresada se detiene un paso antes: los precios han sido reajustados. Ahora bien: una vez que se reajustan, suben. Pero esta última parte permanece oculta. La subida acarrea una novedad; el reajuste evoca la reiteración y, por tanto, carece de interés.

Con cierta frecuencia, una determinada línea de gobierno ha devenido infructuosa, pero el político no admitirá que la va a abandonar para buscar otra, porque eso implicaría acciones nuevas que atraerían la atención. Acudirá entonces como salvavidas el prefijo re-: la situación se reconducirá, habrá un relanzamiento, una reactivación, un realineamiento, una refundación, una renovación, una reestructuración, una reconducción... Y si un periódico suprime un suplemento cultural porque no resulta exitoso, aprovechará la "reforma" de contenidos para explicar que se produce un "refuerzo" de su oferta. Parece menos grave el "rebrote" que el brote, la "reinserción" que la inserción, la "reasignación" que la asignación, la "redistribución" que la distribución...

Nuestra percepción psicolingüística sabe separar muy bien los afijos, los prefijos... y todas las variables y derivaciones que influyen en la formación de palabras. Por tanto, estamos a expensas de su fuerza y de sus significados. A veces se producen errores que delatan este curioso funcionamiento del cerebro humano. Alguien puede decir, por ejemplo, "apruebo esta imprecisión", en lugar de "desapruebo esta precisión"; o "se me lengua la traba", o "que no panda el cúnico"... Los especialistas reúnen amplísimos corpus con ejemplos recogidos a partir del *lapsus linguae* más inocente que a cualquiera nos pueda sobrevenir. Y en esos ejemplos se aprecia cómo los hablantes se confunden con las letras pero mantienen las funciones gramaticales que cumplen conjugaciones y sufijos, cómo pueden trasladar un concepto de sitio sin alterar la derivación que lo representa, o cómo se mantiene el significado de un prefijo mediante el uso de otro equivocado. No cometemos el error de decir "me lengua la se me traba", sino que mantenemos el sonido armonioso de la gramática a pesar de no haber acertado en la colocación de las raíces*. Así, en "apruebo esta imprecisión" (desapruebo esta precisión), el afijo que significa "lo contrario" se ha añadido a la palabra indebida, pero no es el afijo en sí lo que se ha movido, ya que resultaría "imapruebo esta decisión". Lo que se ha movido es el afijo conceptual; es decir, el significado de "lo contrario". Aunque la información se ha equivocado de palabra, su aplicación es correcta.

Por tanto, se puede identificar incluso morfológicamente esta maniobra de seducción basada en la fuerza de los sufijos, puesto que tales partículas, dotadas de significado (y de significado fuerte, con valor gramatical) equivalen a palabras, tienen su propio sentido dentro de ellas, hacen que diferenciemos muy bien entre "bebida" y "bebedizo", entre "personaje" y "personajillo", entre "cantar" y "canturrear". No son prótesis, en el fondo, no; lo parecen, pero tienen carne y vida; forman parte del cuerpo gramatical.

* Tomo el ejemplo de "apruebo esta imprecisión", y sus explicaciones correspondientes, de Gerry T. M. Altmann, *op. cit.*

Cuando el lector se tropiece en el vocabulario político con una prefijación con re- o des- o similar podrá poner en marcha sus alarmas. Desnacionalizar, desregular, reaprobar, revisar... O "desaprobar", verbo que han usado con frecuencia políticos nacionalistas vascos para soslayar el más contundente "condenar" (por ejemplo, el terrorismo), porque "desaprobar" da idea de que se retira la confianza, de que antes se aprobaba y ahora se desconecta la aprobación, de que se trata de una decisión más pasiva que activa, más de marcha atrás que de paso adelante, una retirada de la aprobación, no una censura sin paliativos. Así, se desaprueba un atentado, se desaprueba la violencia callejera, se desaprueba a la coalición que jamás condena los atentados...

El diario económico español *Expansión* titulaba el 8 de septiembre de 1997, en su primera página: "Telefónica revisa sus retribuciones para evitar la fuga de directivos".

Los ejecutivos de la poderosa compañía de comunicaciones "revisan" sus sueldos: los vuelven a mirar, como si los tuvieran poco vistos y casi hubiesen olvidado su cuantía. Los analizan de nuevo. El engaño está en marcha.

El título carga el semantema principal de la oración en que los sueldos se revisan, pero esconde lo que ocurre una vez que se han revisado (y tratándose de una gran compañía, lo que sucede en estos casos consiste en que los salarios se suben; sobre todo cuando quienes lo deciden y quienes se benefician son las mismas personas).

Ese primer indicio puede llevarnos a posteriores análisis. Si un periodista que se tenga por tal escribe "Telefónica revisa sus retribuciones", eso significa que ha sido contaminado en su lenguaje por la propia fuente de la noticia. Su léxico personal está enajenado. Porque un periodista sin esas influencias habría titulado de forma más atractiva para el lector: "Los directivos de Telefónica se suben el sueldo".

La redacción del texto que se insertó bajo aquel titular en la noticia de primera página daba idea de cómo el informador se ha contagiado de un lenguaje ajeno. Y muy significativo: "Juan Villalonga, presidente de Telefónica, quiere asegurarse en su equipo directivo a los mejores profesionales de las telecomunicaciones. Telefónica ha revisado su esquema de retribución salarial, equiparándola a la [*sic*] de otros países europeos. Su objetivo es evitar la fuga de directivos a otras empresas".

En efecto, se da a entender que los sueldos han subido, pero el resumen de la portada no expresa en cuánto ni dice taxativamente que así ocurriera (sólo se emplea el verbo "revisar"). Los trucos continúan saliendo de la chistera después, porque la compañía ha "revisado su esquema" de retribuciones; pero luego lo que se equipara a otros países no es el esquema, sino las retribuciones (según se deduce de la concordancia empleada): ha revisado su esquema de retribuciones, equiparándolas con las de otros países.

En la página 3, una completa información detalla el asunto. El montante de las retribuciones no lo encontramos hasta el quinto párrafo de la noticia (en la segunda columna de las cinco de que consta), un poco tarde teniendo en cuenta que el periodista siempre quiere empezar por lo más caliente. Y dice así el párrafo aclaratorio: "Los nuevos sueldos que los profesionales de Telefónica acaban de estrenar se mueven en una banda de entre treinta y sesenta millones de pesetas al año para directores generales y directores generales adjuntos, frente a la horquilla entre 18 y 25 millones que cobraban hace un año, poniéndose en la línea de otras empresas europeas". Y el número de directivos beneficiados (de momento "cien", pero se espera que se extienda más tarde al menos a "350 profesionales") sólo aparece al final de la cuarta columna.

Algo en el subconsciente de quien escribía le hizo expresar con letras las dos primeras cantidades, las que detallan los nuevos sueldos ("entre treinta y sesenta millones"); y las dos siguientes, las que reflejan las menores retribuciones de antes, en cifras ("entre 18 y 25 millones"). Parece aventurado deducir con certeza el motivo de esa opción inversa (tal vez alguien corrigió el texto), pero no tanto asegurar que la pista que ofrecía el empleo de "revisar" en el título se ha ratificado con el análisis posterior del contenido informativo: el artículo no lleva firma (cosa rara cuando se trata de una información tan amplia y situada en la primera página, una noticia con la que cualquier redactor desea lucirse), y su cuerpo está infestado de palabras favorables, palabras seductoras: "elevar la competitividad y la agilidad comercial", "se abre un nuevo frente de batalla", "la pugna por captar a los mejores profesionales", "empresa multimedia asomada a un escaparate lleno de potenciales oportunidades y que necesita para su desarrollo muchos ingenieros, abogados, economistas, expertos en finanzas"...

Nada de ello se adjudica a un interlocutor determinado o a una fuente concreta que opina, sino que se trata de frases que, como el "revisa" del título, asume el propio diario. "Telefónica no ha olvidado que ligar la retribución a la productividad suele dar buenos resultados", "...una vez conocidos los resultados y el cumplimiento de objetivos por cada unidad de negocio, el Comité hace su propuesta...", "las medidas introducidas completan el proceso de profesionalización [otra palabra larga y ampulosa] que se inició en enero"...

Pero no debemos quedarnos ahí. Si una noticia tan interesante para el mundo económico y susceptible de mostrarse como escandalosa (¡una subida de sueldos del 100% cuando los convenios del país rondan un aumento del 3%!) se ha presentado con un eufemismo y se ha llenado de palabras seductoras, habrá materia sin duda para seguir investigando. ¿Por qué un trato tan edulcorado? Un repaso somero de la actualidad de entonces nos llevará a saber que Telefónica y Pearson (propietaria de *Expansión)* tenían magníficas relaciones: la multinacional de la comunicación Pearson había anunciado en julio su salida de Vía Digital, plataforma de televisión numérica que controla Telefónica; pero en septiembre Pearson cambió de idea: anunció lo contrario y también que, además, entraría en el accionariado de Antena 3 Televisión, que casualmente es propiedad de Telefónica. ¿Por qué dio en exclusiva *Expansión* esa primicia sobre los sueldos? Si la firmara un redactor, entenderíamos con benevolencia que alguien ha hecho muy bien su trabajo. Y punto. Pero en estas condiciones más parece que la propia Telefónica se la facilitó a un periódico afín para que éste reventara la noticia (mediante un enfoque favorable además) de modo que la subida de sueldos dejara de tener interés para los demás periódicos, que generalmente no entrarían a tratar un tema que otro ya ha explotado. Y en este caso, con una explosión controlada. Los accionistas de la compañía habrán digerido la información con un sesgo positivo desde el primer momento. Se habrán llenado de expresiones positivas, de conceptos a la medida, de palabras seductoras. Desde el primer "revisa". Máxime cuando un tiempo antes (en febrero de 1997) se había puesto en marcha el plan sobre las *acciones blandas (stock options* en el triste vocabulario de los periódicos) y la fuente se lo calla*. Pasó mucho tiempo hasta que se supo de su existencia, arrinconada tras estos "revisa" suaves y mentirosos.

El eufemismo "revisar" estaba destinado a seducirnos; pero una vez que se descubre el truco, todo el parapeto puede venirse abajo. La baraja marcada se empieza

---

* Se trataba de acciones a las que los directivos de Telefónica tendrían opción el 25 de febrero de 2000, pero al precio al que estaban en febrero de 1997, lo que les supondría un beneficio descomunal como consecuencia de la revalorización en la Bolsa. Telefónica operaba entonces en España en régimen de monopolio en la práctica (con cierta competencia sólo en llamadas de larga distancia), y de ese modo lo hace también en algunos países de América, por lo que el gran mérito profesional de sus directivos admitía cuestionamientos objetivos, máxime cuando habían preferido no repartir dividendos (decisión que aumentaba el valor de las acciones, y que tal vez se tomó teniendo en cuenta esas expectativas). El diario *Cinco Días*, propiedad de un grupo empresarial (Prisa) que ha mantenido feroces enfrentamientos con Telefónica, compañía que ejerció luego como *brazo mediático* del gobierno del PP, destapó este segundo caso el

a examinar al completo cuando se ha descubierto la muesca en el primer naipe.

La marca en una carta forma parte de las ventajas tramposas, pero también la ausencia de señal puede trasladar un significado. En ocasiones, el valor de re- como repetición no sólo carece de rentabilidad seductora sino que pasa, por paradojas del lenguaje, a quedar proscrito. Porque a veces toma el sentido contrario; mejor dicho, el mismo sentido... pero negativo. Así, las cadenas de televisión que vuelven a emitir una película o un programa (generalmente con un horario distinto del anterior, lo que sucede a menudo en los canales de pago) le llaman a esta nueva puesta en escena "multidifusión". Ahí conviene huir de la partícula re- (redifusión, repetición), porque no les conviene trasladar la imagen de pobreza de contenidos que puede implicar el hecho de estar

---

27 de octubre de 1999 con el siguiente titular de primera página: "100 directivos de Telefónica se repartirán hasta 45 millardos" (45.000 millones de pesetas). Podemos ver aquí el uso perverso de la expresión "se repartirán", que comentamos unas páginas más atrás. El 26 de febrero de 2000, *El País* titulaba en su primera página: "Cien directivos de Telefónica se repartirán 76.000 millones al vencer ayer sus opciones". Y en páginas interiores: "Cien directivos de Telefónica se reparten más de 76.000 millones tras vencer ayer sus opciones". Y el titular del despiece de la primera edición añade: "La compañía fijó cuatro categorías para repartir los sobresueldos". En las ediciones posteriores se modificó "repartir" por "adjudicar", supongo que para evitar la repetición. Estos medios cayeron en la misma tentación que movió las trampas de Hugo Chávez.

repitiendo continuamente programas y películas. La incorrecta palabra "multidifusión" les saca del atolladero, pese a no tratarse de una difusión múltiple (por distintos canales), sino reiterada.

El lenguaje político no desprecia ninguna de las armas que brinda la morfología de la lengua. Abundan los prefijos des- que se lanzan como arma contra los semantemas a los que acompañan: "desdramatizar" critica a quien haya dramatizado, "despolitizar" se dirige casi siempre a quien se supone que ha politizado lo que no debía politizarse, "despersonalizar" se aduce ante quien dirige sus ataques a un nombre y unos apellidos... Pero aquí la seducción reside en que las palabras no acusan a nadie, no lo hacen directamente; es el receptor quien, de forma inconsciente, las aplica como censura, en el fondo porque por un momento está disconforme con lo censurado. Si un orador proclama que hay que desdramatizar la situación, el público asumirá de inmediato que alguien la había dramatizado. Y en eso, en el mero hecho de haber pensado en el verbo "dramatizar", ya va añadida la crítica. Porque se dramatiza algo que no constituía ningún drama. Ése es el significado profundo de la expresión política. Ésa la victoria de quien aplica el prefijo y el verbo, "dramatizar".

La fuerza de los prefijos se puede apreciar sin barreras. Parecen inocentes, insignificantes. Y, sin embargo, entran en lo más hondo del cerebro de modo que ni siquiera los percibimos. Anti-, por ejemplo, se arroja a menudo contra alguien con la compañía de palabras prestigiosas (generalmente relativas a una identidad cultural), y en detrimento de quien haya pretendido desprestigiarlas: así, cualquiera que critique el catalanismo se convierte en "anticatalán", y si censura a un nacionalista de Euskadi puede convertirse en "antivasco", o en "antiespañol" si busca fórmulas de aumentar el autogobierno, y así sucede con "antieuropeo", "antiatlantista", "antiliberal", "anticomunista"... Anti- ejerce aquí una potencia devastadora, porque condena con facilidad sin acudir a insulto alguno. Ni siquiera resulta descalificador. Parece enunciativo y, sin embargo, descalifica. Porque además el prefijo anti- otorga a quien lo recibe el valor de lo irracional, de modo que quien se muestra "antiazúcar" o "antifútbol" mantiene —desde el mismo momento en que es designado con tal expresión— una actitud global, inflexible y descalificadora de todo un ámbito que, sin duda, merece ciertos matices y excepciones que el "antialgo" jamás sabrá apreciar.

Ínter-, por su parte, constituye un prefijo que no pretende ataque alguno, sino sólo el prestigio de quien lo pronuncia: "intercomunitarios", "interprofesional", "interdependencia"... Se supone que ínter- contribuye a alargar la palabra y a poner sobre la torre a quien la pronuncia completa*.

Esta capacidad del lenguaje de identificar las funciones de los prefijos, afijos o sufijos por encima de su formulación concreta da idea cabal de su fuerza en nuestro

* Ese mismo papel cumplen los sufijos como el verbal -izar, que ocasiona hallazgos brillantes tales como "federalizar" o "corresponsabilizar". O como el sufijo -dad (conflictividad, representatividad, credibilidad, corresponsabilidad...).

cerebro, de la capacidad de seducción que entrañan porque son percibidos con tremenda claridad.

Los prefijos y sufijos forzados implican, pues, casi siempre una maniobra de seducción. Cuando uno los observa con detenimiento, saltan a la vista como las piedras brillantes en el fondo del río*.

LAS METÁFORAS MENTIROSAS

No siempre se puede acudir en estas manipulaciones a una fórmula tan sencilla como colocar un prefijo (lo cual parecía obvio tratándose de Telefónica), sino que se hace preciso buscar más caminos en los recursos del lenguaje. La puerta de las metáforas se abre a menudo cuando se busca la riqueza descriptiva, porque sus paralelismos adornan el discurso y le aportan imágenes, color, olores, ideas. El vocabulario de la seducción acude a ellas, como no podía ocurrir de otra forma, pero no lo hace con el respeto a esa técnica según la cual la escena imaginaria se corresponde con el objeto señalado, sino

---

* El académico Manuel Alvar incluye su estudio de los distintos prefijos y sufijos del lenguaje político, amén de otros recursos, en su obra *La lengua de...*, publicada por la Universidad de Alcalá de Henares en 1993. Lo afronta desde un punto de vista más lingüístico que político (aunque política es su conclusión de que todos los oradores acuden a los mismos recursos, al margen de sus ideologías), de manera exhaustiva y basándose en un debate sobre *el estado de la nación* entre Felipe González y José María Aznar.

que en este caso se produce un salto artificial que la aleja de él. Sin que se note. Porque la fuerza de la metáfora, su uso durante siglos, provoca que el receptor confíe en su veracidad, le otorgue crédito como lo han hecho generaciones enteras con los sabios y los escritores que las empleaban.

En las imágenes, los tropos, las metáforas en general, se establecen dos líneas paralelas. En una vemos representado aquello que deseamos nombrar. Y en la segunda situamos la idea con la cual expresamos una comparación. Si la metáfora está bien construida, el interlocutor entiende siempre que el segundo plano sustituye al primero en el mensaje principal. "Este albañil es una máquina", se puede decir si deseamos expresar que alguien trabaja mucho y metódicamente. Aprobada la metáfora: vemos primero una máquina y luego aplicamos al trabajo del albañil las características de un instrumento incansable. O, como expresábamos en un capítulo anterior, en "eres un tesoro" la imagen de las alhajas en el cofre se suma a la imagen de la persona a quien se dirige la metáfora.

Pero en el lenguaje de la seducción que utilizan el poder político o el económico las metáforas son mentirosas. La conexión veraz entre el objeto representado y la idea con la cual se le compara queda rota de manera imperceptible.

Hablan y hablan los empresarios y los economistas (y los políticos que los arropan) de la "flexibilidad de plantillas" que propone el patrón cuando negocia un convenio ("flexibilidad de los planteles", se diría en algunos países de América, o de "la planta" en otros). Y la metáfora evocará los materiales que se encogen y se estiran, que son dúctiles, que podemos doblar y acomodar, los materiales flexibles. Sin embargo, aquí se refiere el emisor a plantillas que solamente encogen. La flexibilidad de planteles se basa en realidad en que los sindicatos, ellos sí, se muestren "flexibles" y admitan reducciones del número de trabajadores. Y su efecto de engaño logra que, en el subconsciente, el público reciba la fórmula como un campo abonado para el crecimiento del número de trabajadores de una empresa: tal vez en un primer momento resulte necesario reducir el personal; pero sin duda eso está dirigido a que, en una fase inmediatamente posterior, la flexibilidad permita a su vez ampliarlo. Y no se piensa ya en una ampliación que recupere el número original de empleados, sino en una decisión magnánima que lo rebase largamente. Pero cuando se solicita esa "flexibilidad" sólo puede plantearse como una reducción: para ampliar la plantilla nadie necesita pedir permiso o hacerse perdonar.

Ahora bien, el concepto de "flexibilidad" habrá acudido a la mente del receptor (una vez escuchado su sonido) después de proporcionarlo su enciclopedia mental, y mediante el rechazo precisamente de los vocablos que habrían merecido ocupar el lugar de la elección. El funcionamiento léxico de nuestro cerebro otorga esas ventajas a los manipuladores: tacha los conceptos reales y activa los falsos. Se acciona un concepto frío y positivo en la fórmula "regulación de empleo", y se desecha el más certero "reducción de plantilla"; o "despidos".

La forma de metáfora mentirosa se aposenta igualmente en lo que hemos dado en llamar personificación:

atribuir cualidades humanas a los objetos inanimados. Cuando se anuncian los últimos datos de la inflación y los tecnócratas se refieren al "comportamiento" de los precios, asistimos al enunciado de una metáfora mentirosa. Tal vez la gasolina ha subido también, y ello se debe al "comportamiento" del precio del crudo en los mercados internacionales. Pero la idea de *comportarse* sólo se puede aplicar a seres humanos y a los animales, a seres animados. Es verdad que en la subida de la inflación suele tener mucha importancia el pollo, pero parece excesivo afear tanto la actitud de este animal, que nunca asumirá responsabilidad alguna ni en su precio ni en los intermediarios que encuentre por el camino. Los precios "evolucionan" (generalmente "suben"), y no tienen conducta. Desviando la idea del comportamiento hacia los precios, la apartamos de quienes los fijan. Porque la gasolina, es verdad, depende de los fletes y los barriles en origen; pero también en un altísimo porcentaje de los impuestos indirectos que se obtienen con ella. La expresión "comportamiento" convierte a los precios mismos en el objeto del examen, pero a la vez eleva su pobre rango de objetos al de seres con decisiones propias. Y quedan borrados en esta maniobra los causantes de que suba la inflación.

La historia de nuestra lengua atribuye a "comportarse" el valor de la conducta, y la conducta no se juzga en los objetos. He ahí la mentira.

Tanto hablamos un mismo idioma 400 millones de seres, que esta fórmula de engaño se puede encontrar en un periódico de Madrid o en un diario de Lima, por ejemplo. Así, españoles y peruanos creerán, por efecto de la seducción de las palabras, que los precios tienen una vida independiente que resulta tan difícil de gobernar como el aleteo de una gallina.

El diario de Miami publicado en español *El Nuevo Herald* habla el 6 de junio de 1998 de la creación de unos impuestos "para financiar el restablecimiento de los puestos de trabajo congelados el pasado año". Y el español *El País* titula el 18 de junio de 1998: "La empresa Bazán anuncia un ajuste de 2.517 empleos, un tercio de la plantilla". La reducción de empleo, expresión de la que cualquier personaje con poder huye como del demonio, queda sustituida así por la "congelación" y el "ajuste" en dos diarios geográficamente tan distantes y, sin embargo, tan próximos en sus lenguajes.

Las metáforas mentirosas llamadas a la seducción del público vienen construidas también por sinécdoques muy especiales. La sinécdoque, lo hemos comentado más arriba, consiste en tomar la parte por el todo, de modo que con un concepto pequeño reproducimos uno más amplio en el que está contenido. Por ejemplo, si hablamos de que alguien tiene cien cabezas de ganado; o de que Washington apoya una medida de la OTAN (donde las cabezas representan todo el cuerpo y Washington representa a toda la nación estadounidense). Pero la sinécdoque en la seducción engañosa de la política (como ocurría en el lenguaje del amor) se mueve con un afán distinto: dando la parte por el todo, se hace énfasis en la parte para ocultar el todo (y no para significarlo). Así sucedió en la guerra del Golfo, y en la guerra de Yugoslavia... los aviones de la Alianza Atlántica hacían "incursiones", "salidas"... y con esa parte explícita se escamoteaba la palabra "bombardeo". Salían, sí; se incursionaban, sí. Para luego bombardear. Pero la parte ocultaba el todo. El sonido distraerá al receptor, al que se hurta incluso una palabra tan connotada fonéticamente como "bombardeo". Los militares acudieron a una fórmula como "salidas" tal vez porque se asocia a las que cumplen los bomberos para apagar un incendio, porque querían que la opinión pública recibiera los conceptos de una guerra limpia, una guerra sin sangre, con bajas pero sin muertos, con daños y sin heridas. Una tarea imposible salvo si se acude a la seducción de las palabras.

Esta técnica se puede emplear en otros ámbitos, incluso más familiares. También nos hemos referido a ello antes, asimismo, al tratar sobre el lenguaje de la seducción amorosa: "¿Quieres ver mis cuadros?" puede ser una pregunta que oculte "¿quieres venir a mi casa?"; o en la relación laboral: el jefe le pide a su secretaria que le *traiga* un café como le pide que le *traiga* un archivador, esquivando con ese verbo la orden de que además, como es lógico, el café debe *prepararlo* ella; pero se oculta la instrucción que convierte a la secretaria en cocinera. Y un sacerdote puede invitar a los alumnos de su colegio a una "convivencia" para no pronunciar la expresión "ejercicios espirituales". Claro que habrá convivencia en tales días, y en eso consiste una parte de la actividad que se programa, pero no se trata de la actividad principal; y la persona que reciba el mensaje se verá conducida a pensar principalmente en que durante un tiempo gentes de la misma condición van a intercambiar sus experiencias y se conocerán mejor.

Igualmente, puede darse el fenómeno contrario dentro de las metáforas mentirosas: que una parte logre ser identificada con el todo; pero no para ocultarlo, sino para hacerse con él. Por ejemplo, el PNV se autodenomina en el Congreso español "Grupo Vasco"; y Convergència i Unió, "Minoría Catalana", no sin una intención clara en ambos casos. Porque después muchos periodistas refieren una votación diciendo esto: "El proyecto se sometió a la consideración de la Cámara, y sólo votaron en contra los vascos y los catalanes", convirtiendo aquellos nombres propios en sendas antonomasias: el grupo de los que son vascos y la minoría de los que son catalanes. Evidentemente, el periodista se refiere a los diputados nacionalistas vascos y a los nacionalistas catalanes. Pero, tal como lo expuso, acaba identificando la esencia de ser vasco con la circunstancia de ser nacionalista vasco. Y al final parece que no hay más diputados catalanes que los de Convergència, como si no fueran catalanes también los diputados y senadores del PP o del PSOE por Barcelona, ni vascos los diputados que pueda tener Izquierda Unida por Vizcaya*. Estamos aquí ante una nueva seducción

---

* Algunos casos concretos: "El estupor se multiplicó cuando, al votar la transitoria de IU, los catalanes votaron en contra". "Juan Moya, portavoz del PP, se apresuró a matizar que los catalanes habían cometido un error". "El enredo se multiplicó cuando casi instantáneamente el portavoz catalán en el Senado, Joaquim Ferrer, admitió que había sido un error". (Todos estos ejemplos, tomados de *El País*, 18 de junio de 1997, página 30). "Xabier Albistur, por el PNV; José Luis Alegre y Antonio García Correa, por los socialistas; Joan Simó, por los catalanes; José Nieto Cicuéndez, por el Grupo Mixto [...] debatirán a partir de las seis y media de la tarde el documento..." (*El País*, 23 de marzo de 1998, página 28).

perversa del lenguaje, que logra alterar el pensamiento. Una carga de profundidad va prendida en cada una de esas frases, porque puede influir en las ideas.

Las metáforas mentirosas se camuflan en los periódicos, en los discursos políticos, en los bandos municipales... todo tipo de metáforas mentirosas*.

El juego de romper el hilo de cometa que conecta a una metáfora con su objeto real muestra otra vertiente curiosa: el manipulador designa como deseable una idea metafórica para ocultar que su correspondiente real ya existe. Burdamente, sería el caso de un dirigente deportivo que expresase su anhelo de crear una actividad física y competitiva que reúna a millones de personas para que aúnen sus corazones en apoyo de unos colores y se

---

* Dejaré constancia sólo de algunas trampas más del lenguaje político que me parecen llamativas, con ánimo de no abrumar y con el propósito de no alargar la exposición principal con ejemplos interminables rodeados a su vez de una exhaustiva explicación. Sitúo en primer lugar el eufemismo llamado a la seducción, entre comillas, y a continuación la palabra que pretende ocultar: "acción disuasoria", ataque; "tráfico de influencias", soborno; "información privilegiada", enchufe; "recalificación urbanística", especulación; "limpieza étnica", genocidio; "distintas sensibilidades en el partido", tendencias; "excedentes empresariales", beneficios; "excedentes laborales", trabajadores sobrantes; "excedente neto a resolver", despidos; "invitación", entrada; "cobertura del desempleo", subsidios de paro: "ámbito vasco de decisión", soberanía vasca; "refugiados vascos" o "exiliados", prófugos o fugitivos; "lucha armada", terrorismo; "entramado social" o "agentes sociales", poderes fácticos; "sugerencias", reclamaciones.

identifiquen así con un espíritu nacional. Eso es el fútbol, le contestarían.

En marzo de 2000, el nacionalista Juan José Ibarretxe, presidente del gobierno vasco, acudía a una metáfora similar para explicar, a preguntas de Iñaki Gabilondo en la cadena SER, cómo se imaginaba él un País Vasco ideal: "Un país que constituya un espacio donde todos nos encontremos, cada uno con nuestras ideas políticas". La periodista y documentalista Ángeles Afuera le replicaba unos días después, tras reproducir la citada frase: "Eso es el Parlamento vasco, ¿no?".

Se ve también metafóricamente mentirosa la denominación de los nuevos servicios de espionaje: "Inteligencia" se les llama. En España han demostrado varias veces su torpeza, pero el nombre persiste. El poder de esta palabra se extiende a la consecución de un mérito sin igual: "inteligencia" no sólo ha logrado mejorar el sonido, la presencia, la elegancia, el significado del "espionaje" y de los espías, sino que además ha conseguido anular a su oposición. Existieron siempre servicios de contraespionaje. Pero ya nadie hablará jamás de la contrainteligencia. ¿Acaso sería prestigioso ir contra ella?

LOS POSESIVOS Y NOSOTROS

Qué gran seducción la de las frases publicitarias, políticas, comerciales o simplemente personales que han descubierto el valor del adjetivo posesivo de primera persona del plural "nuestro". "La casa ya es nuestra", exclamará alegre la familia que ha conseguido pagar los plazos.

"Nuestra"... qué palabra tan voluminosa en su profundidad. *Mare Nostrum*, llamaron los romanos al Mediterráneo, abarcándolo con los brazos. En "nuestro" resalta el valor de la posesión mucho más que el de lo poseído. La sugestión de esta voz ha adquirido el perfume de tantas veces como se han pronunciado "nuestras tierras", "nuestra huerta", "nuestro río", "nuestros hijos", "nuestros padres", "nuestro Padre", "Padre nuestro"...

En el lenguaje comercial, el encanto principal de "nuestro" reside en que el objeto que se ofrece pueda convertirse en "suyo"; eso sí, conservando las cualidades por las que fue "nuestro". Los dueños de restaurantes han escrito en sus cartas: "Pruebe nuestras carnes a la parrilla condimentadas con las verduras de nuestra huerta". Y "nuestro" toma el valor de lo exclusivo, de lo que el comensal no encontrará en ninguna otra cocina. Y el conjunto "nuestra huerta" viaja a través del tiempo para refrescar la memoria inconsciente de quien, al leer la carta del restaurante, se hace partícipe de los cuidados y los frutos que han acompañado a todas las huertas del idioma español, a todas nuestras huertas. El lugar donde crecieron siempre "nuestras finas hierbas".

Términos como "nosotros" y "nuestro" almacenan también ese poder sugeridor incluso cuando el nombre o el concepto al que acompañan son recibidos por el interlocutor como un "suyos"; es decir, cuando no se ve involucrado en el "nosotros" o el "nuestro". Con más razón aún toman tal capacidad de seducción estos adjetivos posesivos y pronombres en el momento en que el receptor del mensaje se siente parte de ese sujeto colectivo, cuando les añade el valor de "míos".

Siempre se refería a sí mismo en plural el ciclista Perico Delgado, una vez ganador del Tour y dos de la Vuelta a España. No como el Papa en plural mayestático, sino en un sencillo "nosotros" del que jamás se apeaba. "Hoy podemos ponernos líderes en la clasificación general", declaraba (pese a que el líder del Tour es sólo uno), "mañana esperamos hacer una buena etapa", "nuestro objetivo es la victoria en París"... El ciclista que le sucedió al frente del equipo Banesto, Miguel Induráin, ganador cinco veces del Tour y dos del Giro (además de una medalla de oro olímpica), continuó con esa tradición: "Estamos muy contentos de este triunfo", "nuestra idea es mantener ahora la ventaja en estas etapas llanas", "hemos pasado muy bien el repecho" (¡incluso en una etapa contrarreloj!)... Y todavía más: Abraham Olano (una vez campeón del mundo en carretera, ganador de una Vuelta a España), quien a su vez sucedió a Induráin en el Banesto, heredó la misma forma de hablar, con la que se pasó más tarde al equipo ONCE. Ninguno de los tres ciclistas dejaba escapar una sola vez la primera persona del singular.

Lo que al principio podía parecer una manía personal de Perico Delgado, o la imitación posterior a cargo de Induráin y Olano, se consolidaba como un propósito claro de seducción, probablemente azuzado por el director deportivo, José Miguel Echávarri. Un solo ciclista gana el Tour, sí, pero necesita para ello del apoyo y la fe de un equipo de corredores, técnicos y mecánicos. Ese "nosotros" simbolizaba el trabajo de todos ellos, y no resulta difícil pensar en lo que sentían los restantes ciclistas del Banesto al reconocerse incluidos en los éxitos del líder.

En realidad, se trata de un truco muy evidente, como explican el experto en dirección empresarial Juan Mateo y el ex futbolista y luego entrenador Jorge Valdano, en el libro *Liderazgo*, que ambos firman: "No hable en primera persona, utilice siempre el 'nosotros'. Nosotros hemos perdido, nosotros hemos ganado"*. Es el consejo adecuado para un líder, pero Delgado, Induráin y Olano ya lo habían recibido. La palabra mágica que debe emplear cualquier jefe de negociado que desee agrupar a su equipo, cualquier director de periódico, cualquier gerente de empresa...

El líder que desee fascinar a su gente ha de aprender de este valor simbólico de las palabras. Poco conseguirá quien use la primera persona continuamente para referirse a sus subordinados: "Hazme esto" (es decir: hazlo para mí, no para ti), "no te me vayas a equivocar", "me han salido muy favorables los resultados este mes en la empresa"... Quienes hablan así se desnudan con su lenguaje, porque las palabras que eligen inconscientemente no son gratuitas. No les importan el trabajo ni el resultado, sino su papel en ellos. Y lo mismo sucede con los subordinados que explican a su jefe "ahora te hago eso", cuando el informe no está destinado a él sino, por ejemplo, a un cliente. No trabajan para el público, sino para un superior.

La profesora Marina Fernández Lagunilla ha analizado en *El discurso del poder* la gramática y el léxico de

---

* Juan Mateo y Jorge Valdano, *Liderazgo*, Madrid, El País-Aguilar, 1999.

algunos debates sobre *el estado de la nación* celebrados en el Congreso español, y destaca cómo, al hablar sobre el terrorismo de ETA, el presidente José María Aznar acudía al "yo" y a los pronombres y adjetivos de primera persona ("mis primeras palabras", "creo haber contribuido", "he cumplido", "mi compromiso"...), mientras que el presidente Felipe González, su antecesor, empleaba "formas impersonales y genéricas" como "es necesario", "importa ahora...". Y añade Fernández Lagunilla: "Es evidente que el ocultamiento del *yo*, en los distintos casos de manifestación a los que acabamos de referirnos, es un factor más de los que componen la imagen final del emisor político". Y más adelante certifica, al hablar de la elección entre "yo" y "nosotros", que "el político socialista usa predominantemente el *nosotros*, incluso en contextos más propicios para el *yo* (los predicados son verbos de lengua, organizadores del discurso); en cambio, Aznar privilegia claramente el empleo del *yo*"*. Algunos periodistas han resaltado también esa tendencia de Aznar: "[...] Desde aquel día, para anunciar la 'nueva etapa política' el presidente comenzó a utilizar la primera persona. 'El centro reformista del siglo XXI tengo que hacerlo yo', declaró el 5 de septiembre. Ya en noviembre, cuando nombró el comité organizador del XIII Congreso del partido, utilizó expresiones como 'yo quiero hacer', 'el partido que

---

* Marina Fernández Lagunilla, *La lengua en la comunicación política I. El discurso del poder*, op. cit.

busco', 'el centro que me interesa' y 'la España que imagino'"*.

El alcalde de Madrid, José María Álvarez del Manzano, respondía feliz en una entrevista que el logro del que se sentía más orgulloso consistía en haber montado una eficaz red de asistencia sanitaria para accidentes, con ambulancias y servicios que acuden prestos y con grandes medios técnicos ante cualquier urgencia. "Creo que he salvado muchas vidas", remató.

Cómo se habrán sentido, al leer esas declaraciones, los cientos de trabajadores que en estos años prolongaron tantas veces los latidos de un corazón, que se empaparon de la sangre ajena o salvaron a un suicida con un beso en lo alto del Viaducto.

La frase del alcalde excluye así a quienes verdaderamente han logrado que él se luzca, aunque nunca se propusieran ellos tal labor con ese fin, ni siquiera para satisfacerse a sí mismos. Como excluidos injustamente se sentirían los compañeros de Delgado, Induráin y Olano si a la hora de las declaraciones en la meta nadie se acordara de los bidones de agua que estos ciclistas les acarrearon cada día desde la cola del pelotón. La palabra "nosotros", como los términos "Sol", "libre", "horizonte", ha alcanzado un valor simbólico incuestionable. Conocerlo evita cometer errores y permite seducir a aquellos a quienes más necesitamos.

---

* Félix Monteira, "El mando único", reportaje publicado en *El País*, el 24 de enero de 1999. Citado por Marina Fernández Lagunilla en *La lengua en la comunicación política I. El discurso del poder, op. cit.*

Las ideas suplantadas

La seducción de las palabras muestra en muchos casos una técnica muy sencilla: quien ejerce el poder del habla o de la escritura aparta un término cuya historia condena cuanto representa, para aportar en su lugar un vocablo que ha estado unido históricamente a conceptos con mejor sonido y significado. O con mejor prensa.

A ningún país le gusta, por ejemplo, que un tercero lo sitúe en el grupo de los subdesarrollados. El prefijo sub- está repleto de fuerza, como antes vimos que sucedía con sus familiares re- y des-. De fuerza negativa en este caso, porque sub- implica "debajo". Así, este grupo de países se ha ganado ya la denominación de naciones "en vías de desarrollo". Y las vías se connotan, desde que se inventó el ferrocarril, con el progreso, el avance, la riqueza.

Ni siquiera parece honroso un segundo puesto en un concurso literario de gran envergadura, esas justas en las que al final el jurado se ve impelido a decidir entre dos obras de mérito muchas veces similar. Así, por ejemplo, se anuncia un ganador pero nunca un perdedor, jamás un viceganador o un subpremio. El jurado nombra siempre un "finalista", y usando esa palabra se lleva a quien la reciba hacia el momento en el que todavía no se había producido la derrota. El término logra parar el tiempo, de modo que el novelista recibe el premio de haber llegado al final, sin que el vocabulario avance hasta determinar lo que sucedió luego; él será siempre un finalista del premio Planeta, o del premio Nadal... nunca un derrotado. Tampoco en la Copa de Europa de fútbol se resalta al subcampeón, sino al finalista. Y en "finalista" nuestro cerebro desbroza el concepto "final", para que recibamos el perfume del concepto que designa a quien ha llegado hasta allí, el equipo o el escritor que han superado los obstáculos que se interponían entre la salida y la llegada, porque en "finalista" nada hay que evoque la derrota, ni un solo fonema de este vocablo carga con pena alguna ni la ha llevado en toda su historia. Al contrario: se trata de alguien que ha resistido hasta el final, que ha alcanzado una meta. Que ha logrado un fin.

Hace sólo unos años, en la ceremonia de entrega de los premios Oscar se utilizaba la fórmula "...y el ganador es..." (...*and the winner is*...). Ahora los famosos que anuncian los galardones emplean una expresión más suave, que no establece ganadores ni, por tanto, perdedores: "...Y el Oscar va para..." (...*and the Oscar goes to*...). Se premia una película, a un director, a unos actores y a unas actrices... pero no se *despremia* a nadie, ninguno de los aspirantes seleccionados sufrirá la agresión de una palabra.

Los cantantes obsequiaban hace años a su público con recitales. Y las orquestas ofrecían conciertos. Ahora se ha producido una suplantación tal de modo que los cantantes más modernos han pasado a actuar en concierto, palabra que siempre se reservó para las ejecuciones instrumentales colectivas. Se habla así del "concierto de Joaquín Sabina", a pesar de que en esa presentación musical predomine una voz solista. Consideran que es más prestigioso un concierto que un recital, y han utilizado la seducción de esa palabra para dar más importancia a su trabajo. En efecto, la historia de concierto (del latín *concertare*) nos remite a aquello que está concertado, lleno de acordes porque concertar es acordar; ordenado y ajustado..., la armonía forma parte de la esencia del propio vocablo. La historia de este término contribuye una vez más a reforzar su significado. Pero la trampa se ve, como tantas veces, al desarrollar la secuencia lógica de la palabra. Porque, por ejemplo, Joaquín Sabina no es un concertista ("músico que toma parte en un concierto en calidad de solista"), aunque esté acompañado por un grupo de instrumentistas y sea él mismo un guitarrista.

Las suplantaciones de este tipo se convierten a menudo en estafas, al alterarse expresiones más intencionadas y menos inocentes; y así "la dictadura" deja paso a "el régimen anterior", y "el dictador" da sitio a "el anterior jefe del Estado". La técnica de la sustitución (a menudo mediante tecnicismos) se reitera en otros ejemplos: "demorado" en lugar de "retrasado" (para atenuar con la palabra menos usual la responsabilidad de quienes dirigen el tráfico aéreo), "hospital psiquiátrico" en vez de "manicomio" (porque así parece más higiénico), "proceso irreversible" por "mal incurable", o "enfermo terminal" por "moribundo" (en ambos casos se presenta el sucedáneo más técnico y menos trágico), "interrupción del embarazo" por "aborto" (así alcanza más visos de legalidad y legitimidad), "anorgasmia" por "frigidez" (de este modo, el problema parece más físico que psicológico), "tratamiento de residuos" por "recogida de basuras" (se busca que *huela* mejor), "percibir el subsidio de desempleo" por "cobrar el paro" (se agradece más al Estado), "tercera edad" en lugar de "vejez" o "senectud"... Y "Ministerio de Defensa" en vez de "Ministerio de la Guerra" como se llamó décadas atrás.

(La voz metálica del aeropuerto anuncia que se ha demorado un vuelo por "causas operativas"; el sentido común dice lo contrario: esas causas habrán sido muy poco operativas). (El jefe de salón de un prestigioso restaurante pregunta a los distinguidos clientes cuando éstos se disponen a comenzar el primer plato: "¿Les retiro ya el aperitivo?". El aperitivo no era nada del otro mundo, pero el profesional hostelero acudió a una expresión seductora. Porque en puridad debía haber preguntado —mientras señalaba una copa de bronce vestida con paño de holanda fina y situada en el centro de la mesa—: "¿Les retiro ya las patatas fritas?").

Las palabras vivas y calientes dejan paso a otras muertas y frías; la descripción certera frente a la espuma prestigiosa; y sus posibilidades parecen tan interminables... Ahora bien: las palabras suplantadas quedan como armas para la otra parte. Siempre que en una batalla dialéctica alguien consigue imponer el uso de las voces que responden a sus intereses, los vocablos desechados quedarán como arma para sus enemigos. Esos términos adquirirán fuerza renovada; llevarán el impulso de lo novedoso, una vez que se convirtieron algún día en denostados.

El catedrático José Antonio Pascual[*] sostiene que "disimular la realidad con los subterfugios del lenguaje puede permitir salir del paso una vez; institucionalizar

---

[*] José Antonio Pascual, "Las aristas de las lenguas". Inédito.

este proceder conduce a la más sutil de las dictaduras: la de la mentira ejercida desde el poder, desde cualquier forma de poder".

En otro tiempo, tan lejano, también se producían estas suplantaciones. El *Cantar de Mio Cid* emplea como antónimo de rico la voz "menguado", eludiendo pobre, tal vez porque Rodrigo Díaz de Vivar "fablaba bien e tan mesurado".

Pero ahora el avasallamiento de tales estafas se presenta descomunal.

Y en esa línea se manifiesta también Ángel Rosenblat: "Asistimos hoy a tal profanación de la palabra, que parece justificada la frase atribuida a Talleyrand: el lenguaje le ha sido dado al hombre para que pueda ocultar el pensamiento". "El pensamiento", continúa Rosenblat, "está consubstanciado con el lenguaje, que es su encarnación. [...]. Si, según Guillermo de Humboldt, la lengua es el órgano creador del pensamiento, el nuevo mundo de la imagen y de los medios electrónicos que McLuhan ve como el surgimiento de una nueva Edad de Oro —'una arcadia electrónica del futuro'— nos parece más bien alarmante".

LAS PALABRAS QUE JUZGAN

Juzgan los jueces, los árbitros, nos juzgan los números y los resultados. Pero también las palabras.

Las técnicas de la seducción política se adentran en una sustitución de vocablos semejante a los juegos mágicos de un experto en el uso de la chistera. A veces quedan al alcance de la mano dos conceptos de valores opuestos para que designemos con ellos una misma realidad, incluso unos mismos datos. Y la elección nunca es inocente. Pero en otras ocasiones el término que acude en auxilio del político resulta ser un tercero con el que nadie contaba.

A menudo una sola palabra alcanza un poder de sugestión que no habría conseguido nunca un razonamiento extenso y muy articulado, y dirigido al intelecto. La decisión que adoptamos al elegirla nos convierte en reyes despóticos de nuestro propio mundo, porque determinamos la realidad conforme a nuestros prejuicios y nuestras conveniencias.

Alguien nos pide un día nuestra opinión sobre una persona y su trabajo. Y sabemos que acude con insistencia al despacho de su jefe para plantearle un proyecto en el que cree firmemente. Se trata de un trabajador que defiende con fuerza sus convicciones profesionales, hasta el punto de que, en efecto, se presenta cada poco tiempo a la puerta del superior para reiterarle su idea y reclamar, primero, atención para ella y, después, el permiso para llevarla a la práctica. A la hora de definir esa actitud estaremos en disposición de emitir un veredicto con una sola palabra, y la elegiremos precisa y certera tanto para la condena como para el elogio. Podremos sentenciar: "Es un trabajador muy tenaz". Pero también podremos decir: "Es un trabajador muy testarudo"*.

---

* Tenaz: el que agarra algo y no lo suelta, el que atenaza, el que sostiene con fuerza; ésa resulta ser la bella etimología prestada desde el *ten* del indoeuropeo que derivó en *teneo* con el latín.

La realidad que nombramos es la misma, mas no las palabras. Y hasta tal punto la realidad se percibe de una manera tan idéntica, que las definiciones del diccionario actual parecen hablar de lo mismo. Tenaz: "Porfiado y pertinaz en un propósito". Testarudo: "Porfiado, terco, temoso". Terco: "Pertinaz, obstinado e irreducible". Obstinado: "Perseverante, tenaz". Se cierra el círculo, y la rueda del diccionario convierte en sinónimos todos esos vocablos.

Podremos referirnos a una persona constante, pero también a un pesado... o a alguien fiel (a sus ideas, a su trabajo...) pero también a alguien dependiente (tratándose de la misma actitud y la misma persona). Y si ese empleado sabe aprovechar las oportunidades y plantear sus propuestas en el momento preciso, tendremos a nuestro alcance alabarlo como un tipo "oportuno" o vituperarlo como un "oportunista". Elogiarlo por "firme" o criticarlo por "empedernido", alabar su "insistencia" o censurar su "obstinación", exaltarlo por "dulce" o tacharlo de "empalagoso", tenerlo por "afable" o condenarlo por "blando"; "galante" o "lisonjero"; "obsequioso" o "adulador"; "gentil" o "pelota"; "sincero" o "impertinente"; "generoso" o "derrochador"; "atento" o "cobista"... Una misma actitud se puede retratar de dos maneras opuestas, con la fuerza y el juicio de un vocablo.

Los hombres y mujeres famélicos que llegan a España por las costas del sur, con frecuencia tras arriesgar su vida en el mar a bordo de cáscaras de nuez, reciben una palabra específica, un juicio de valor que sentencia sus vidas y dicta un fallo sobre su origen. Cuando el éxito les acompaña y logran pisar tierra firme se convierten en "inmigrantes". Pero "inmigrantes" son también los ingenieros alemanes que llegan a Madrid para desarrollar una empresa multinacional, y jamás se les califica de ese modo, porque a ellos las palabras los elogian. En este caso se trata simplemente de extranjeros. La voz inmigrante se asocia a la raíz "migra", y recuerda (de nuevo esa trascendencia de la historia de las palabras) a los emigrantes españoles que en otro tiempo cumplían un papel muy similar al que ahora sufren los magrebíes y nigerianos que exhiben los hermosos colores de su piel por las calles de Europa. Una suerte de venganza, de complejo de superioridad apoyado en la sinrazón, nos lleva ahora a descargar la palabra y su raíz contra quienes buscan un lugar donde ganarse la vida con el esfuerzo de sus brazos.

Los vocablos, pues, no sólo transmiten información. También la juzgan por el camino, con el mero hecho de nombrarla de una manera concreta. Los términos de una lengua no siempre resultan asépticos, ni denotan algo de forma objetiva, sino que a menudo traen consigo una determinada opinión ante lo expresado*. Y rara vez perceptible para el intelecto, sino con efectos que se mueven en la banda de la seducción, en el umbral de lo desconocido.

El Partido Socialista Obrero Español (PSOE) empezó a reconocer ante la sociedad los excesos que habían cometido algunos de sus dirigentes en la década de los noventa cuando cambió el empleo de un artículo

---

* Estrella Montolío, en *Manual de escritura académica*, Barcelona, Ariel Practicum, 1999.

determinado. El artículo "la". Una mera partícula, algo despreciable para quienes bucean en los significados.

Durante mucho tiempo, los representantes socialistas hablaron de corrupciones en particular, de casos concretos que afectaban a personas determinadas. El salto cualitativo se produjo cuando el discurso socialista asumió "la" corrupción que se estaba registrando en España. Probablemente, sus dirigentes no percibieron cuánta trascendencia alcanzaba la sílaba que pronunciaban en ese momento. Una sílaba lanzada desde el Partido Popular, reiterada hasta la extenuación por los grupos de oposición y la prensa... hasta que el PSOE sucumbió a describir la realidad con ella. Era un artículo determinado que juzgaba los hechos con tal contundencia que incluso un juez habría dudado en utilizarla. "La" corrupción que padecía España, y de la que nadie dudaba, les hizo perder las elecciones. No unas corruptelas, no una corrupción, no unos casos. "La" corrupción misma. Y la honradez de asumir ese artículo (aunque fuera inconscientemente) tal vez sugirió a los electores que los socialistas habían identificado el problema y serían capaces de atajarlo. Quizá por eso la derrota fue dulce, como ellos mismos proclamaron. Quizá por ello los corruptos acabaron en la cárcel*.

---

* Como consecuencia de esos años de corrupción fueron condenados por los tribunales personajes como Luis Roldán, Mario Conde, Carmen Salanueva, Rafael Vera, José Barrionuevo, Julián Sancristóbal, José Amedo, Michel Domínguez, Javier de la Rosa, Gabriel Urralburu...

Las palabras representan el pensamiento. No sólo pensamos con las palabras, y nos sirven para articular nuestras razones, sino que el pensamiento se refleja en ellas. Las palabras hacen las ideas, pero las ideas se enquistan en las palabras, y con los vocablos asumimos lo que ellos mismos *piensan*. Así, los bancos han impuesto la expresión "pedir un crédito" para quien acude a la sucursal y "conceder un crédito" para quien lo entrega, cuando en realidad los créditos los compramos y nos los venden*. El mero uso de "pedir" y "conceder" sitúa al cliente en una posición de inferioridad que le obliga a dar toda suerte de explicaciones sobre su vida y sus ingresos. Sí se *pide* un préstamo a un amigo, en efecto, porque éste no cobrará intereses y no le va en ello negocio alguno, sino solamente un riesgo (tal vez no recupere el dinero). Y por ello hace un favor a quien ve concedido el préstamo que solicitó. Pero en el caso de los bancos son los peticionarios quienes hacen un favor a la entidad financiera, puesto que comprándoles créditos contribuyen a su negocio.

La capacidad de seducirnos con esa palabra reside en que el verbo "pedir" ha vivido en millones y millones de gargantas de los hispanohablantes de los últimos diez siglos (con distintos acentos, con distinta evolución desde el *petere* latino) ligado siempre al pordiosero (por-Dios) que pide limosna por el amor del Altísimo, o a la imagen de quien pedía la mano de una muchacha a sus

---

* Usé este ejemplo, en otro contexto, en la obra *Defensa apasionada del idioma español*, op. cit.

padres y se ponía así de rodillas ante ellos, la evocación del que pide indulgencia ante un crucifijo, arrodillado también en su plegaria… el pedinche (palabra del español mexicano) que reclama continuamente favores, el que pide y no puede exigir lo que solicita.

Quien *pide* en su empresa un informe a otro departamento (aunque su rango quede a la misma altura) se pone también por debajo y se arriesga a recibir escasa consideración; pero quien lo *encargue* se colocará por encima y conseguirá que el informe se lo entreguen con rapidez.

Las palabras mandan, ejercen el poder. Influyen. Por eso preocupan mucho a quien se dispone a estrenar un cargo. Más que el sueldo que vaya a recibir, elucubrará sobre cómo se va a denominar su nuevo puesto. Y qué definitorias son las palabras, cómo brillan en las tarjetas de visita, relucientes en sus connotaciones.

Quienes rodean a Javier Solana saben muy bien cuán grande es el poder de los cargos según se nombren, y han reconocido siempre su desagrado por la denominación concreta de la relevante misión europea que le fue encomendada en 1999. El ex secretario general de la OTAN —cargo aquél de rango indudable— dejó ese empeño para convertirse simplemente en "míster PESC". El hallazgo de algún periódico británico dio en otorgarle ese apodo con las siglas de "política exterior de seguridad común", palabras que figuraban entre sus nuevas funciones como responsable de la Unión Europea para Asuntos Exteriores y Seguridad. Pero la activación y latencia de los términos que anidan en nuestro cerebro obliga a que asociemos a "míster PESC" con un buen hombre que acude al río provisto de una caña y otros trebejos para llevarse unas truchas a casa, a ser posible de medida superior a la legalmente permitida. Javier Solana se convertiría en un político muchísimo más importante si lograra que le llamaran, por ejemplo, "el canciller europeo"* y dejara de ser "míster PESC" de una vez por todas.

Los difusores del pensamiento desde el poder político o económico extienden sus tentáculos hacia las palabras que nosotros sentimos, y hasta consiguen que suenen tibias las verdades más descarnadas. Todo ha de llevar la pátina sagrada del almíbar si se trata de analizar los problemas de la sociedad, para disfrazarlos. Eligen siempre a su favor en las opciones que plantea el idioma. Y ellos nunca son pesados, sino tenaces.

La seducción de estas palabras que juzgan huye de los adjetivos, porque hasta los periodistas irreflexivos saben que los adjetivos califican y añaden opinión a las informaciones que se supone deben mostrarse asépticas. Estas palabras que sentencian se originan en los adjetivos, pero toman formas enmascaradas. El empleado en cuestión no es tenaz, sino que reclama con tenacidad; y no parece afable sino que actúa con afabilidad; y no lo elogiamos abiertamente como sincero, sino por su sinceridad, ni lo condenamos por impertinente, sino que retratamos cómo habló con impertinencia. Se esquivan los adjetivos para que no salten las alarmas.

---

* La palabra "canciller" tiene tradición en el español de América para designar al ministro de Asuntos Exteriores.

Otro recurso de la seducción con las palabras que juzgan consiste en acudir a verbos interpretativos (casi siempre meliorativos) que se basan en los términos de la comparación, en los superlativos o en adjetivos elogiosos: mejorar (de mejor), optimizar (de óptimo), modernizar (donde lo moderno se tiene siempre por positivo)... Por ejemplo, "modernización del sector público" ha ocupado en el lenguaje de algún político el lugar de "privatización"*.

Se acude así a conceptos mito, verbos de valor positivo siempre, que ocupan el lugar de las acciones más vergonzantes. El ciudadano queda indefenso ante esos mensajes, absorto con el significado que acude a su mente tras bucear en su diccionario particular, porque palabras como "modernizar" sólo le aportan significados agradables; jamás sus abuelos pronunciaron ese verbo con un sentido crítico. Si es que lo pronunciaron. La raíz del verbo se liga a las cerezas de la moda, lo moderno, lo que se actualiza tantas veces como un traje. La genética de las palabras influye de nuevo en cualquiera de sus desarrollos.

La búsqueda de expresiones seductoras por su capacidad de juzgar la realidad ha resultado capital en algunos momentos clave. Los diputados y senadores que ocuparon sus escaños tras las elecciones constituyentes de 1977 en España tenían ante sí esta misión gigantesca: llenar de palabras una Constitución. En el camino encontraron

* "Privatización" también se ha esquivado con el tecnicismo "liberalización".

muchos escollos, pero todos los salvaron con palabras. Supieron seducirse entre sí y fascinar a la mayoría de la sociedad española. No sin renuncias al lenguaje común.

Parecía difícil, ya de entrada, hallar un nombre para identificar con él a los territorios que se iban a convertir en comunidades autónomas. La palabra "región" había sido utilizada por el franquismo, asumida como parte de la diversidad controlada de la nación española. Y los partidos nacionalistas catalanes y vascos habrían huido de ese término si se les hubiera aplicado a ellos, como abominaban del concepto "nación" aplicado a España, pues consideraban (y consideran) que sus territorios no forman parte de una nación sino de un Estado, en tanto que constituyen naciones en sí mismos. Para los representantes de esas ideas, España consistía en "una realidad"; expresión que evitaba acudir a ningún otro sustantivo más concreto (las palabras afirman): "España es una realidad formada por varias naciones", han venido sosteniendo Xabier Arzalluz y Jordi Pujol. Ahora bien, los tiempos de la transición española no admitían avances veloces, y ni el Ejército ni los herederos del franquismo (reunidos entonces en Alianza Popular y encabezados por Manuel Fraga) habrían admitido en la Constitución que Cataluña, el País Vasco y Galicia son "naciones". Y menos con el lenguaje que se empleaba entonces en la derecha española. Para aquellos conservadores, España era la única nación, y ni siquiera se ha convertido ahora en una "nación de naciones" como algunos nacionalistas concedían con la boca pequeña, y ceñidos a las circunstancias. Así que finalmente apareció una palabra que sedujo a todas las partes aunque no satisficiera a ninguna: "nacionalidades". España se constituía en un Estado que forman a su vez "nacionalidades y regiones", sin que se haya precisado después cuáles son exactamente unas y otras.

La manipulación lingüística que significaba llamar "nacionalidad" a un territorio dio resultado, porque reunió el consenso necesario para sacar adelante ese artículo de la Constitución, independientemente de que en los documentos de identidad españoles no haya figurado nunca, en el apartado de "nacionalidad", la posibilidad de responder con palabras como "País Vasco" o "Cataluña".

Como hemos dicho, la tarea no se presentaba fácil. Porque la palabra "nación" ha experimentado algunos vaivenes en su camino por los siglos y los diccionarios. Nos podremos sorprender al buscarla en el de *Autoridades* (1734) y encontrar esto en primer lugar: "Acto de nacer", de donde se explica el dicho "ciego de nación" (de nacimiento). Y en su segunda acepción se acerca más al concepto actual: "La colección de los habitadóres en alguna Provincia, País o Reino". Y finalmente, "nacionalidad": "Afección particular de alguna nación o propiedad de ella".

Según el criterio de entonces, la nación la integran los que habitan en un lugar, un territorio que incluso podría formar sólo una provincia, a tenor de aquella definición; y además sin que ello parezca guardar relación con la historia y la identidad común que hubieran compartido los antepasados de esa colectividad. En 1884, el *Diccionario de la Academia* ya define así nación: "1. Estado o cuerpo político que reconoce un centro común supremo de gobierno. 2. Territorio que lo comprende, y aun sus individuos, tomados colectivamente. 3. Conjunto de los habitadores en una provincia, país o reino. 4. El mismo país o reino". En 1889, el diccionario se inclina por otra fórmula: "Conjunto de los habitantes de un país regido por un mismo gobierno": la definición que pervive en el lexicón actual y que dará lugar seguramente a muchísimos desacuerdos. Con arreglo a ella, en España puede considerarse nación al País Vasco, efectivamente: un país regido por un mismo gobierno (su gobierno autónomo); lo cual resultará muy del agrado del Partido Nacionalista Vasco (PNV) pero poco del Partido Popular (PP), heredero de aquella Alianza Popular de la transición (José María Aznar recibió el espaldarazo de Fraga, quien ahora milita en el PP y es presidente de Galicia). La actual acepción cuarta, por su lado, no aminorará la polémica: se considera nación a un "conjunto de personas de un mismo origen étnico y que generalmente hablan un mismo idioma y tienen una tradición común". También los nacionalistas asumirían estas palabras para definir su propia idea. Todo lo cual nos presenta una situación paradójica: la derecha española no habría tolerado que la Constitución se refiriera a Cataluña, al País Vasco y a Galicia como naciones y, sin embargo, nunca cuestionó que el diccionario les diera la legitimidad de adoptar tal palabra.

Bien, finalmente se alcanzó el acuerdo forzando la voz "nacionalidades" ("las nacionalidades y regiones") y ese término sigue en la ley fundamental española. Y sólo en ella, porque nadie en nuestros días (entrado ya el tercer decenio en que rige la Constitución democrática) le dice a un amigo "yo he nacido en la nacionalidad catalana", ni "se comen muchos tomates y pocos melones en nuestra nacionalidad".

Tampoco ha disfrutado del uso general (ni ejercido su influencia en el pensamiento, por tanto) el concepto de "nación de naciones", hasta el punto de que los nacionalistas gustan de referirse al seductor "hecho diferencial" que los distingue de los restantes pueblos de España; pero tan distinto es un catalán de un madrileño como un madrileño de un catalán, de modo que el hecho diferencial sería un *mérito* de ambos. Sin embargo, el mérito del hecho diferencial (o diferenciador) se lo arrogan sólo los nacionalistas, basados en la convicción de que hay una manera de ser general y una manera de ser diferenciada de aquélla, lo que anula la idea de la multicultura española (nación de naciones) y acaba con la pluralidad de pueblos y gentes de España al reducir a dos las posibilidades de ser español (o quizá a una, puesto que a la otra le correspondería el ser no español; pero incluso esa única manera hipotética de ser español chocaría con la realidad, puesto que seguirían existiendo muchas maneras de serlo).

Los constituyentes despreciaron también la palabra "países" para referirse precisamente a las *realidades* de las comunidades autónomas que pensaban crear. "País" se define en el diccionario no de forma articulada, sino sólo con una sucesión de sinónimos: "Nación, región, provincia o territorio". Suficiente ambigüedad, una indefinición (paradójicamente); y que pervive así, con ese texto, desde 1737. Esa palabra no habría supuesto, en su hipotético uso constitucional, ninguna manipulación de la lengua española*; ni habría rechinado a los nacionalistas, porque forma parte de su propio vocabulario: Països Catalans, País Vasco, País Valenciano, País Galego… Y a menudo dicen "este país" para referirse a su comunidad. ¿Por qué, sin embargo, se rechazó? Para responder, regreso aquí a los capítulos anteriores: por lo mismo que un día los habitantes de la Península eligieron la voz goda *guerra* para desplazar a la latina *bellum*: por su sonido y por su historia; como *gladius* sucumbió ante el grecismo *spatha*, por su fuerza y su estilo. Inconscientemente, se puede ver "país" como una creación meliflua, poco convincente, propia de expresiones cotidianas como "qué país", "qué paisanaje", "hola, paisano"; como la voz

---

* El catedrático José Antonio Pascual ha citado en clases y conferencias algunos ejemplos del siglo XIX y principios del XX en que se utilizó "nacionalidad" con un sentido muy próximo al de "nación": "la nacionalidad vasca", "la nacionalidad vizcaitarra"… "a cuya benéfica sombra [la del imperio de Roma] debían nacer y desarrollarse las nuevas nacionalidades"… Pero no parece que esos golondrinos hayan hecho ni verano ni golondrinera. La senda de ese metalenguaje la siguió el diputado nacionalista catalán Miquel Roca en el debate constitucional, al proponer la siguiente enmienda: "En los territorios autónomos de España de lengua distinta al castellano cada estatuto de autonomía determinará el carácter oficial exclusivo o transitoriamente cooficial con el castellano de la respectiva lengua". Pero en España, como denuncia el profesor Juan Ramón Lodares, no hay puramente "territorios autónomos de lengua distinta al castellano", sino territorios donde, además del español, se emplean otras lenguas. Juan Ramón Lodares, *El paraíso políglota*, Madrid, Taurus, 2000.

que se aplica a la tela de un abanico ("país" también), como el sustantivo del dicho "todo el mundo es país" (que se usa para disculpar el vicio o defecto que se achaca a algún lugar y que no es particular de él sino común a otros muchos). Frente a esa *i* de lo pequeño, los diputados y senadores disponían de la sonora voz "nación", con la letra *a* y la letra *o* de lo grande, la nación que entronca con el acto de nacer. Y sobre ellas montaron "nacionalidad", mediante el estiramiento correspondiente; mucho más cercana que "país" a esa evocación de lo grandilocuente. Mucho más seductora.

El concepto de "nacionalidades" encontró poco cariño después entre quienes lo habían defendido. La fuerza administrativa se inclinó por un término más neutro: comunidades autónomas.

Pero eso no podía satisfacer a quienes deseaban distinguirse de las demás regiones (¿regiones?, ¿dónde se dice cuáles lo son realmente?), y acudieron entonces a uno de esos símbolos que hemos repasado más arriba: la seductora palabra "históricas": comunidades históricas. Y seduce este vocablo por el significado que fue acumulando en su vida larga.

Fue palabra griega antes que latina, y ahora es española, pero no siempre llevaba consigo el mismo prestigio. En el primer diccionario le correspondió una simple descripción etimológica: "lo perteneciente a la historia" (es decir, en el siglo XVIII la palabra no debía de tener el carácter fascinador actual). Pero ahora se ha agrandado su espacio en el diccionario y en la memoria de los hablantes, ocupa una zona mayor de nuestros pensamientos y dispone ya de una definición más acorde con estos tiempos: "Histórico: Digno, por la trascendencia que se le atribuye, de figurar en la historia". Así, tenemos continuamente "un partido de fútbol histórico", "un récord histórico", "un nombramiento histórico"... y la palabra se connota casi siempre a favor. Incluso cuando alguien sufre un desastre histórico lleva consigo la pátina de entrar en la historia con él, y de que su nombre se recuerde en los siglos venideros.

Ése era el valor psicológico (y psicoanalítico) de "histórico" en el momento en que lo descubrieron los políticos en el uso de la palabra. Empezaron a llamar "comunidades históricas" al País Vasco, Galicia y Cataluña. No parece probable que pensaran en la definición del diccionario. Se les habría quedado un poco estrecha la idea de que tales territorios son dignos de figurar en la historia. No les añadía nada, puesto que en la historia se hallaban ya antes de la Constitución y antes de los estatutos de autonomía. Pero la expresión gustó a los nacionalistas y a quienes se dejaron fascinar por ella. El diccionario, como tantas veces en el lenguaje de la seducción, sólo podía mostrar la puerta de la palabra; su valor profundo se escondía en otros contextos.

¿En qué residía, pues, la capacidad de seducción de "históricas"?: en que el hecho de referir a las tres citadas como "*las* comunidades históricas" excluye del concepto "histórico" a las demás comunidades en el subconsciente de los ciudadanos que se hallen a la escucha, y, por tanto, resalta la importancia y la diferencia de las comunidades que se consideraban a sí mismas "históricas" frente a las demás; incluidas aquéllas en el grupo de las "nacionalidades" mientras que las otras se deberían conformar con el concepto de "regiones" (por fin se establece la división) y las menores competencias políticas y administrativas que se le suponía a este segundo escalón.

Naturalmente, el túnel del tiempo da motivos para todo. Sólo depende del lugar en el que se sitúe la manivela. La historia, que es muy densa ya, ofrece disculpas y bases para cualquier teoría. En 1936 —al desatarse la cruel guerra civil que acabó con la República democrática española—, Galicia, País Vasco y Cataluña constituían unas comunidades diferenciadas de las demás porque tenían un estatuto de autonomía plebiscitado. Y en ese momento histórico preciso han encontrado los manipuladores del idioma y del pensamiento el apoyo para separar conceptualmente en el lenguaje a sus territorios de las demás comunidades españolas. Se creó la ficción de que la historia empezaba entonces (tan cerca se detuvo el dial en el recorrido por los siglos); y, en efecto, con ese criterio ni Castilla, ni León, ni Navarra... podían mostrar apenas historia. A pesar de que sus banderas ya existían en el siglo XIII, mientras que la enseña vasca data sólo de finales del XIX. Ni tenía historia Aragón, que comparte con Cataluña las barras en sangre y oro de su estandarte. Dejaron de ser comunidades históricas en una sugestión general producida por el poder seductor de la palabra, que lograba así un hipnotismo eficacísimo.

Un caso similar se ha dado con la expresión "lengua propia", unas palabras que también juzgan. "El catalán es la lengua propia de Cataluña", dice el estatuto de autonomía. Y así como el artículo "la" desempeñaba un papel definitivo en *"la* corrupción", así como resulta excluyente en *"las* comunidades históricas" porque aparta a las demás, en este nuevo ejemplo convierte al catalán en "la" lengua propia... no de los catalanes, sino de Cataluña. Porque los catalanes tienen, afortunadamente para ellos, dos lenguas propias: el catalán y el castellano. La maniobra de seducción se remata con la adjudicación de "la" lengua propia a Cataluña, comunidad compuesta fundamentalmente por catalanes; pero así como los catalanes pueden tener dos idiomas (y hasta tres si son hijos de madre catalana y padre británico, por ejemplo), Cataluña solamente podrá disponer de uno, el suyo propio. Curiosa esta Cataluña que es tan distinta de los catalanes.

Ese encantamiento previo colectivo allanó luego el camino a cuantos cometieron deplorables excesos en la defensa de su idioma peculiar ("la lengua peculiar" habría sido expresión más atinada que "la lengua propia"), asediado por el franquismo, sí, arrinconado en otro tiempo, sí, perseguido injustamente, sí, pero que ya no necesita de reacciones simétricas ni de venganza, sino de sano disfrute como bien cultural y económico, como herencia a la cual tienen derecho los nacidos en Cataluña y quienes habitan en ella*.

---

* Es muy interesante el recorrido histórico que hace sobre los supuestos agravios lingüísticos el profesor Juan Ramón Lodares en *El paraíso políglota, op. cit.* Sobre todo porque contribuye a desmontar ciertas versiones inventadas por los nacionalistas (y asumidas por demócratas y progresistas de buena fe) que han querido presentar la barbarie del franquismo como si se hubiera dado durante la historia completa de España, en la cual el castellano se extendió por la fuerza de los hechos y de la decisión de las gentes más que por la imposición del poder, que durante muchos siglos fue ajeno a disputas como las actuales.

El lenguaje, pues, tiene efectos en la mentalidad de la gente como se sabe desde hace tiempo. Sobre todo cuando no apela a la razón y el conocimiento, sino que consiste en una prestidigitación verbal que saca palomas de un sombrero y hace desaparecer pañuelos de colores de manera que, como no se aprecia el truco a simple vista, todos dan por bueno lo que el mago presenta.

Así continuará sucediendo, porque los engaños colectivos mediante el uso de la sugestión de las palabras no se detuvieron nunca en la vida pública de ningún lugar.

En 1999 se destapó un escándalo en la política española: algunos altos cargos del Ministerio de Agricultura que administraban las subvenciones al cultivo del lino tenían intereses directos en esa industria agrícola. Eso dio paso a conocer un montaje de proporciones gigantescas en el cual el lino recolectado ardía siempre misteriosamente y el dinero de la Unión Europea circulaba con profusión en el sector sin que nadie supiese dónde terminaba por fin el producto de tan vastas cosechas de humo.

La comisión parlamentaria que se dio a investigar el asunto, dominada por el Partido Popular como correspondía a su mayoría en el Congreso, no pudo soslayar los hechos, y remató el 30 de julio de 1999 un dictamen que condenaba lo ocurrido. ¿Cómo podía el partido en el gobierno condenar lo que había sucedido en el gobierno? Muy fácil: con la seducción de una palabra.

Los diputados que constituían la mayoría en la comisión determinaron (a la vez que rechazaban otras palabras propuestas por el PSOE y otros partidos) que el comportamiento de algunos altos cargos no había sido muy "estético".

La estética pasaba así a ocupar el lugar que en otro tiempo correspondía a la ética. Porque la estética de algo se relaciona más con el gusto personal, con las formas y con las apariencias. La ética concierne en cambio al fondo de los asuntos, al comportamiento moral y a las esencias. Los diputados del Partido Popular dieron el cambiazo y lanzaron al corazón de los electores el mensaje de que habían condenado a sus compañeros; pero rebajaban después la fuerza de su veredicto con una palabra engañosa. Según sus conclusiones, el caso del lino no arrojó a los ojos de la sociedad un problema ético sino estético. No se trataba de un problema de obligación, sino de elección.

Resultaba sencillo ese movimiento de prestidigitación para poner una palabra donde se precisaba otra, para elegir "tenaz" en lugar de "terco", para juzgar la realidad con una sentencia benévola en extremo. Como hemos visto en otros casos, ética y estética se han acompañado en nuestro lenguaje, son cerezas que han aparecido juntas millones de veces. "La ética es estética", se dice con frecuencia. Por tanto, la manipulación deviene sencilla: hablemos de estética, que presentaremos como equivalente a la ética aprovechando su mutuo contagio. Pero la frase real que anida en nuestro cerebro consciente no hace cumplir a "estética" un papel de sustantivo: es decir, no se pretende expresar "la ética es *la* estética" con un valor de equivalencia entre ambos conceptos. Sino que "estética" cumple una función adjetiva: la ética es estética; es decir, la ética es bonita. Sin embargo, ese valor gramatical de la palabra en la frase que sirve de trampolín para la manipulación queda escondido cuando viene de la memoria el término ya manipulado, pues emerge entonces con todo su poder, con el inmenso hielo oculto bajo el mar. Es decir: la frase hecha podría sostener "la ética es bella", pero no "la ética es la belleza". De modo que la comisión parlamentaria, parangonando los casos, determinó que el comportamiento de los acusados en el caso del lino "no fue muy belleza".

Los casos de suplantación (y el de "estética" ha encontrado después más ejemplos además del citado) se extienden a otros conceptos. Una vez que se ha descubierto el poder de estos resortes se hace difícil abandonarlo. A menudo se reducen a "irregularidades" las "ilegalidades"; a "acciones" los "atentados" (esta vez por influencia de los terroristas)... O se llama "normalización lingüística" (ley de normalización lingüística de Cataluña) a un conjunto de medidas encaminadas a intervenir en la sociedad de modo que lo normal deje de serlo*. Independientemente del juicio que nos merezca, ya había una normalidad.

La historia de las palabras sigue resultando útil en muchas de estas trampas. Hablábamos antes de los vocablos que connotan favorablemente el camino de trabajo en pos del futuro. Labrarse un camino, abrirse a un horizonte, hacer un esfuerzo... El lenguaje político ha

---

* Lodares se extiende brillantemente sobre esta idea —y sobre todo en lo relativo a los doblajes de películas— en *El paraíso políglota*, *op. cit.*

escogido esta última expresión con intenciones que generalmente se esconden en sus discursos.

No hace falta bucear mucho en la genealogía de la palabra "esfuerzo" para encontrar sus étimos. El concepto de "fuerza" aparece enseguida: hacer fuerza para conseguir algo. Y en ese empeño se aprecia una entrega física, que produce un cierto dolor corporal, o al menos fatiga. Evidentemente, el diccionario recoge también la acepción moral de la fuerza: "hay que tener fuerza para afrontar esta desgracia", por ejemplo. Y con esa base se definió también en otro tiempo el concepto de "esfuerzo": "ánimo", "vigor" y "brío" constituían sus equivalencias únicas hace siglos. Más tarde, el concepto de fuerza física fue ocupando una mayor presencia en la psicología colectiva, y constituye ahora la primera acepción de la palabra: "Esfuerzo: 1. Empleo enérgico de la fuerza física contra algún impulso o resistencia. 2. Empleo enérgico del vigor o actividad del ánimo para conseguir una cosa venciendo sus dificultades. 3. Ánimo, vigor, brío. 4. Empleo de elementos costosos en la consecución de algún fin".

El pueblo ha valorado siempre el trabajo físico, el sacrificio del agricultor que labra de sol a sol y el de la esquiladora capaz de pelar más lana que nadie. "Para los rudos castellanos", escribe Miguel Delibes en su novela *El hereje**, al narrar el entierro de una biencasada que había crecido como esquiladora, "aquella mujer que ahora iban a enterrar constituía un símbolo, puesto que no sólo trabajó con las manos como ellos sino que lo hizo con

---

* Miguel Delibes, *El hereje*, Barcelona, Destino, 1998.

más espíritu y más provecho que los hombres [...]. Era una esquiladora como nosotros, dijo un pastor viejo, con la voz trémula, para quien el trabajo manual borraba el pecado de su condición adinerada".

La seductora y falsa proclamación de un político que va a "hacer un esfuerzo" por añadir determinada cantidad a los presupuestos o por no aumentar la presión fiscal bebe en esos pensamientos de nuestra historia, y quiere contestar a la ideología inconsciente que Delibes siempre supo reflejar con hermosura. Se entendería que un ministro aplicase la expresión "hacer un esfuerzo" a la promesa de que una ley se aprobará antes de las vacaciones de verano (porque probablemente ello implicaría añadir horas de trabajo parlamentario), o al anuncio de que negociará hasta la extenuación con un sindicato, con sesiones de madrugada... Pero el trabajo que se hace con el mero hecho de decidir dista mucho del que valora el pueblo por identificarse con él, y casa poco con la idea de esfuerzo, sobre todo si damos por bueno que en la principal acepción actual prima su aspecto vigoroso... Y así los políticos se hacen perdonar su aparente comodidad en la vida, repleta de bienes confortables como el coche oficial, el conductor privado, la mesa puesta... A cada rato cuentan que harán un esfuerzo presupuestario.

Argentina, Venezuela, Chile, Ecuador, Perú, México... los 21 países hispanohablantes dispondrán de casos peculiares de fascinación o de repulsa por según qué términos, y generalmente tal inclinación estará ligada a su propia historia. En España, por ejemplo, la dictadura de Francisco Franco (1939-1975) dejó inservibles muchos vocablos que en el resto del mundo hispano siguen su camino sin problemas. Así sucede, sin ir más lejos, con el verbo "acaudillar", contaminado por el concepto "caudillo" que se arrogó el general. El lenguaje político prefiere ahora "liderar" (un verbo innecesario que procede del inglés), y también soslaya "comandar" o "capitanear" precisamente por sus connotaciones militares. Los dirigentes disponen todavía de "encabezar", "presidir", "pilotar"... Pero acuden a "liderar" como parte de ese lenguaje especial que se emplea en el Parlamento y en los medios informativos pero no en la vida cotidiana de cualquier ciudadano (un candidato lidera la lista electoral, un ciclista lidera la clasificación general, pero ningún dependiente de la pescadería pregunta en el mercado que quién lidera la cola para comprar el besugo).

En un caso similar (estamos relatando ejemplos en absoluto anecdóticos; pero una relación completa haría excesivamente prolija la exposición), los políticos españoles han ido abandonando la palabra "unidad" cuando se refieren a la patria (incluso han abandonado la palabra "patria") porque ambos conceptos formaban parte de las machaconas frases de los franquistas. Y aún duelen a los nacionalistas catalanes, vascos, gallegos (y a los demócratas en general con igual derecho), las heridas que abrió la dictadura. Por eso un dirigente español huirá del concepto de "unidad" y empleará en su lugar, como palabra de seducción incluso para los nacionalistas, el concepto "cohesión". Máxime cuando se trata de una palabra que forma parte del vocabulario de la integración europea.

De su lado, la izquierda política ha arrinconado expresiones como "lucha de clases", "dictadura del proletariado", "la oligarquía", "la burguesía", "el pensamiento pequeño-burgués", "la redistribución de la riqueza"... Y las ha sustituido por "la lucha sindical", "el colectivismo", "el poder económico", "los agentes sociales", "la clase media" o la "progresividad fiscal"... También ha sustituido "camarada" por "compañero".

Los profesionales de la política saben, con Valle-Inclán, que "el pensamiento toma su forma en las palabras como el agua en la vasija", y que, por tanto, la forma de la vasija condiciona el pensamiento. En lo que coincide José Antonio Marina: "Las palabras no son representantes de las cosas. Son afirmaciones que se refieren a las cosas". Las palabras entonces definen, enmarcan, profundizan, designan. Son.

"Interpretamos las palabras sin darnos cuenta de que estamos interpretándolas", añade el ensayista español en *La selva del lenguaje**. He ahí el gran poder. Por eso se refugian tantos mensajes en el eufemismo, porque la ocultación de la realidad mediante la palabra suplantadora obtiene réditos magníficos**.

---

* José Antonio Marina, *op. cit.*
** He abordado el problema de los eufemismos en diversas obras: *Informe sobre economía*, capítulo "El lenguaje económico", Madrid, Agrupación de Periodistas de Información Económica, Banco Santander, 1985; "Los escondites del lenguaje", en *El País*, 1988; en "Los hallazgos del lenguaje económico", en *Deusto Business Review*, nº 53, 1/93; en *El estilo del periodista* y en *Defensa apasionada del idioma español, op. cit.* (y de viva voz en muchas conferencias). En esos casos me limité a denunciar expresiones concretas, ordenadas según su origen: político, militar, económico... Busco ahora en estos párrafos y en los precedentes una mayor profundidad sobre los mecanismos de seducción que se utilizan para formar un eufemismo y los efectos que logran.

Esos casos de suplantación se han extendido incluso a una expresión que en otro tiempo se consideraba positiva: "mayoría absoluta". Un partido podía presumir de ella, mostrarse orgulloso del apoyo que le habían proporcionado los electores. Sin embargo, el ejercicio de esa mayoría absoluta por el Partido Socialista acabó por condenarla. La derecha criticó el "rodillo" del PSOE, que no atendía a crítica alguna y nombraba un fiscal general que no cumplía los requisitos legales, se apropiaba del Consejo General del Poder Judicial o controlaba desde su fuente de riqueza parlamentaria las más diversas instituciones estatales independientes; y la oposición censuró la propia fórmula "mayoría absoluta". Por eso José María Aznar se refería el 2 de abril de 2000, una vez ganadas las elecciones obteniendo con holgura la mitad más uno de los diputados, a su satisfacción por haber logrado una "mayoría suficiente", fórmula que en otras ocasiones sustituiría por "mayoría estable". Lo cual no impidió que se reprodujeran en sus filas similares mecanismos de acaparamiento.

Los terroristas, que siempre renunciaron a los nombres de sus actos, conocen también estos recursos del lenguaje: asesinatos (prefieren "ejecuciones"), secuestrados, rehenes (los llaman "prisioneros"), atentados (durante mucho tiempo se dijo "acciones"), extorsiones y chantajes ("impuesto revolucionario"), presos ("prisioneros"), guarida ("cárcel del pueblo"), fugitivos, prófugos (difundieron la fórmula "refugiados vascos"), reinsertado, reinserto ("traidor", "arrepentido"), terrorista (*gudari*, que en vascuence significa "soldado"; o "activista"). También llaman "lucha callejera" (*kale borroka* en vascuence; de nuevo la palabra "lucha" como clave de seducción) al vandalismo que consiste en derribar papeleras y farolas y volcar coches y cubos de basura, objetos todos ellos que ofrecen escasa violencia de respuesta en semejante combate y que, por tanto, luchan muy poco. Una lucha muy desigual esta *kale borroka*.

Y se llaman a sí mismos *abertzales*, una palabra que se traduce al castellano como "nacionalistas" o "independentistas", pero que en realidad significa en euskera o vascuence "patriotas": los únicos patriotas posibles de una patria ideal, porque se supone que sólo pueden ser patriotas y amar a su patria aquellos que la identifican con el proyecto nacionalista, los *völkische* del nazismo.

Los periodistas colombianos han elaborado un manual sobre los términos aplicables a la guerrilla y al terrorismo, en cuyo texto se dice: "prisioneros de guerra: no es aplicable este concepto del derecho internacional a las personas secuestradas por la guerrilla, como tampoco a los guerrilleros capturados por el Ejército regular". "Refugiado: quien por motivos de raza, religión, nacionalidad, pertenencia a un determinado grupo social o político, se encuentre fuera de su país natal y no pueda acogerse a su protección o no quiera regresar a él"*.

---

* *Manual para des-cubrir la guerra y la paz*. Serie "Periodismo, paz y guerra en Colombia". Texto dirigido por la periodista María Teresa Ronderos y promovido por la Conferencia Episcopal de Alemania, la Pontificia Universidad Javeriana, la Fundación para un Nuevo Periodismo Iberoamericano (auspiciada por Gabriel García Márquez y dirigida por Jaime Abello Banfi), la Embajada de Alemania en Bogotá y la Fundación Friedrich Ebert de Colombia (Fescol), Bogotá, 1999.

En los últimos años, los estragos cometidos por los alevines de ETA se han llamado en España "terrorismo de baja intensidad". Las palabras, pues, juzgaban a la baja ese tipo de acciones que amedrentaban a los ciudadanos pacíficos y amargaban la vida a la gente. Es terrorismo, sí, pero no muy intenso. La fórmula "de baja intensidad" mitiga los efectos reales. Pero no se trata de un problema de intensidad, sino de un problema cualitativo. ¿Un asesinato al mes de un solo disparo tendría más intensidad que los destrozos diarios en coches, farolas, comercios y viviendas? ¿Si ETA intensifica sus asesinatos hasta cometer uno a la semana, eso representaría una intensidad mayor que un mes entero de apropiación de las calles de una ciudad mediante la violencia? Hablamos, pues, de gravedades esencialmente distintas, independientes de su intensidad y de la reiteración con que se produzcan.

Esos "desperfectos" (destrozos) en el mobiliario urbano los cometen "radicales vascos" (gamberros, saboteadores, asaltantes, destrozadores…), en lo que constituye una manipulación más del pensamiento. "Radical" tiene una amplia historia en el idioma español (aunque en el diccionario del siglo XVIII sólo figurase su significado etimológico: relativo a la raíz), y antes de la guerra civil hubo en España un Partido Radical (como lo hay en Italia)… El diccionario actual explica que el radical es el "partidario de reformas extremas especialmente en sentido democrático" (sin connotación peyorativa alguna), y en su cuarta acepción añade la posibilidad de que un radical sea alguien "extremoso, tajante, intransigente", en valores adjetivos que sí tienen ya una carga de censura.

Pero, en cualquier caso, jamás se ha relacionado la palabra "radical" con la violencia. Hoy en día, ese término resulta indulgente para con los ultraderechistas que animan a un equipo por el procedimiento de denigrar al contrario y agredirle física o verbalmente (los "radicales azulgrana", "los radicales madridistas") y absuelve, en la mente seducida de los desavisados, a los vascos violentos que dedican la jornada laboral a causar daños morales y materiales a sus vecinos. Y a despertar su indignada impotencia*.

La suplantación de palabras en el mundo del terrorismo se ha producido también en Colombia, donde "vacuna" equivale a "impuesto revolucionario"; "retención" ocupa el lugar del secuestro; y el asesinato se oculta en favor de "ejecución arbitraria" o "ejecución extralegal". Los equivalentes de "homicidio" o de "asesinar" son variados también: "quebrar", "bajar", "dar de baja", "quemar", "acostar", "cargar", "tostar", "borrar", "llevar", "lamer" o "lamber". En Colombia se perpetran 26.000 homicidios por año, 70 por cada 100.000 habitantes, tasa cuatro veces mayor al promedio latinoamericano, 16 veces mayor al de Europa y 60 veces al de Asia. En 1997 hubo 1.750 casos de asesinato político. En 1998, 194 matanzas, con 1.231 muertos.

---

* En el diario *El Nacional*, de Caracas, encontré este subtítulo el 1 de febrero de 1998: "Miles de manifestantes con sus manos pintadas de blanco repudiaron al radicalismo vasco". La crónica de la agencia France Presse no contenía esa palabra, que, sin embargo, alguien escribió en los titulares. Como se ve, el virus se extiende.

Cabe entender que la psicología general quiera defenderse de tanta sangre y evite llamar a las cosas por su nombre.

La organización asesina ETA y sus simpatizantes han arruinado la felicidad de millones de españoles, y especialmente de sus miles de víctimas. Y, sin embargo, no parecen abundar los estudios sobre su lenguaje, que sigue técnicas muy similares a las de otros grupos violentos y fascistas (como hemos analizado en el caso de "cárcel del pueblo"). ETA ha desplegado en España todo un arsenal de palabras seductoras, a menudo para apropiarse del lenguaje castrense: comandos, prisioneros, ataques, ocupación militar, objetivos militares... Y lo más grave: la palabra "tregua". Otra expresión que juzga por sí misma la realidad.

La palabra "tregua" (puesta en circulación por todos los periodistas y todos los políticos españoles para referirse a la decisión de los terroristas de establecer un alto el fuego y suspender sus asesinatos, adoptada en 1998), merece una reflexión de mayor detenimiento*. Esta voz tiene miles de años de existencia. La tomó el idioma castellano del lenguaje que trasladaron los godos en su invasión de la Península. ("Invasión" hemos escrito, porque la vemos desde el territorio invadido. "Migración

---

* Critiqué su uso en el contexto del terrorismo español en *El estilo del periodista*, *op. cit.*, y amplié mis argumentos en el artículo "Contra la palabra tregua", publicado en las páginas de Opinión de *El País* el 2 de junio de 1999.

de los pueblos", *Völkerwanderung*, escribiría un historiador germánico)*.

Los godos pronunciaban *triggwa*, y el término se enmarcaba en su completo vocabulario guerrero, del que nos dejaron tantas expresiones. Son palabras góticas "bandera", "espía", "heraldo", "espuela", "feudo", "burgo", "esgrimir", "blandir", "dardo", "brida", "yelmo"... "Para la mayoría de esos conceptos, comenzando por el de guerra, existían en latín palabras perfectamente adecuadas", escribe Antonio Alatorre. Pero "algo había en los usos bélicos de los germanos que hirió la imaginación de los pueblos románicos hasta el grado de hacerles adoptar todas esas expresiones bárbaras". En efecto, *triggwa* contenía entre sus sílabas y su semantema el equivalente de "acuerdo". Porque eso significaba en el idioma de los godos. Los españoles de entonces que hablaban la lengua romance tomaron el concepto gótico del acuerdo, y también su vocablo, para referirlo a la guerra: la tregua era el acuerdo durante la guerra, el pacto que permitía a dos ejércitos dejar de atacarse; y apenas han sufrido variación alguna el concepto y su expresión durante los últimos siglos. Tal sentido pervive en nuestro diccionario y en nuestro pensamiento igual que en el primer lexicón de la Academia: "cesación de hostilidades, por determinado tiempo, entre los enemigos que tienen rota o pendiente una guerra".

* Antonio Alatorre, *Los 2.001 años de la lengua española*, México, Fondo de Cultura Económica, 1995.

Ésa es la significación profunda de la palabra, la que tenemos aprehendida en nuestro pensamiento porque así la han sentido centenares de generaciones que hablaban nuestro idioma. De la palabra "tregua" forman parte inseparable los conceptos "acuerdo", "ejércitos" y "guerra", como del concepto "acordes" emergen "música", "orquesta" y "afinación", como tantas palabras evocan un mundo interior muchísimo más amplio que su mero enunciado en el diccionario*.

Con la voz "tregua" aplicada al alto el fuego de ETA se puede apreciar con mucha claridad la manipulación de la palabra, encaminada interesadamente por muchos (a menudo incluso ajenos al fenómeno terrorista) a la seducción del público. Porque en el caso del terrorismo de ETA no estamos ante dos ejércitos que luchan de

---

* El *Manual para des-cubrir la guerra y la paz* editado por los profesionales del periodismo colombiano, define así este vocablo: "Tregua: suspensión del uso de las armas o cesación de hostilidades pactada por las partes en conflicto por un tiempo determinado". En Colombia, en efecto, se han producido varias "treguas". En 1986, el acuerdo consistió en prolongar el alto el fuego de marzo de 1984 pactado por el gobierno de Belisario Betancur y las FARC (Fuerzas Armadas Revolucionarias de Colombia). En esa ocasión, el gobierno se comprometió a otorgar a la Unión Patriótica (nueva denominación y nueva esencia de las FARC) y a sus dirigentes plenas garantías y seguridades para el ejercicio de la política, y a amparar el proceso de incorporación de los miembros de las FARC a esa actividad. Por su parte, las FARC reiteraron su condena del terrorismo, el narcotráfico, la tortura, el reclutamiento de adeptos con fines militares y el uso de uniformes y armas… entre otros puntos.

igual a igual, ni siquiera ante dos ejércitos que se hallaban en guerra; ni siquiera de un solo ejército sublevado (ETA simula serlo, se apropia del lenguaje castrense como hemos visto; pero no se correspondió nunca con un concepto de Fuerzas Armadas por mucho que emplease la fuerza de las armas). Y tampoco estamos ante una guerra, en la que dos contendientes se atacan por igual. En la acción terrorista de ETA, unos disparan y otros mueren; unos se hallan en el lado de la violencia ilegítima y los otros (que contaban con la legítima violencia) aplican las leyes a los detenidos. A un lado estaban los pistoleros; y al otro, la policía, el ejército constitucional, la justicia democrática. Unos ponían las balas y otros los muertos.

Es cierto que, durante unos años, algunos elementos indeseables emboscados en el Ministerio del Interior formaron una banda "contraterrorista" (es decir, igualmente terrorista) que asesinó a miembros de ETA y a otras personas a las que confundieron con etarras. Participaron en ella políticos del PSOE y policías, según han sentenciado los tribunales en sus condenas a algunos de estos iluminados salvadores de la patria. Uno de los errores de esa banda denominada Grupos Antiterroristas de Liberación (al margen del supremo error que consiste en arrogarse la decisión sobre la vida de otro) vino precisamente del hecho de que sus atentados daban pábulo a la paranoica obsesión de ETA por encontrar un enemigo, un ejército que se le opusiera, un igual en la batalla, para legitimar la supuesta declaración de guerra. Pero nunca hubo tal enemigo. Y cuando los atentados de los GAL terminaron, ETA continuó como si aún persistieran (ayudada por algunos periódicos ligados a la oposición contra el PSOE, que estiraban innecesariamente el recuerdo político del "terrorismo de Estado" mientras por otro lado ayudaban hipócritamente con promesas de indulto a sus autores). ETA buscó siempre equipararse con sus víctimas, en una maniobra cruel y descarada, y los GAL le dieron una buena disculpa. Pero falsa como un pretexto. No había dos ejércitos en guerra.

También resulta sobrecogedor el concepto subliminal de "acuerdo" que se esconde en la palabra "tregua". Porque nunca se produjo esa situación. Al contrario: que ETA dejara los asesinatos constituía la condición imprescindible antes de sentarse a dialogar. Para que se produzca un "acuerdo" en este caso hacen falta, pues, dos partes. Y el alto el fuego previo. Es decir: el acuerdo llegaría después de que parasen las armas. No antes.

Esta presencia profunda del concepto "acuerdo" en la palabra "tregua" ha tenido sus consecuencias. Así, cuando en marzo de 1999 se produjeron varias detenciones de etarras en plena *tregua*, el dirigente del PNV (Partido Nacionalista Vasco) Iñaki Anasagasti declaró que esas actuaciones policiales no le parecían muy oportunas, pues "colocan el proceso de paz en una situación delicada". El gobierno, según se deducía de las palabras de Anasagasti, había atacado por su cuenta en plena paz, sin consultar con la otra parte. Había roto, pues, la tregua. Una tregua que precisamente jamás había declarado. Joseba Egibar, asimismo dirigente nacionalista vasco, explicó a su vez que las detenciones no favorecían ese proceso. También escuché cómo algunos amigos y compañeros míos criticaban al gobierno por haber permitido esas detenciones (detenciones de personas que estaban perseguidas por la justicia); por haber roto la tregua. En octubre de 1999, el consejero vasco de Interior, Javier Balza, pidió al gobierno de José María Aznar que compensase a la banda terrorista por la detención, unos días antes, de Belén González Peñalva, miembro de ETA. Dos días después, el presidente del PNV de Navarra, José Antonio Urbiola, propuso públicamente que la justicia penal española no actuase durante la "tregua". Y son todos ellos unos *pensamientos* que guardan una relación directa con el uso de esa palabra.

También algunos hechos dan que pensar sobre el efecto del vocablo seductor: la Ertzaintza (policía autonómica vasca) detuvo en 1997 a 75 personas acusadas de terrorismo callejero, pero en 1999 (coincidiendo con el alto el fuego) el número de detenidos se quedó en 7. Igualmente, la policía que depende del gobierno vasco desbarató durante la "tregua" varias investigaciones de la Guardia Civil (cuerpo de seguridad que depende del Estado): patrullas de la Ertzaintza sorprendieron a los guardias mientras hacían labores de vigilancia y les obligaron a identificarse, lo cual les dejaba al descubierto y daba al traste con la operación*.

Tal parece que la circunstancia de la paz provisional obliga a suspender el Estado de derecho, y que la promesa de no matar deja a alguien impune de cuanto ha matado. Y en efecto, eso puede ocurrir tras una guerra de igual a igual, en una tregua auténtica; después de que

---

* Pablo Ordaz, *El País*, 21 de mayo de 2000.

los soldados hayan combatido honrosamente por sus ideales o por sus miedos. Pero no era ése el caso. Tan unilateral era la tregua (y, por tanto, tan inexacta la palabra) como unilaterales fueron las bombas (y, por tanto, tan inexacto aquí el concepto "guerra" que subyace también en la herencia de los godos).

ETA no decidió una tregua, sino un alto el fuego*. Nada más; y nada menos. Nadie debería pensar que se produjo una tregua, porque entonces a partir de la paz definitiva todos podrían asumir que se ha producido un armisticio ("suspensión de hostilidades pactada entre dos pueblos o ejércitos beligerantes").

Atención, pues, a esa palabra tregua si vuelve a aparecer (ETA interrumpió su alto el fuego, de más de un año, el 21 de enero de 2000, con el asesinato del teniente coronel Pedro Blanco en Madrid). Porque igual que en "odorosa" intuimos "odorem de rosa" sin saberlo; igual que "soltero" nos evoca "solitario", igual que "angosto" nos recuerda "angustia", así como relacionamos inconscientemente los cromosomas de "estricto" y "estrecho", "tormenta" y "tormento", "lidiar" y "litigar", "parlamento" y "hablar", "oreja" y "auricular", "auscultar" y "escuchar", "caldo" y "cálido", "capitán" y "cabeza" y "capítulo"... así como identificamos también los cromosomas comunes de "fruto" y "disfrutar"... así

---

* De hecho, ésa es la expresión que figura en su comunicado original, "alto el fuego", puesto que la palabra "tregua" no existe en el idioma euskera o vascuence. Pero la traducción interesada fue otra.

tomamos los genes y la historia de "tregua" para creer que se trata de un acuerdo, de dos bandos enfrentados con la gallardía de los guerreros, de igual a igual, con las mismas armas... Pero no. Sabemos que no sucede así. No hablemos, pues, de tregua, sino de alto el fuego. Y, por qué no, de perdones, de indultos, de paz, de reinserción... Pero no de tregua, porque en el momento mismo en que pronunciamos esa palabra estamos siendo manipulados en lo más profundo de nuestro pensamiento, sin darnos cuenta. Hemos de ser conscientes siempre de que las palabras, como las escopetas, también puede cargarlas el diablo. Los juicios intrínsecos que emiten los vocablos tienen a veces la fuerza de la munición.

El lenguaje alambicado, vacío..., las palabras huecas de los políticos democráticos se repiten en el discurso de los terroristas y quienes los defienden. Lejos de aportar un lenguaje rupturista que se diferencie del que emplean los dirigentes españoles y acorde con las supuestas ideas revolucionarias, un lenguaje claro y popular, dirigido a las gentes sencillas, los portavoces de ETA (es decir, el partido político legal Herri Batasuna) caen en todas las rémoras léxicas de aquellos a quienes tanto critican, y construyen un discurso distante, falso en su pureza lingüística... pero con nítida dirección seductora. Vuelven a brillar ahí las palabras grandes, los mecanismos de la suplantación, la sufijación...

El 29 de noviembre de 1999, ETA anunciaba la interrupción de su alto el fuego. Herri Batasuna (adoptando en ese caso tal nombre, sustituido en otras épocas por

Euskal Herritarrok) formularía enseguida una declaración institucional, la explicación de sus posiciones después de tan importante noticia. Quiero traer aquí la textualidad de las palabras pronunciadas entonces por Arnaldo Otegi porque se trata de un escrito muy meditado, construido para la ocasión, en absoluto fruto de un impulso. Sus autores buscaron con tiento los vocablos, hurgaron en sus significados, los vaciaron de contenido para llenarlos luego de semántica prestada, escogieron sus propias maniobras de seducción. Una alteración que ha demostrado tener sus efectos, puesto que Herri Batasuna, grupo político que justifica el asesinato en un país democrático, cuenta con el apoyo de unos 300.000 conciudadanos seducidos, mantiene representación en el Parlamento vasco, en casi todos los Ayuntamientos, en las diputaciones forales, en las juntas generales... y también alcanzó a enviar diputados al Congreso español... Todo ello para defender un futuro Estado vasco dividido ahora entre España y Francia. (Pero, curiosamente, el terrorismo sólo lo sufre España, el lugar donde mejor pueden ETA y Herri Batasuna defender sus ideas con libertad, y donde disponen de instituciones vascas propias).

Invito al lector a desentrañar conmigo las manipulaciones del pensamiento escondidas en estos párrafos:

Decía así Arnaldo Otegi:

"En primer lugar, seguir manifestando que el proceso democrático nacional abierto sigue vigente y que Herri Batasuna manifiesta su más absoluto compromiso en todos sus términos con el proceso democrático nacional abierto, siendo además consciente de que sólo el desarrollo sostenido y coherente de este proceso democrático nacional abierto puede concluir con el nacimiento o con el alumbramiento de un escenario de democracia y de paz para el conjunto de Euskal Herria, que sigue siendo nuestro principal objetivo político.

En segundo lugar, Herri Batasuna vuelve a manifestar que el proceso democrático abierto ha tenido enormes resultados positivos, y en ese sentido para nosotros recalcar [*sic*] como primer resultado fundamental la creación de una institución nacional para todos los vascos y las vascas como el Udalbiltza, en primer lugar, la declaración de Lizarra-Garasi, que sigue hoy más vigente que nunca en el sentido de que lo que plantea es la superación del conflicto político en términos escrupulosamente democráticos, la defensa del conjunto de represaliados políticos vascos y la defensa y el trabajo en común que hemos desarrollado y vamos a seguir desarrollando en los aspectos y áreas que consideramos estratégicas para la construcción de la sociedad vasca en todos sus ámbitos.

Todos estos resultados son activos de este proceso y sólo desde su desarrollo coherente y sostenido podremos alcanzar un escenario de libertad de democracia y de paz para este país. Y en ese trabajo vamos a seguir redoblando nuestros esfuerzos.

En tercer lugar, siendo conscientes de que ha habido enormes elementos positivos en el proceso, tampoco podemos ocultar que han existido lagunas indudables en este proceso, fundamentalmente en los últimos meses. Herri Batasuna y su Mesa Nacional no quieren entrar al juego del reparto de responsabilidades, porque todos tenemos responsabilidades en lo bueno y en lo malo, y en todo caso sí que queremos resaltar que creemos que es de justicia observar que fundamentalmente en los últimos meses las fuerzas nacionalistas como Partido Nacionalista Vasco o Eusko Alkartasuna que estaban comprometidas en el desarrollo coherente de este proceso han mantenido una tendencia innegable a la falta de valentía política, al lenguaje calculado, al doble lenguaje, a la falta de determinación política y a la falta de valentía política para públicamente ofertar cuál es el modelo de definición de este proceso político. Y, por lo tanto, eso se ha convertido en un factor que, con voluntad o sin voluntad, ha pretendido desnaturalizar las condiciones de inicio y de finalización del proceso político.

En cuarto lugar, y haciendo ejercicio nuevamente de la responsabilidad política que atañe a Herri Batasuna, Herri Batasuna vuelve a manifestar la vigencia del proceso democrático nacional y su indudable compromiso en el desarrollo sostenido y coherente de este proceso. En ese sentido, la Mesa Nacional de Herri Batasuna ha tomado dos decisiones. La primera, que Herri Batasuna mantiene intactos y vigentes todos sus compromisos sociales, políticos e institucionales. Y en segundo lugar, que constatando que la falta de definición de este proceso es uno de sus obstáculos más importantes, Herri Batasuna dará a conocer a la opinión pública vasca en próximas fechas cuál es el modelo de finalización de definición del proceso que plantea.

Por último, y en último lugar [*sic*], Herri Batasuna, su Mesa Nacional, quiere mostrar públicamente delante de la sociedad vasca, la sociedad española, francesa, y delante de la comunidad internacional, su más absoluto desprecio político por las actitudes mantenidas tanto por los partidos políticos como por algunos agentes mediáticos, teniendo en cuenta evidentemente que ésa es una crítica que no hacemos extendible [*sic*] a los trabajadores de esos medios.

Creemos que tanto el Partido Socialista, la Unión del Pueblo Navarro, el Partido Popular [...] han actuado con absoluta irresponsabilidad política, no han planteado otra estrategia que no fuera la estrategia de la guerra y de la provocación y se han mantenido inamovibles en una batalla contra la democracia, contra la razón y contra el sentido común, y, por lo tanto, no valen ahora excusas ni adjudicación de responsabilidades a otros. Las responsabilidades estarán ciertamente repartidas, pero nosotros volvemos a reiterar que la permanente incapacidad de estos agentes políticos y mediáticos por hacer un elemental ejercicio de democracia política y por entender que el futuro de los vascos sólo depende de la voluntad de los vascos nos merece nuestro más absoluto desprecio político.

Y en último lugar, queremos volver a reafirmar delante de la sociedad vasca que seguimos pensando, insistiendo, que este país tiene suficientes energías económicas, sociales, culturales y políticas para desarrollar con coherencia este proceso hasta el final y por alumbrar un escenario de democracia, paz y soberanía para los vascos y las vascas. Ambos Estados y las fuerzas políticas y mediáticas que sostienen sus estrategias saben que tienen la batalla perdida, que es cuestión de tiempo, y que los vascos y las vascas de Araba, Nafarroa, Bizkaya, Gipuskoa, Lapurdi y Zuberoa vamos a decidir nuestro futuro libre y democráticamente, porque nos asiste el derecho, nos asiste la razón y nos asiste fundamentalmente una batalla a favor de la inteligencia y la razón frente a una batalla fascista, de imposición y de no entender que la Europa del siglo XXI se va a construir desde la voluntad de los pueblos y no desde los intereses mezquinos de políticos profesionales que por encima de las víctimas y por encima del sufrimiento ponen encima de la mesa sus mezquinos intereses".

[A continuación, interviene otro dirigente de Herri Batasuna]:

"Como comentaba Arnaldo, nosotros creemos que es importante subrayar en estos momentos que no es ahora momento, no valen ahora los rasgamentos [*sic*] de vestiduras, los llamamientos a rehacer ese famoso bloque de los demócratas, constatamos que hoy en día el llamamiento que se está haciendo es un llamamiento de guerra, un llamamiento de imposición, un llamamiento que desde luego la sociedad vasca debe tomar en consideración y en sus parámetros claramente, y por lo tanto somos conscientes de que es momento también de ofrecer a esta sociedad vasca posibilidades de movilización, de seguir apostando por el proceso democrático de este país y que por lo tanto Herri Batasuna en estos momentos considera que, lejos de ningún truncamiento del proceso existente y abierto, hay que redoblar esos esfuerzos y profundizar en la apuesta política que todos y todas tenemos responsabilidad de realizar. En ese sentido, Herri Batasuna, y como primera iniciativa que permita la movilización de la sociedad vasca, ha decidido recaracterizar el diseño movilizador que tenía para el día 6 de diciembre y convocar una manifestación nacional para este próximo sábado en Bilbao, a las cinco y media de la tarde, bajo el lema *Euskal Herria eraikiz - Prozesu demokratikoaren alde*. Nos parece muy importante hacer un llamamiento a todas las fuerzas políticas, sindicales, sociales, a todas las personas que formamos la sociedad de este país para seguir apostando por el proceso democrático y para participar también en este diseño movilizador para el próximo sábado en Bilbao, como he dicho, a las cinco y media de la tarde".

En estos escasos minutos de comunicación pública están contenidas todas las seducciones de las palabras en el lenguaje político.

Están las palabras grandilocuentes y, sin embargo, vacías (ésas que luego los votantes llenan a su antojo sin apercibirse de la trampa): "...alumbrar un escenario de democracia, paz y soberanía para los vascos y las vascas", "la Europa del siglo XXI se va a construir desde la voluntad de los pueblos" (con ese "desde" absurdo tan del gusto del político "profesional"), "el desarrollo sostenido y coherente", el "alumbramiento de un escenario de democracia y de paz", "decidir nuestro futuro libre y democráticamente"...

Y están también los tecnicismos que contribuyen a transmitir fiabilidad a lo que se cuenta, como en "aspectos y áreas estratégicas para la construcción de la sociedad vasca en todos sus ámbitos", los resultados que "son activos de este proceso" y que permiten un "desarrollo coherente y sostenido", así como "ofertar cuál es el modelo de definición de este proceso político", mediante "un llamamiento que desde luego la sociedad vasca debe tomar en consideración y en sus parámetros claramente".

Y no faltan la fuerza y el engaño de los prefijos y los sufijos: "re-doblando nuestros esfuerzos" (cómo no, la palabra "esfuerzo" también), la "re-caracterización" de una convocatoria, la denuncia de que se ha pretendido "des-naturalizar" el proceso político "en su inicio y en su finalización" (palabra ésta larga y alargada que sustituye ampulosamente a la más sencilla que habría empleado cualquier persona que se refiriese en su vida apacible al principio y al final que tienen las cosas). Incluso encontramos frases que incluyen amontonados diversos recursos de los "políticos profesionales", pero en este caso con propósitos menos perdonables: "Herri Batasuna dará a conocer a la opinión pública vasca en próximas fechas cuál es el modelo de finalización de definición del proceso que plantea".

No sabemos qué significa aquí realmente "proceso"; ignoramos la mayoría de los contenidos; desconocemos el sentido de casi todas las frases. Leída esa intervención tiempo después de haberse promulgado, el discurso resulta irreconocible. Las palabras están tan huecas que no sabemos cómo llenarlas. "Proceso democrático nacional", "desarrollo sostenido y coherente de ese proceso", "hay que tomar en sus parámetros"…

Las palabras se vacían de su contenido tradicional, y se llenan de otros significados, como se vació la palabra "democracia" en el nombre de la ya extinta República Democrática Alemana (RDA), como se manipuló tal vocablo en aquella "democracia orgánica" del franquismo.

Las suplantaciones resultan evidentes en esos párrafos de Otegi, hasta el punto de que todas ellas logran construir una realidad irreal. No sólo porque se llame cándidamente "represaliados políticos vascos" a los presos condenados por asesinos, no sólo porque se endose la "estrategia de la guerra" precisamente a la parte que no dispara ni pone bombas, sino porque las palabras, también aquí, juzgan. Porque así como la expresión "las comunidades históricas" quita tal valor a las demás y las convierte en no-históricas, así el anhelo de "un escenario de democracia y de paz" usurpa esos términos a la realidad real, donde la gente vive una paz democrática sin anhelar ningún Nuevo Orden. Y así el protagonismo de Herri Batasuna al "ofrecer a esta sociedad vasca posibilidades de movilización" crea un mundo falso en el cual la sociedad vasca no podría movilizarse sin ayuda de Herri Batasuna para seguir "apostando por el proceso democrático de este país", un proceso democrático que, vaciadas ya de contenido las palabras, no consiste en que la gente vote y tenga libertades, en que participe cada vez más de la sociedad en la que vive, que tal cosa es un proceso democrático, sino en un proceso antidemocrático que se supone debe conducir a una independencia que nadie ha votado y que nadie ha querido plantear realmente (aun siendo partidarios de ello algunos) por no contar con los apoyos democráticos suficientes (especialmente en Álava y Navarra).

No sólo eso, sino que sostiene Otegi que "los vascos y las vascas de Araba, Nafarroa, Bizkaya, Gipuskoa, Lapurdi y Zuberoa" van a decidir su futuro "libre y democráticamente" porque "ambos Estados" (España y Francia) "tienen la batalla perdida", planteando así la realidad irreal de que en estos momentos los vascos y las vascas no están decidiendo su futuro libre y democráticamente cuantas veces han sido convocados a las urnas: para elegir a los diputados que elaboraron la Constitución española, para votarla después, para aprobar su estatuto de autonomía en el marco constitucional y para designar ininterrumpidamente a sus concejales, diputados forales o junteros, y a los parlamentarios autonómicos de los que democráticamente sale el gobierno vasco. Todo ello en la zona española del pretendido Estado de Euskal Herria, puesto que en Francia los hechos se desarrollan de otro modo, igualmente democrático pero menos favorable a las ideas independentistas (y, no obstante, sin atentados)*. El lenguaje fascista que ya acuñaron los nazis, el falseamiento de la realidad mediante las palabras, reaparece aquí en estos nuevos salvadores: "Nos asiste el derecho, nos asiste la razón y nos asiste fundamentalmente una batalla a favor de la inteligencia y la razón frente a una batalla fascista". Crueles juegos de palabras, puesto que el fascismo no está precisamente

---

* No se propone aquí que se perpetren atentados en Francia y no en España, por supuesto. Trato simplemente de expresar la contradicción entre las mejores condiciones para el nacionalismo en España y el hecho de que los atentados se den precisamente en ella.

entre los contradictores de ETA, ni la razón de Herri Batasuna parece muy contundente a la vista de que sólo puede imponerse con las pistolas.

LOS TRANSMISORES POSEÍDOS

El recorrido que nos ha traído hasta aquí en este capítulo muestra con claridad que existe un lenguaje del poder, y que sus articulaciones llegan nítidas hasta los ciudadanos. El poder del dinero, de la política, del terrorismo, el poder en general, todo aquello que ejerce alguna suerte de fuerza, logra que su discurso cale y que la seducción se produzca. Para ello cuenta con unos transmisores dóciles: los periodistas y su general preparación escasa en materia de lenguaje. La prensa y los medios audiovisuales se han convertido en reproductores acríticos de cuanto el poder desea difundir mediante la manipulación de las palabras. Porque han terminado asumiendo como propios los términos más envenenados.

La cúpula de la sociedad —el poder— tiene además un sentido de propiedad sobre ese lenguaje abstruso que suele emplear, llegado el caso de que se le reproche algo. El 10 de agosto de 1999, la ministra española de Justicia, Margarita Mariscal de Gante, defendió al fiscal Pedro Rubira (atacado a su vez por haber solicitado la libertad de Augusto Pinochet en el proceso que se seguía en España al ex dictador chileno, entonces detenido en Londres) arguyendo que toda la sociedad debe hacer un esfuerzo por entender a los fiscales, que usan un lenguaje jurídico complicado y propio. Según la ministra, en realidad todo se basaba en un malentendido. Y ése es precisamente el truco: en el momento en que se emplea un lenguaje no comunicativo (como el de los fiscales, los magistrados, los funcionarios, los políticos) siempre quedará la escapatoria, en caso de crítica, de que el vulgo no ha entendido bien el mensaje. Margarita Mariscal de Gante pedía un esfuerzo a la sociedad (y especialmente a los periodistas) por entender a los fiscales. Sin caer en la cuenta de que el sentido común aconseja precisamente lo contrario: que sean los fiscales quienes hagan el esfuerzo por expresarse de una manera inteligible. ¿Para quiénes escriben, pues, sino para los ciudadanos que les pagan? A los fiscales les ocurre a menudo como a ese trabajador al que aludíamos más arriba: no hace los informes para el cliente, sino para su jefe. ¿Cómo pueden dirigirse los fiscales a un jurado popular de una vista oral si mantienen ese lenguaje? ¿Cómo resultará del agrado de un cliente el informe que se ha llenado de la jerga propia de la empresa que lo redacta? Los dueños de las palabras no son los rábulas y leguleyos que escriben autos y demandas, sino los ciudadanos que aspiran a que se imparta justicia.

Los periodistas, sin embargo, suelen caer en la seducción de esos vocablos, como los consumidores de productos de belleza caen en la fascinación de la "fórmula lipo-activa". Los políticos se contagian de los funcionarios, y los periodistas de los políticos. También por una cierta voluntad de integración en el ambiente ajeno, por ese deseo de expresar inconscientemente "yo soy como tú" y, por tanto, "puedes confiar en mí y contarme noticias y hacerme declaraciones". Y así como los altos cargos del ministerio asumen el lenguaje de la Administración porque desean acercarse a los funcionarios, los periodistas rebotan a su vez las mismas palabras porque desean acercarse a los políticos. El problema es si eso no los distanciará del público. Porque los periodistas, igualmente, escriben a menudo para sus jefes y para sus fuentes, y se olvidan de los lectores. Quedan poseídos por el poder de las palabras y por las palabras del poder.

El diario *El Tiempo*, de Bogotá, mimetizaba así el 17 de noviembre de 1998 el vocabulario político en una información que podía haber resultado interesante: "El sistema de Información sobre Desplazamiento Forzado y Derechos Humanos [Sisdes] diseñó una metodología para hacer el seguimiento de las consecuencias de ese fenómeno en Colombia y prevenir acciones violentas que afecten a la población civil".

Se puede ver ahí la seducción que ha operado en el periodista la verborrea política. Porque el lenguaje común habría elegido sin duda "diseñó un método" en vez de "diseñó una metodología", "seguir" en vez de "hacer un seguimiento", y "atentados" o "ataques" en lugar de "acciones violentas".

Esta tendencia a la seducción de los periodistas por el lenguaje de los poderosos y los funcionarios se halla muy extendida en todos los países que hablan español, porque en nuestro idioma las fronteras siempre tuvieron tenues dibujos, de borroso trazado, por más que las aduanas y las demarcaciones políticas inventaran unas lindes que cada vez parecen más artificiales. En el idioma, los fenómenos que observamos con mayor claridad se producen de manera masiva, a los dos lados del Atlántico y por todo el espacio hispanoamericano.

Tomo ahora el ejemplo del diario *El Comercio*, de Lima. La noticia informa, el 5 de mayo de 1998, de una propuesta encaminada a crear un Sistema Nacional de Seguridad Ciudadana, y narra lo siguiente: "Para concretar la cooperación y coordinación de la Policía Nacional con las municipalidades en materia de seguridad ciudadana, se plantea que la jurisdicción de las delegaciones policiales o su equivalente coincida necesariamente con los límites geográficos de los distritos o provincias, debiendo sus jefes reportarse periódicamente al alcalde respectivo, bajo responsabilidad administrativa".

Todo lo cual se habría expresado de otro modo en un lenguaje no influido por los mecanismos de la fascinación: "Para mejorar la cooperación de policías y municipios, los delegados de policía y los alcaldes se coordinarán mejor si sus demarcaciones son idénticas, y los delegados de policía deberán rendir cuentas a los alcaldes"*.

En el mismo periódico peruano encontramos, también el 5 de mayo de 1998, un ejemplo similar (no hace falta buscar mucho para hallarlos en cualquier diario escrito en español): "El presidente de la Comisión de Economía del Congreso afirmó que el predictamen de la ley

---

* La palabra "municipalidades" no constituye un estiramiento en Perú, pues de ese modo se llama allí a los ayuntamientos. Tal vez en su día sí resultó un alargamiento artificial, pero el caso es que ahora está fosilizado.

del Procedimiento de Cobranza Coactiva se orienta a establecer un método único para el cobro de las deudas tributarias de las municipalidades y otro diferente para las no tributarias, garantizando que no se cometa ningún exceso en contra de las personas naturales o jurídicas que se vean involucradas".

Los informadores, pues, se han constituido en eficaces transmisores del lenguaje del poder. Los mensajes de la seducción (y de la ocultación) llegan así diáfanos al público. Podrán los periodistas ejercer la crítica en sus artículos, promover investigaciones que intenten acabar con un ministro... Muchos creen haberse convertido en la clave del contrapoder, y se ven a sí mismos como poderosos por disponer de medios suficientes como para cambiar la sociedad; pero en la esencia de su trabajo están prolongando el poder establecido y los mecanismos de la manipulación, merced al uso de su lenguaje de imitación que no hace sino apuntalar el sistema. Así, repiten inconscientemente las manipulaciones de los economistas, los juristas, los informáticos... de todos aquellos que están subidos en la torre y extienden sus mensajes manipulados con palabras arteras. ¿Por qué? Porque siguen la vieja tendencia de los seres subyugados de amoldarse al poder. "La mente se amolda, imita, porque en el amoldamiento, en el seguimiento de un patrón, hay más seguridad", explicó Jiddu Krishnamurti*. Y cuando se produce ese amoldamiento "hay una negación total de la

---

* Jiddu Krishnamurti, *Sobre el amor y la soledad*, Barcelona, Kairós, 1998.

libertad, una negación total de la percepción, una negación total de la investigación independiente. Cuando uno se amolda hay temor". Y los periodistas amoldan su lenguaje al del poder, expresando su temor subconsciente, el miedo a hablar por sí mismos y a comunicarse, una a una, con cada persona que les lee.

Sienten muchos periodistas un culto al poder que se puede verificar en los detalles aparentemente más nimios. El diario *Clarín*, de Buenos Aires, escribe siempre con mayúscula la palabra "presidente" cuando se refiere a quien encabeza el gobierno. Podemos escribir "Presidente" con mayúscula inicial, pero nunca haríamos lo mismo con la palabra "conserje"*, aun tratándose en ambos casos de términos con igual esencia gramatical: son nombres comunes, y, por tanto, se escriben con minúscula**.

Los tiempos actuales, tendentes a considerar a todos los seres humanos iguales ante la ley, empezando por las leyes de la gramática, han dado en no distinguir con la mayúscula apenas ningún nombre común, al contrario

---

* Le escuché este mismo ejemplo de la palabra "conserje", en una conferencia, al filólogo Alberto Gómez Font, miembro del Departamento del Español Urgente de la agencia Efe. Me hizo gracia, y lo reproduzco tal cual.

** Muchos periódicos, entre ellos *El País* de España, escriben también "Gobierno", con mayúscula inicial, cuando se refieren al de una nación. En este caso se puede entender que pretendan evitar la anfibología, para diferenciar esa palabra y su minúscula inicial en contextos como "el gobierno de la situación le resultó difícil". Pero también podría criticarse.

de lo que sucedía hace un par de siglos. Pero esa veneración hacia algunas palabras (y sus conceptos) que consiste en reverenciarlas con letras mayúsculas entronca también con la historia de nuestra lengua; como casi todo lo que decimos y apuntamos.

Luis de Olod, bibliotecario del Real Convento de Santa Madrona de los Padres Capuchinos de Barcelona, escribía en 1766 en un tratado sobre la buena escritura que las mayúsculas "se usan en lo escrito para distinguir las voces que son nobles por su significación, o se indican como tales. [...] Pero este fin, para que sirven con utilidad estas letras, se malogra quando no se ponen en las ocasiones que lo requieren, como lo vemos en muchas obras, y escritos, donde se hallan multiplicadas indebidamente las mayusculas por ignorancia, descuido, ó capricho". Más adelante, Olod explica que se han de escribir con mayúscula, entre otras palabras, "los nombres de dignidad, como Pontífice, Cardenal, Rey, Duque; y los empleos, ó cargos honoríficos, como Presidente, Corregidor"*. El poder de seducción que implicaba aquella regla, la fascinación del siglo XVIII ante las personas y los cargos nobles, ha pervivido hasta nuestros días con estas rémoras del lenguaje, donde el culto a lo que se representa con mayúscula traslada tal adoración a lo representado. Recuérdese que todavía la regla general da por obligado escribir con versal todos los pronombres que

* Luis de Olod, *Tratado del origen y arte de escribir bien, ilustrado con veinte y cinco láminas*, Gerona, Imprenta de Narciso Oliva, 1766.

sustituyan al nombre propio "Dios" (principalmente, "Él").

La fascinación que han conseguido los políticos mediante los medios informativos ha logrado incluso proscribir algunas palabras en determinados países. Los conceptos negativos han desaparecido del vocabulario, hasta el punto de resultar desconocidos en el español que se habla en esas naciones, pese a su continua presencia en otras. El diario bonaerense *Clarín*, en su número del 17 de noviembre de 1998, expresa en un titular: "Cae el empleo en el sector privado". No se trata de una frase natural, porque nadie la emplearía así para comunicarse con un amigo, con el vecino o con su cónyuge. "Cae el empleo" forma una expresión seductora y responde a una visión optimista del asunto; o al menos no muy negativa para quienes resulten responsables de esa caída. Porque otorgamos a "caer" la irreversibilidad de la física: los objetos caen por el efecto de la gravedad: nadie los tira, nadie lo causa. "Cae el empleo", "llueve", "nieva"... qué le vamos a hacer. Otro valor tendría "aumenta el desempleo", porque el verbo "aumentar" no se relaciona de forma automática con las grandes fuerzas telúricas. Así que conviene más en el lenguaje del embaucamiento utilizar "cae el empleo". Pero el texto de esa noticia se refiere a tal desgracia en diez ocasiones y en todas ellas se utilizan estas tres fórmulas: "caída del empleo", "disminución del empleo", "descenso del empleo". Ni una sola vez "aumenta el paro", "crece el número de parados" o "hay más gente sin trabajo", posibilidades variadas que ofrece el idioma español a pesar de que en Argentina la voz "paro" como equivalente de desempleo esté desterrada en la práctica.

En lugar del término "despidos", los periodistas suelen acudir a circunvalaciones como "desempleados", "descontratados", "afectados por un plan de reducción, reestructuración, redimensión o reingeniería laboral", "personas que constituyen un superávit funcional", que son "dejadas en libertad", "sus empleos no siguen hacia adelante" porque se ha producido un "proceso de realineamiento", de "optimización de plantillas" o "incentivación de actividades alternativas".

El lector que haya llegado hasta aquí identificará muy bien la técnica de estas manipulaciones del pensamiento, los sufijos, los tecnicismos... las palabras frías que sustituyen a las calientes.

Del diario argentino *Clarín* tomo asimismo esta frase: "Para contrarrestar el *debilitamiento en los ingresos fiscales*, el Gobierno ha decidido tomar medidas que afectan a personas de ingresos bajos y medios y a *actividades productivas*".

También ese periódico bonaerense habla de que se va a reducir el "sueldo de bolsillo" de los altos cargos públicos; pero no se trata de un importe pequeño (pese al diminutivo que seduce y al significado oculto que nos conduce a la calderilla), sino de los "gastos de representación" que en ese caso alcanzaban a 800 pesos, lo que gasta una familia media. Pero los informadores de habla española aún deben demostrar su valor llamando a esos gastos "invitaciones y convites".

El periódico hispano de Miami *El Nuevo Herald* se refería el 6 de junio de 1998 a la aprobación de unos nuevos impuestos "para financiar el restablecimiento de los puestos de trabajo congelados el pasado año". ¿Congelados o destruidos?

La difusión de este lenguaje entre los periodistas parte de un cierto complejo de inferioridad. El mismo que se demuestra con la difusión de anglicismos y palabras incorrectas de la que también participan los políticos. Periodistas enajenados en su pensamiento, supeditados a una norma no escrita y por eso mucho más atenazante. Una empresa les parece más importante si es una "corporación" (de *corporation)*, los logotipos de una firma constituyen su "imagen corporativa" (también de *corporation)*... Y siguiendo esa lógica, sus dueños debieran llamarse "corporativistas" en lugar de empresarios. La incapacidad para distinguir los significados en español de "corporación" y "empresa" da la medida del bloqueo mental en el que han caído los serviles difusores del lenguaje del poder*.

Los periodistas no sólo transmiten fielmente las manipulaciones que llegan desde la cúpula, sino que se suman a ellas por su cuenta. Reflejan las declaraciones

---

* Según los diccionarios, la corporación es una entidad creada por ley, cuyos integrantes forman un órgano colegiado de carácter representativo cuyos miembros se manifiestan en pie de igualdad. Así, por ejemplo, se forman corporaciones en los ayuntamientos, las diputaciones o los colegios profesionales. En estas instituciones, cada uno de sus miembros (concejales, diputados provinciales, médicos o abogados...) tiene un voto igual a los de sus compañeros. Algo muy lejano a las grandes empresas de hoy en día.

textuales de un personaje (cumpliendo una obligación; pero también está permitido parafrasear y aclararle al lector los conceptos). Lo peor es que además emplean ellos los mismos términos cuando escriben sus propios textos. Los intermediarios han quedado así seducidos por las palabras, y mal puede la sociedad defenderse de estas manipulaciones si quienes conducen el lenguaje del poder se convierten en sus catalizadores.

VII

La incursión en el área ajena

Los resortes del lenguaje para influir en la psique ajena han llegado a algunos poderosos que los emplean de manera intuitiva, sin apenas reflexión gramatical; pero los manejan con eficacia y profesionalidad. Al uso de las *palabras con significados grandes* para que de ellas escoja el receptor una imagen menor que le satisfaga; o a la formación de *archisílabos* como fórmula de mayor prestigio; o a la creación de eufemismos al unir *expresiones contradictorias* entre sí; o a la formación de palabras nuevas con *sufijos expresivos;* o a la *elección partidista* de una expresión frente a otra... han añadido el uso de palabras correspondientes a otros campos profesionales, de los que quieren extraer el prestigio que les falta, en una transfusión draculesca.

Con frecuencia, determinados mundos que, al menos inconscientemente, no tienen muy buena opinión de sí mismos buscan las palabras de campos prestigiosos para así reivindicarse. Y ésta es una técnica eficaz de seducción, puesto que se roba el vocabulario de una ciencia o de una actividad para proyectarla sobre un terreno que el propio hablante considera menos elevado.

Así, los políticos gustan de emplear expresiones de la navegación marina, para asemejar sus decisiones a las del capitán de un barco. Y gobiernan las naves. En una gran embarcación, los pasajeros vamos a merced del piloto y de los tripulantes; confiamos en ellos, nos entregamos a sus decisiones frente a las mareas que nos envuelven. Por eso resultan eficaces las palabras de la mar si se piensan desde la tierra de los políticos. "Emprendemos una larga singladura..." (con error incluido, pues las singladuras no son ni largas ni cortas: duran 24 horas); "llevamos con firmeza el timón de la nación", "hemos de mantener un rumbo seguro"... y los dirigentes marcan una ruta, entre corrientes, las distintas corrientes ideológicas, sin dejarse llevar por las olas o los envites... y así pasan el ecuador de una legislatura, intentando llegar a buen puerto.

También se entrega el paciente al médico, confiado cuando le sobreviene una enfermedad, y se deja caer sobre la sabiduría que puede curarle; y curiosamente, su lenguaje se infiltra asimismo en el vocabulario político y administrativo, pues se persigue conseguir la "vertebración territorial", para combatir ese "virus de la violencia", para "generar anticuerpos" que pongan a salvo las libertades, para desterrar un "cáncer social"... y encontrarle un "antídoto" que preserve la "salud" del país...

Y se fía el pueblo llano de los arquitectos, en cuyas casas dormimos tranquilos; y por eso vemos cómo se "construye" un partido, cómo "se consolida" un proyecto, nos alegraremos de que la democracia resulte "sólida", para así "edificar la convivencia", de modo que el país "se asiente sobre unos firmes cimientos"... gracias a la "cúpula" del partido.

Y, cómo no, la religión: los ciudadanos podrán imaginarse a sus dirigentes identificándolos con unos nuevos sacerdotes tan dignos de admiración y confianza como aquéllos a los que se pueden confesar los pecados, porque nuestros políticos participan de un "credo", son "correligionarios", mantienen firmes sus creencias para formar una comunidad, buscan la "comunión social" y comulgamos con sus ideas...

Los receptores llaman entonces a su léxico mental inconsciente y hallan en las palabras que asoman unos conceptos que implican seguridad, garantías; se sienten en las manos de médicos, arquitectos y sacerdotes. El político habrá conseguido así adueñarse del prestigio ajeno, en una maniobra de seducción y de apropiación indebida.

Los terroristas, a su vez, intentan hacer suyo (como ya hemos ido viendo) el lenguaje militar; y los funcionarios, el lenguaje jurídico. (Por su parte, los médicos, sabedores de su prestigio social, se preocupan principalmente de aumentar y oscurecer su propio léxico).

Algunos campos profesionales o artísticos han prestado palabras propias a otras actividades, y a la vida cotidiana. El ejemplo más evidente nace en el mundo taurino. Quien se ve cansado, "está para el arrastre". Quien acepta una provocación es que "entra al trapo". Quien zahiere a otro le "da unos puyazos". Quien no se mete en líos "ve los toros desde la barrera". Quien afronta un problema "coge el toro por los cuernos". Quien resuelve deprisa y sin interés es que está haciendo "una faena de aliño". Quien adopta posiciones cómodas actúa "a toro pasado". Quien cumple el papel de Celestina "pone a alguien en suerte". Quien evita un problema da "una larga cambiada", o "cambia de tercio". El que se marcha cabizbajo "se va con media en las agujas"; si alguien elabora un texto de prueba lo escribe "con la de madera", y el que nos acaba de deprimir nos "da la puntilla..." aunque "hasta el rabo todo es toro". Por supuesto, las figuras de un grupo son "los primeros espadas", a veces tenemos que "resolver un embolado", "tirarnos al ruedo", "dar largas" a un pesado, soportar que alguien que se ha comprometido con nosotros "se caiga del cartel", por lo cual no nos "arrancamos" en su contra. Quien hace demagogia lanza "un brindis al sol" (al tendido de sol, el más populachero por lo general); quien nos echa un cable en realidad nos "echa un capote"; quien nos esquiva nos "hace un quiebro"; quien resuelve mal su trabajo es "un maleta" (un mal torero), todo lo contrario de aquél a quien apreciamos como "un figura" y al que nunca desearemos que "se corte la coleta".

Vemos en estos ejemplos (y más se podrían aportar*) cómo la historia de una colectividad humana influye en sus dichos. El mundo taurino que ya pintaba Goya como una afición popular ha arraigado en nuestra manera de describir la realidad mucho más que el fútbol, pese a que este deporte cuenta con la descomunal difusión televisiva de hoy en día. Resultará más fácil escuchar a alguien "me han toreado" que "me han hecho un regate". El fútbol apenas ha aportado al lenguaje popular algunas

---

* Carlos Abella, *¡Derecho al toro! El lenguaje taurino y su influencia en lo cotidiano*, Madrid, Anaya & Mario Muchnik, 1996.

expresiones, como casarse de penalti, calentar banquillo, echar balones fuera, estar en fuera de juego o meterle a uno un gol (en el lenguaje político se habla ya de ganar o perder una votación "por goleada", y de que alguien "se ha desmarcado" de su partido). Pero se diferencia del lenguaje taurino en que, en lo que concierne al mundo del pelotón, el hablante se da cuenta de que está empleando una metáfora, pone una voluntad de estilo en ella. En cambio, ya nadie identifica comparación o tropo en expresiones como hacer una faena o brindar una victoria.

Sin embargo, el fútbol (al contrario que la lidia) ha incorporado a su léxico multitud de expresiones procedentes de otros mundos muy específicos. En el lenguaje erótico radicará tal vez esa pasión masculina por este deporte: porque los balones besan la red, lamen el poste, penetran en la portería (momento del orgasmo general), el árbitro señala el punto fatídico, los buenos jugadores acarician el cuero, lo tocan, sortean la barrera con suavidad, el portero lo recoge en sus brazos... Existen estudios (además de evidencias) sobre la relación entre las victorias de un equipo (las penetraciones de sus jugadores) y la actividad sexual de los hinchas en la noche del triunfo. La vinculación de ambas circunstancias tiene un cierto nexo en el lenguaje, pero no cabe todavía establecer una relación científica de causa y efecto.

El fútbol y el deporte en general han servido en los últimos tiempos como escenario de los enfrentamientos entre las naciones, como sustitutos civilizados de las guerras; y hacia ese mundo se han derivado los odios y las simpatías; incluso la diplomacia internacional. El último boicoteo a Yugoslavia o las sanciones a quienes acudieran a competir en la Suráfrica racista muestran que el deporte desempeña un papel como escenario de los sentimientos del mundo. Incluso tiene el triste honor de haber desatado una guerra, entre Honduras y El Salvador, en 1969, cuando el desempate disputado en México entre ambos países en la fase de clasificación para el Mundial de fútbol de 1970 derivó en enfrentamientos callejeros y, finalmente, en una conflagración declarada que causó 2.000 muertes*.

Por eso no parece casualidad que los futbolistas aparezcan como los soldados de la nueva era, los representantes que envía un país para luchar con otro, y que luego quedarán reflejados en los cantares de gesta que escribirán los periodistas. Ellos se juegan el honor de sus naciones o de las ciudades que los contratan... y podrán perder pero nunca deberán rendirse.

Esto presenta dos efectos: el fútbol asume cada vez más un lenguaje bélico y violento... pero a la vez con

---

* Ganó la eliminatoria El Salvador (3-2 en el estadio Azteca). Como consecuencia de la tensión vivida en los dos anteriores partidos, los dos países rompieron relaciones tres días antes del desempate. En Honduras vivían y trabajaban en el campo unos 100.000 salvadoreños, tratados con gran recelo por una parte de la población local, que los veía como extranjeros que se apropiaban del trabajo de los hondureños. Entonces corrió una consigna terrible: "hondureño: toma un leño y mata un salvadoreño". El Salvador respondió desplegando su ejército para atacar puestos fronterizos de Honduras y hasta bombardeó el aeropuerto de Tegucigalpa. La guerra duró cuatro días, hasta que la intervención de la Organización de Estados Americanos (OEA) logró pararla. (Alfredo Relaño, *Futbolcedario*, Madrid, El País Aguilar, 1996).

esas palabras logra traspasar los sentimientos xenófobos y competitivos de las naciones a un territorio inocuo. Estamos, pues, ante un léxico que seduce en su conjunto. No se trata del poder individual de las palabras, sino del efecto colectivo de las metáforas que poco a poco se van lexicalizando, mediante la reiteración de tropos del mismo signo, acomodados en narraciones épicas de cronistas apasionados que traspasan las emociones del estadio a todos los barrios. El léxico del deporte llega a crear una ficción bélica que tiene sus consecuencias.

El armamento de nuestros ejércitos aparece en todas sus variedades, porque un delantero *fusila* al portero, o suelta *un cañonazo*, o de su bota sale *un obús**, o lanza un *chupinazo*, o, como Roberto Carlos en aquel partido Francia-Brasil, dirige a la portería "un misil inteligente"... en cualquier caso, se *dispara* a puerta, se logra un *tiro* certero y se afina la puntería para el siguiente, el equipo plantea la táctica con dos extremos como dos *puñales*, y tal vez un hombre como *punta de lanza*, y antes del partido las *espadas* estarán en todo lo alto... y los equipos buscan un *jugador-ballesta* (expresión más usada en los años cincuenta) o un medio centro que *catapulte* al equipo y una delantera *agresiva*. Y también un delantero *con instinto asesino*, que pueda ser el *verdugo* del máximo rival. Las figuras de los dos equipos en *pugna* mantendrán a su vez un *duelo* particular, que tal vez decida el *enfrentamiento*.

---

* El obús es propiamente el arma que lanza un proyectil. Pero se suele llamar también "obús" al proyectil mismo.

La *estrategia* general del juego se asemeja a la de un campo de batalla, puesto que no hay que descuidar la *retaguardia*, la mejor *defensa* es un buen *ataque*, a veces se precisa acometer un *repliegue* de líneas para luego situarse en una *demarcación* no vigilada, acumular *peones* para ejercer la presión, vigilar el juego aéreo (y recordemos que al pronunciar "juego aéreo" nuestro cerebro selecciona también "fuego aéreo", aunque luego deje inactiva esa opción)... El entrenador arenga a los jugadores como el general a los soldados, y además extiende su mando a través del *capitán* del equipo. Y cuando las tropas están cansadas, acude a los *hombres de refresco* que supongan un *revulsivo*. Por supuesto, aquellas selecciones nacionales que se forman con hombres repartidos por diversas ligas extranjeras (caso de Dinamarca) están formadas por "mercenarios". Y "mercenarios" llaman los aficionados a los jugadores que piensan más en los millones que en los balones.

El delantero centro es el *ariete*, tal vez logre dar dos *letales zarpazos*, intentará el *pase de la muerte*, necesita *tener pegada*, o al menos efectos *intimidatorios*, entrará en el *área enemiga* porque es un hombre rompedor... un *artillero*. Pero los defensas a menudo desentierran el *hacha de guerra*, y tal vez acabarán con él, no siempre jugando *en buena lid*. Porque los zagueros deben ser un *baluarte* para el equipo, un buen *escudo* defensivo. Está en *liza* el honor del club. Y los rivales en determinadas competiciones quedan *eliminados*.

El resultado *campeará* en el marcador, el ataque *pondrá cerco* a la portería contraria, el equipo de casa juega en su *feudo*, se ha *armado* bien en defensa... Y a veces se sale de un partido con varias *bajas* gracias a la benevolencia del juez de *la contienda* para con el juego *agresivo* del equipo rival. Antes de retirarse del campo, el futbolista habrá estado *renqueando, flaqueando, resquebrajándose...* sostenido sólo por su *pundonor.* Además, el jugador *milita* en un equipo, se integra *en sus filas...* Y la *batalla* no sólo es terrestre, también se extiende a la guerra naval porque hay que *taponar* los agujeros, el equipo se puede *ir a pique*, o *naufragar*, y tal vez la defensa hace agua por *el flanco derecho*. El italianismo futbolístico "escuadra" viene a completar el panorama de la guerra.

Esa base del vocabulario militar se prolonga más tarde en las crónicas y también en las declaraciones de los deportistas, repletas de mensajes subliminales violentos. "Tanques de otra guerra", titula el *Diario de Sevilla* para referirse al duelo Oli-Milosevic. Y añade: "Oli y Milosevic se encontraron desasistidos en una lucha de infantería que no les favorecía, y sólo el segundo necesitó una vigilancia constante". Las metáforas bélicas se desgranan luego en el texto.

"Vuelve a la carga el equipo mexicano", "ha puesto cerco al área peruana", explica el comentarista al relatar el partido entre ambas selecciones disputado en la Copa América de 1999. Incluso en el Campeonato del Mundo de fútbol femenino el entrenador norteamericano, Tony di Cicco, manifestaba que "los dos equipos van a matarse en el campo".

"Saldremos a muerte", decía Míchel ante la Eurocopa de 1988. "Atlético y Real tendrán que matarse entre sí", titula *El Mundo* ante el último *derby* de la Liga 98-99. "Una máquina de guerra con un Piojo al frente", encabeza su crónica previa otro diario ante la final de

Copa entre el Valencia y el Atlético. Y el entrenador valencianista, Claudio Ranieri, declaraba: "Tenemos un oso delante y hay que matarlo". Los periódicos acuden enseguida a la palabra "bastión" cuando el estadio del equipo de casa se convierte en un "fortín" donde nadie vence... un valladar.

A continuación, los comentaristas disculparán a los agresores: "Ha tenido que hacer una falta". "No le ha quedado más remedio que derribarle". "Hay que interrumpir el juego en esa demarcación". "Ha llegado hasta el área sin que nadie le zancadillease".

Esas crónicas guerreras, llenas de las palabras grandes que esperan los héroes, se pueden hallar en los lugares más insospechados y relacionadas con los campeonatos más singulares. Y hasta se dan parrafadas un tanto chuscas, como ésta:

> "Las páginas gloriosas que narrarán para siempre este campeonato honrarán a las ya escritas por nuestros antiguos héroes, que al estrecharse con las de hoy se funden en un abrazo de gloria y grandeza y que el esfuerzo que hicieron ellos no ha sido estéril y así coronado por lo más brillante del fútbol juvenil cacereño". (Diario *Extremadura*, 17 de abril de 1940)*.

---

* Ejemplo recogido en el libro *El fútbol. Léxico, deporte y periodismo*, de Jesús Vivas Holgado, Cáceres, Universidad de Extremadura, 1999. Otro estudio interesante sobre el deporte y el idioma es obra del doctor en filología Jesús Castañón Rodríguez: *Reflexiones lingüísticas sobre el deporte*, Valladolid, 1995, ed. del autor.

Magníficos jugadores han asumido sin rubor apodos relacionados con el armamento más diverso, de todas las épocas: La Saeta Rubia (Di Stéfano), Torpedo Müller, Cañoncito Pum (Puskas), La Bala Roja (Gorostiza), El Matador (Kempes), el Tanque Stielike...

Los locutores ponen énfasis en las palabras que denotan agresividad, violencia fonética, sílabas explosivas, las fricativas sonoras. Por eso las expresiones típicamente futbolísticas están llenas de erres, esas consonantes feroces que ya estudiamos en sus efectos poéticos y políticos: regate, rapidez, recorte, rechace, atrapa, irrumpe, aferra, penetra, se incrusta, barrera, travesaño, destruye, rompedor... Es más comunicativo de fuerza y de furia decir "rápida carrera" que pronunciar "incursión veloz", y el comentarista evitará explicar que un delantero "llega al área" para expresar en su lugar que "rompe la retaguardia del rival".

La fuerza de este lenguaje se ha extendido a otros deportes: incluso en un partido de balonvolea (o voleibol) se habla de "las dos armas letales" del equipo español. "La fiel infantería española", titula *El País* el 10 de julio de 1999 una información que se refiere a unos ciclistas. "Si los que tiran son los Saeco con Calcaterra al frente, son hombres muertos", cuenta otro cronista de la etapa. "La escaramuza duró 13 kilómetros, y obligó al ONCE y al Cofidis a tomar la responsabilidad de la caza". "Firmada la paz, el pelotón prefirió el estribillo de estos días: una fuga bajo control". Los comentaristas de las grandes vueltas hablan del "ataque" que protagoniza un ciclista cuando simplemente acelera, y dan así una dimensión bélica a un esfuerzo de lo más ecologista.

Incluso una expresión futbolística como "el defensa le robó la cartera", ciertamente indulgente con los carteristas, se ha aplicado a un deporte como la natación, cuando el canario Frederik Hviid venció por sorpresa a Mickey Helika en los Campeonatos de Europa de 1999.

Por todo este ambiente de palabras que reflejan la guerra, los deportistas victoriosos se convierten siempre en héroes, reciben los laureles y, cuando obtienen un triunfo de resonancia mundial, desfilan por las calles de la ciudad hasta llegar a algún monumento a los dioses antiguos.

La identificación de las selecciones nacionales con las virtudes guerreras está latente en todos los comentarios. Los periodistas elogian el orden alemán (¿el Nuevo Orden?) y la disciplina de los equipos germanos, la fortaleza inglesa, la estructura rusa... Y para otros dejan virtudes más civiles pero igualmente identificativas de su idiosincrasia: la alegría del juego brasileño, el diseño italiano, la mecánica holandesa, el preciosismo argentino... Para España quedan la furia y la fe.

Y el orgullo patrio se manifiesta en el sentimiento general: con el famoso gol de Zarra a Inglaterra, Matías Prats (padre) gritaba "¡gol, gol, gol, gol de España!", pero aquella clarísima ocasión de Julio Cardeñosa ante Brasil en el Mundial de 1978 no la falló España, sino el ya siempre triste jugador del Betis: es el famoso *gol* de Cardeñosa. La seducción de las palabras alcanza de nuevo a los sentimientos nacionalistas.

Al repasar todos estos términos queda latente una idea de vigor pero también un fondo de agresividad. El lenguaje del deporte empieza a destilar unos jugos amargos, a veces incluso sangrientos. Hoy en día, las autoridades deportivas y políticas están intentando desterrar la violencia del fútbol. Las agresiones entre hinchas y las muertes colectivas que ya han sufrido varios estadios han movido a la reflexión. Los comentaristas intentan evitar una voz como "enemigo" y la sustituyen por "rival", pero aún quedan muchas otras en pie. ¿Se da un efecto de fascinación en estas palabras hasta el punto de que se relacionan con la actitud violenta de los hinchas más inclinados a la refriega? El poder seductor de estos términos ya ha mostrado su influencia psicológica: los partidos de un Campeonato del Mundo de Fútbol se perciben en cada país como una forma de dirimir el honor y la historia nacionales. Una vez que ya se ha logrado desviar hacia el deporte las ansias de guerra de las naciones, hasta relativizarlas, no parece descabellado pensar también en el peligro de que este lenguaje épico y bélico haga que los más desequilibrados de la afición deseen sumarse a una batalla. Los términos grandiosos, etéreos, sublimes, esas palabras que domina Hugo Chávez y que antes esparció Fidel Castro, las manipulaciones de Hitler y los suyos, coinciden en su técnica con muchos de estos recursos expresivos.

Cabe preguntarse ahora si las metáforas guerreras, de tanto éxito y seguidores, se detendrán en el mundo del deporte. En algunos casos han entrado en el campo de la política, con nefastas consecuencias. Y hoy en día este lenguaje seductor se está empezando a notar en las empresas que tienen entablada una dura pugna con sus competidores en el mercado. Los empleados de estas firmas reciben consignas como "hay que machacarlos", "se van a enterar", "con este lanzamiento los destrozamos", "hay que contraatacar con otra oferta", "tenemos que hacer una campaña más agresiva"... expresiones que de momento se quedan en los despachos como antes permanecían en el vestuario del estadio, y que algún día saldrán sin rubor a los comunicados de prensa y a las vallas publicitarias si no se toma conciencia de su gravedad.

Los apasionados del fútbol nunca habrían imaginado a principios de siglo que este deporte iba a provocar asesinatos y matanzas, incluso una conflagración, ni que acogería a movimientos fascistas. El lenguaje de la violencia y de la guerra precedió a esas acciones como el lenguaje de los nazis precedió a la II Guerra Mundial, como el lenguaje de los nacionalistas irresponsables ha dado antesala tantas veces a las bombas de ETA.

Las empresas están *librando* en estos tiempos sus *batallas*, tienen un *cuartel general* en su sede, *pugnan* por el mercado, intentan *apoderarse del terreno rival*, envían a sus *pesos pesados* a jugarse el futuro, reprochan a sus directivos la infidelidad de cambiar de bando (eso puede considerarse una *traición*), les exigen decisiones *valientes*, aumentan los "ejecutivos *agresivos*", hay que mantener la jerarquía en los *cuadros de mando*, elaborar un *plan estratégico*... Las *guerras* entre empresas han conducido ya a excesos ilegítimos, a tensión y muchas aversiones entre profesionales, a enfrentamientos de palabra y de obra. Quizá algunos empresarios viscerales se están dejando seducir por el fragor de algunas palabras que un día fueron sólo metáforas y que cada vez se aproximan más a la realidad que en otro momento exageraban. La seducción de las palabras que aprovechan los políticos para apoderarse del prestigio atesorado por la navegación marina o por la arquitectura, o el embaucamiento que se logra en cualquier conversación mediante el uso de un término médico constituyen un factor de influencia psicológica. Los vocablos que forman parte de esa fascinación contribuyen a modificar la manera de percibir la realidad, pero también la manera de pensar. Si razonamos con esas palabras, razonamos de manera diferente a como lo haríamos con otras. Conocer este mecanismo y desentrañar sus trampas equivale a prevenir sus males. El hecho de que nos parezcan insospechados no hace sino avalar la tesis.

VIII

La desaparición de la mujer

La seducción puede ocultarse en una sola palabra y también diseminarse por todo un léxico, como acabamos de ver. Así, los vocabularios del fútbol o de la arquitectura albergan la capacidad de seducir en su conjunto, como reiteración de un efecto que aislado no tendría tanta consistencia. Pero la seducción de las palabras no se detiene en esas dos posibilidades. También los usos gramaticales pueden producir un efecto de seducción general, igualmente enmascarada. Al menos en un caso.

En los últimos años, diversos autores han analizado los mecanismos sexistas de la gramática y los usos del lenguaje*. Con sus obras hemos visto las asimetrías de la lengua y nos hemos horrorizado ante tanta desigualdad

---

* Algunos ejemplos: Álvaro García Meseguer, *¿Es sexista la lengua española?*, Barcelona, Paidós, 1996. Robin Lakoff, *El lenguaje y el lugar de la mujer*, Barcelona, Hacer Editorial, 1995. Aguas Vivas Catalá Gonzálvez y Enriqueta García Pascual, *Ideología sexista y lenguaje*, Valencia, Galàxia d'Edicions, 1995. VV. AA. *Lo femenino y lo masculino en el Diccionario de la Lengua de la Real Academia Española*, Madrid, Instituto de la Mujer del Ministerio de Trabajo y Asuntos Sociales, 1998.

inconsciente, y algunos nos hemos condenado alguna vez como usuarios irresponsables de la torpeza masculina.

Las reflexiones incómodas sobre estas asimetrías nos llegan cuando, por ejemplo, el investigador del lenguaje sexista Álvaro García Meseguer arroja estas dos frases, aparentemente simétricas:

"Esta mujer es capaz de acostarse con cualquiera".
"Este hombre es capaz de acostarse con cualquiera".

Y nos muestra las diferencias de significado pese a la igualdad sintáctica y semántica: la primera frase sugiere una mujer dispuesta a acostarse con cualquier hombre; y la segunda, un hombre dispuesto a acostarse con cualquier mujer... y tal vez también con algún hombre. Distintos auditorios ante los que García Meseguer presentó este ejemplo avalaron la hipótesis cuando se les pidió que explicaran cómo habían percibido las dos frases, resultados que podemos asumir sin dificultad en nuestra propia experiencia.

García Meseguer ofrece una respuesta a esta situación tan aparentemente ilógica: "cualquiera" tiene un valor genérico que identifica el vocablo con el significado de "cualquier hombre" (es decir, cualquier persona; pero con el valor del genérico masculino). En el caso de la mujer como sujeto, el cerebro da por buena esa composición: capaz de acostarse con cualquier hombre (cualquier persona-hombre; y aquí no necesita cambiar la palabra *pensada*, dado su doble valor). En el segundo, en cambio, rechaza la opción "este hombre es capaz de acostarse con cualquier hombre", puesto que nos hallamos en un contexto sexual (acostarse con) de relaciones hombre-mujer y en ese caso no puede dar por bueno el genérico masculino. Se elige entonces el significado "capaz de acostarse con cualquier mujer". Pero, como hemos visto en capítulos anteriores, la posibilidad activada no se desconecta, late aún en el subconsciente y envía su mensaje. Atenuado, pero notorio. Por eso *pensamos* que se trata de un hombre capaz de acostarse con cualquier mujer y con cualquier hombre.

Nuevamente, este mecanismo de latencia ha generado un efecto de seducción. La palabra se enciende y se apaga, pero la luz no se va del todo, se debilita y aún envía un mensaje luminoso por tenue que resulte. El cerebro ha sido traicionado por el subconsciente. Porque el genérico masculino se confunde a menudo con el masculino específico, en una posición de abuso gramatical... en lo que ese mismo autor llama el "salto semántico", un deslizamiento lingüístico cuya existencia desazona y encosquillea desabridamente a cualquier varón honrado que lo perciba.

Tal defecto sexista consiste en el uso de un genérico masculino que de pronto se convierte en masculino específico: "Los ingleses prefieren el té al café. También prefieren las mujeres rubias a las morenas". En el primer caso, "los ingleses" engloba a hombres y mujeres. Pero en el segundo se convierte en una palabra masculina simple (pese a estar elidida). Han desaparecido las mujeres y se da el protagonismo de "los ingleses" y de la sociedad inglesa sólo a los hombres. He aquí otro ejemplo: "El IVA ha caído sobre los intelectuales como una maldición terrible y confusa... pero generalmente suelen tener a su lado sufridas y valientes compañeras que les llevan las cuentas". *(El País*, 13 de febrero de 1987).

A veces el salto semántico no se produce desde el masculino genérico, sino incluso desde un nombre genérico expresado en femenino: "Seiscientas personas [el contexto precisa que se trata de hombres y mujeres] participaban en la carrera [...]. Además, disponían de cuatro puntos para repostar y del apoyo de esposas, novias y medio millar de voluntarios" *(El País*, 10 de junio de 1996). Las "personas" (palabra de género femenino) sólo tenían "esposas y novias", al parecer no había esposos y novios, lo que excluye a las mujeres que tomaban parte en la carrera. La famosa canción de Jarcha *Libertad sin ira*, símbolo de la transición española, incurre en ese mismo defecto: "...Pero yo sólo he visto gente / que sufre y calla dolor y miedo, / gente que tan sólo pide / su pan, su hembra y la fiesta en paz".

Ejemplos de este tenor se pueden observar a cada rato en los periódicos, incluso bajo la firma de grandes escritores (rara vez en escritoras). ¿Constituye esto una fórmula de seducción psicolingüística que elimina a la mujer de los textos y, por tanto, del pensamiento?

Sí.

Con su uso, la mujer queda preterida, arrinconada en el subconsciente.

Pero no se trata de la única manera en que se puede discriminar a la mujer con el lenguaje.

La seducción general que echa a la mujer de ámbitos donde tiene derecho a estar presente (y en los que de hecho se halla) encuentra otras vías diabólicas. Así, sería correcta desde cualquier punto de vista la expresión "los directivos de las empresas deben dejar de mirarse el ombligo y escuchar más a la sociedad", sin necesidad de especificar "los directivos y las directivas" (por otro lado, "la directiva" y su plural "las directivas" pueden entenderse como el *conjunto de directivos:* con la misma herencia puesta en marcha por la desaparición de los neutros latinos que nos hace diferenciar ahora entre el leño y la leña, el banco y la banca, el policía y la policía... los directivos y la directiva: el femenino engloba aquí y ahí a lo masculino). Pero la frase "los directivos de las empresas deben dejar de mirarse la corbata y escuchar más a la sociedad" sí propiciaría la seducción general de que las mujeres no ocupan cargos de responsabilidad. Se habría conseguido la desaparición de la mujer, merced a esa referencia a la prenda masculina.

Para verificar los efectos de esa perversión del lenguaje basta con aplicar la simetría lógica a esta expresión: "Los directivos de las empresas deben dejar de mirarse la blusa y escuchar más a la sociedad". En este supuesto, son los hombres quienes desaparecen. Pero esto no se escribe nunca.

Un articulista de *El País* bromeaba sobre las dificultades de la selectividad, a las que se enfrentan los muchachos (y muchachas) para jugarse su futuro y "sin haber hecho la mili siquiera". De nuevo el salto semántico.

Centenares, miles, millones de frases con todos esos defectos anclados en el sexismo masculino contribuyen cada día a cimentar la seducción general que proclama subliminalmente un papel inferior para las mujeres, una función secundaria en la sociedad. El habla acaba representando nuestro entorno, supone la más fiel descripción de cada uno de nosotros, refleja también la realidad. Si la mujer desaparece de una parte crucial del lenguaje que empleamos desaparecerá igualmente de la vida según la percibimos. Porque este efecto saca a las mujeres del masculino genérico, que es tanto como sacarlas del género humano.

Sin embargo, este uso perverso del genérico masculino no debe servir para condenarlo como tal. Si el lenguaje es lo más democrático que existe, si hablamos nuestra lengua *materna*, si las decisiones lingüísticas las han venido tomando los pueblos sin influjo del poder (al menos hasta época muy reciente), el idioma no puede ser culpable de este mecanismo de seducción que incita a suprimir a la mujer. El idioma no.

Y así como las palomas mensajeras trasladaban mensajes, así como mensajes son los que pegamos en la puerta del frigorífico para indicar que se ha acabado la leche, así como en el contestador automático dejamos mensajes, así como mensajes enviamos con ordenador o computadora, y cada uno de esos mensajes tiene un continente distinto pero una esencia común, así como han cambiado, con el tiempo, el significado de la palabra y la visualización que nos hacemos de ella sin cambiar por eso la morfología del vocablo, así sucederá en el futuro con los masculinos genéricos. Así como ahora decimos "colgar el teléfono" cuando ya sólo apretamos un botón en nuestro portátil o en el aparato inalámbrico, sin acordarnos jamás de aquellos años en que los teléfonos estaban sujetos en la pared (aún no existían los de mesa) y el auricular se colgaba literalmente de ellos. Así como bajamos a la calle en el ascensor, sin caer en la contradicción de la palabra que lo nombra y la acción que pretendemos, porque hubo un día en que los ascensores sólo subían a la gente y no se arriesgaban a bajarla. Así como entramos en una cafetería a comer un plato combinado, pese al nombre genérico que figura en su frontis y que se refiere a la infusión occidental por excelencia, sin alusión alguna a la comida rápida. Así como llamamos lavaplatos a la máquina que también lava los cubiertos. Así como decimos que un autor exhibe en sus textos una pluma exquisita, y ya sólo se escribe con un teclado... Así como llamamos teclado al de la máquina de escribir o al del ordenador pese a que no producen notas musicales ni alinean los sostenidos y los bemoles, ni se pulsan simultáneamente para armonizar un acorde. Así como pluma le decimos a la estilográfica con que se firma solemnemente un contrato, cuando tal instrumento ya no guarda resto alguno de ave. Así como llamaremos correo al correo electrónico cuando no exista más que él, sin apercibirnos de que un día le dio nombre el mensajero que corría y corría, el correo que, como el correr, procede de la raíz indoeuropea *kers* que derivó en *kur* (*cursa*, carrera en catalán, *cursar* y *cursor* en español, *currere* en latín, *courrir* en francés...)... Así pueden permanecer las sílabas y cambiar las ideas, generalmente porque los conceptos principales se perpetúan dentro de ellas y enlazan con la vida primitiva de cada palabra. Así llegará un día en que el masculino genérico no reduzca el papel de la mujer, porque su presencia en la sociedad habrá cambiado hasta el punto de alterar el contenido de las palabras, aunque las palabras permanezcan en los libros y en nuestros labios para que podamos seguir entendiendo a las generaciones pasadas.

Si hoy leemos la frase "seis policías detuvieron a los atracadores" tal vez imaginemos inconscientemente a seis policías varones, por más que ni la palabra "seis" ni la voz "policías" tengan ningún elemento propio del género masculino (antes al contrario: "policía" muestra la terminación propia del femenino). ¿Por qué sólo imaginamos "seis" policías varones? Porque la policía que conocemos está compuesta mayoritariamente (de manera abrumadora) por hombres. Pero si escuchamos que "hay huelga de profesores" seguramente pensaremos que quienes han decidido no trabajar ese día son los profesores y las profesoras. Y si nos cuentan que "los alumnos de quince años de edad han mejorado su rendimiento" deduciremos que tendrán mejores notas tanto las chicas como los chicos. Es decir, el genérico masculino seguirá existiendo, como la palabra "mensaje" pervive pese a las transformaciones de su significado a tenor de los cambios en la sociedad; igual que la palabra "coche" que identificó a aquéllos arrastrados por los caballos sirve ahora para designar al último bólido de los circuitos. Pero así como "coche" ya no nos trae la imagen del carruaje, ni recibir un mensaje nos lleva a pensar en aquellas eficaces palomas ni en las tortuosas diligencias del Oeste americano, la expresión "seis policías" ya no evocará sólo a varones, sino a hombres y mujeres, porque la proporción por sexos entre los agentes se habrá convertido en igualitaria. Como sucede ahora con "los profesores" o "los alumnos". Se trata más de un problema social que lingüístico. Aun siendo también lingüístico en sus usos erróneos.

La escritora norteamericana Robin Lakoff explica en *El lenguaje y el lugar de la mujer* que los argumentos procedentes del feminismo confunden "la causa con el efecto: raramente ocurre que cierta forma de conducta sea el resultado de haber recibido un determinado nombre, sino que más bien son los nombres los que se dan basándose en una conducta previamente observada".

   Y Catalá Gonzálvez y García Pascual sostienen que los vicios sexistas del lenguaje se muestran más en las formas de la presencia que en la ausencia, con un punto de vista muy interesante. Así, expresiones como "mujeres guerreras" o "mujeres pintoras" ("dos mujeres pintoras ganan el concurso de Alcalá de Henares") no hacen sino discriminar a la mujer por el lado de la doble presencia ("pintoras" y "mujeres"), puesto que no se consideraría necesario acudir a esa fórmula con los varones ("dos hombres pintores ganaron el concurso").

   En otras ocasiones, se habla de que una mujer es el primer director de orquesta argentino (o británico, o belga) que actúa en tal o cual sitio, lo que avala desde la óptica feminista la existencia del genérico masculino: en ese caso, el papel de la mujer se impone en el masculino que engloba a todos los seres humanos de esa nacionalidad. Hellen Sharman es "el primer astronauta británico" según *El País* del 28 de febrero de 1991. Pero tres meses después, el 19 de mayo, se la recuerda en el mismo periódico como "la primera astronauta británica de la historia". En este ejemplo se expresa el género femenino y, sin embargo, ello constituye una disminución de la mujer en la colectividad de los astronautas británicos, puesto que se da a entender que ya hubo otros astronautas varones antes que ella, y que Sharman es simplemente la primera astronauta. La lengua sería más precisa si dijese (como puede decir) que "Lilí Álvarez fue el primer tenista español que jugó la final de Wimbledon": pese a expresarse en masculino, constituiría una frase de mayor justicia para la deportista que la posibilidad "Lilí Álvarez fue la primera tenista española que jugó la final de Wimbledon", puesto que en este caso su éxito tendría como referentes sólo a las mujeres. En esa misma línea, la fórmula "Carlos Moyà ha sido el primer tenista español en ocupar el número uno mundial" dejaría en duda a los oyentes o lectores: ¿el primer tenista de entre los hombres, o el primer tenista de entre los hombres y las mujeres españoles? Porque, en efecto, antes que él Arantxa Sánchez Vicario fue *el primer tenista español* que ocupó el número uno mundial. Así, Moyà sólo podrá tener el título de haberse convertido en el primer tenista varón español que llega al número uno. En este supuesto sí se precisa la reiteración "el primer" (masculino, pero masculino genérico aún) y "tenista varón" (masculino también, que anula el genérico anterior); y lo que en el caso de las mujeres podría suponer una asimetría se convierte aquí en una frase de toda justicia. De este modo, quien escuche "Moyà ha sido el primer tenista varón español en ocupar el número uno mundial" pensará en el fondo de su subconsciente al recibir esa frase: claro, también hay tenistas mujeres, y tal vez alguna haya sido número uno. Con lo cual la seducción general que elimina a las mujeres mediante el masculino genérico se convierte aquí en instrumento de lo contrario: se realza la presencia de la mujer pese a no ser citada, a pesar de que se habla de un tenista hombre y de que se añade la palabra "varón".

En estos casos, como indican los citados autores, "el uso del género gramatical masculino no sólo no ocultaría a las mujeres sino que, al contrario, las pondría en el lugar que les corresponde, haciéndolas emerger como individuos —con sexo, pero no sólo sexo— en posición simétrica discursivamente a la de los varones".

"Lo que reduce el protagonismo de la mujer, lo que la oculta en estos casos, es el mal uso del género gramatical femenino, que las priva de significación universal, que las constriñe a los límites del género-sexo femenino. La causa no está en el sistema de la lengua sino en cómo se articula en el uso social", rematan. Opinión con la que coincide García Meseguer: el origen del sexismo lingüístico reside en el hablante o en el oyente, pero nunca en la lengua española como sistema. "Esta afirmación no es extrapolable a otras lenguas", continúa, "ya que algunas de ellas poseen una estructura tal que en ocasiones es la propia lengua la que induce al sexismo", como sucede con el sistema pronominal del inglés*.

Muchas feministas han llevado su justa lucha al terreno del lenguaje, pero despreciando la historia de las palabras y las estructuras de la lengua común. Podemos ver un ejemplo claro de este desdén lingüístico en su

---

* Ponencia de Álvaro García Meseguer en *Jornadas: las mujeres y los medios de comunicación*, Madrid, Dirección General de la Mujer de la Comunidad de Madrid, 1997.

empeño por emplear la expresión "violencia de género"*. Sólo el complejo de inferioridad de los hispanohablantes frente a los términos que llegan desde el inglés puede explicar que las feministas españolas prefieran la expresión "violencia de género" (pésima traducción del inglés; meliflua y blandurria además) a fórmulas más descriptivas y contundentes en español, y menos candorosas, como "violencia machista" o "violencia sexista", o "violencia de los hombres". El complejo de inferioridad y tal vez cierta incompetencia en su propio idioma.

Sus propuestas de ingeniería gramatical (la gramática no dice cómo se debe hablar, sino cómo se habla) están condenadas al fracaso. Nadie dirá nunca "los compañeros y compañeras de nuestro partido que estén disgustados y disgustadas con los dirigentes y las dirigentes elegidos y elegidas en el último congreso, pueden quedar inscritos e inscritas en el registro de las intervenciones

---

* El concepto de género es gramatical. Escribir "violencia de género" equivaldría a decir "violencia de subjuntivo". Una mesa es del género femenino, pero carece de sexo. La banca tiene género femenino, pero en ella mandan los hombres. Con arreglo a la proclama literal sobre la "violencia de género", las torturas que cometiese la policía de un país serían violencia de género femenino (las torturas, la policía). Convendría a quienes defienden la expresión "violencia de género" leer a los expertos que han apoyado las tesis feministas sin desconocer por ello las leyes democráticas de la gramática ni la historia de la lengua. Por ejemplo, Álvaro García Meseguer (pionero español en la defensa de un lenguaje no sexista), *¿Es sexista la lengua española?, op. cit.*; y Agustín García Calvo, *Hablando de lo que habla*, Madrid, Lucina, 1989 (pp. 192-194). García Meseguer (quien

de esta tarde". Nadie hablará así a no ser que se emplee en ello con un esfuerzo descomunal, tan alejado de la naturalidad con la que sentimos nuestra lengua.

No sólo eso: tales propuestas también están condenadas a llevar la frustración a quienes de buena fe se incorporen a su admirable propósito. Explican los profesores Catalá y García Pascual en sus conclusiones que el sexismo lingüístico no viene determinado por la categoría gramatical del género, sino que se trata de "un problema de usos establecidos en la norma, condicionados por el sistema de género social-sexo y por una memoria enciclopédica impregnada de ideología sexista. (…) En toda lengua se producen fenómenos lingüísticos sexistas similares entre sí. Y en toda lengua pueden evitarse sin alterar su sistema gramatical". "La emergencia de las mujeres en plan de igualdad en los discursos sólo puede producirse con la alteración del contexto social de desigualdad, no

---

ha admitido con gallardía el error de planteamientos suyos anteriores al respecto), expresa textualmente: "Llamar la atención sobre la diferencia entre género y sexo es tarea principal para quienes deseen combatir las mentalidades sexistas" (p. 241). Y también explica que si los anglosajones acuden a la palabra *gender* en vez de *sex*, ello se debe probablemente "a un sentimiento de pudor victoriano" (p. 82). En la publicación *Jornadas: las mujeres y los medios de comunicación*, *op. cit.*, se aprecia muy bien la confusión terminológica de algunas de sus ponentes. Por fortuna, la conferencia del propio García Meseguer incluida en ese libro atenúa ciertas insensateces lingüísticas contenidas en él y expresadas por otros oradores junto con otras propuestas de mérito. Y también hace perdonar todas las faltas de ortografía y de sintaxis que acumulan las páginas de la citada obra.

con la alteración de los sistemas gramaticales". El ejemplo que aporta a su vez Álvaro García Meseguer resulta esclarecedor: el titular de un periódico gallego comienza así:

"Treinta y seis jóvenes competirán esta noche".

Esa primera línea presenta una información parcial que el lector espera ver completada en el segundo renglón del título. Y la segunda línea añade:

..."por el título de Miss España en el Coliseo".

Si al leer el segundo renglón se experimentó una rectificación inconsciente para modificar la percepción que había producido el primero (es decir, si se percibió al principio que "jóvenes" implicaba también a hombres, o tal vez sólo a ellos), eso significa que el subconsciente del receptor es sexista. Por tanto, la seducción de las palabras no se habrá producido mediante el efecto de sus sílabas y su morfología, sino a causa de la especial propensión del lector a dejarse seducir por el contexto social reinante. No hay culpabilidad alguna en el lenguaje, porque la frase resultaba correcta desde el punto de vista sexista: "treinta y seis jóvenes" puede amparar por igual a un grupo de hombres como a un grupo de mujeres. La culpa del malentendido es únicamente social.

Sí existe un problema de seducción general que excluye a las mujeres, como ya hemos visto. Una psicosis colectiva que se da principalmente entre los varones y que tiende a suprimirlas del pensamiento mediante su eliminación en el lenguaje. No tanto en los cargos y las profesiones (ministra, médica...), en que poco a poco se impone la opción femenina*, sino en los usos más ocultos de la expresión de las personas. Pero este problema se puede atajar sin alterar la gramática. No tiene la culpa el lenguaje, sino su uso. No tiene la culpa la existencia de la palabra "corbata", ni de la expresión "la mili" (servicio militar), ni la presencia de vocablos como "novias" o "mujeres". Es su empleo en determinadas frases lo que reduce o elimina el papel de las mujeres en el lenguaje y en la sociedad. El "salto semántico" que tan brillantemente ha descrito García Meseguer constituye un problema de sexismo; pero también una incorrección lingüística.

El masculino genérico, que tampoco tiene culpa alguna, cambiará la manera en que lo percibimos conforme se modifique el reparto de papeles en la sociedad. Cada día se engloban más mujeres en esas palabras colectivas donde caben tantos individuos: ejército, equipo, cuerpo de bomberos, alumnos, profesores... Tal vez cuando se alcance por fin el equilibrio en todos los ámbitos profesionales tomen conciencia los hablantes (y los periodistas y escritores varones) de los usos discriminatorios en que a veces incurren. En ese tiempo se acabarán los sexismos relacionados con la lengua y la manera en que entendemos el masculino genérico. Tal vez también se extinga ese día el resto del machismo.

---

* A veces se dan carencias, como en la repulsa a decir "gerenta", por ejemplo; y también excesos, como expresar "la jueza" cuando no existe "el juezo" y sí "la nuez" (como "la juez").

IX

El valor de las palabras viejas

El ser humano suele adorar todo aquello que se relaciona con sus ancestros. Puede sentir, aun siendo agnóstico, la espiritualidad de una catedral, disfrutar de la inmensidad de un paisaje como el vigía que se refocilaba con la ausencia de enemigos en tan vasta extensión; beber con los ojos en un lago que se observa a lo lejos, como el hombre primitivo se recreaba en los lugares del agua; unirse con la naturaleza, caminar por la calma de unas callejuelas, recorrer el casco viejo de una ciudad medieval... Y recuperar el valor de las palabras antiguas que permanecen intactas en nuestro idioma, acariciarlas como se tocan la piedra de un castillo y el ladrillo de una atalaya. Cualquier lector percibirá la voz conquistadora de los refranes y los dichos, y buceará en ellos para entender el mundo de sus antepasados y explicarse a sí mismo en el presente.

Las palabras de los campesinos de nuestros dos siglos nos conectan con quienes los precedieron en el mismo esfuerzo y los mismos problemas, y nos devuelven los ciclos de la naturaleza que olvidamos entre esos climas artificiales que producen en su interior los edificios modernos y las ciudades donde apenas se mira al cielo. Ahora conocemos la llegada del otoño porque quienes madrugan nos cuentan cómo los barrenderos arrastran algunas hojas junto a los bordillos, y la entrada de la primavera porque estornudamos con el polen, y el advenimiento del verano lo descubrimos por la ropa de colores que estrenan nuestros compañeros de trabajo, y el invierno por los adornos navideños de los grandes almacenes. Ya nadie sigue las cuatro estaciones mirando la evolución de un estanque.

La mayoría de la población en muchos países vive en grandes concentraciones urbanas, y tal vez por eso vibrará con el sonido de las palabras rurales que evocan no su memoria, sino la de sus atavismos. El poder de sugestión que reside en la naturaleza lo hemos visto ya en los mensajes publicitarios que acuden a ella para tomar elementos de seducción: los limones salvajes, los zumos naturales… Y lo encontraremos también en la obra y los personajes de Miguel Delibes, en el lenguaje rico y certero del señor Cayo, del cazador Lorenzo o del difunto Mario.

Las palabras que retratan el campo adquieren un gran valor simbólico y emocional. Seducen en la boca de los ecologistas y en la pluma de un narrador de aventuras, en un comunicado del Ministerio de Fomento y en la enunciación insípida de un programa de fiestas. Desprenden los aromas de cada estación del año, de las plantas y los animales, y también si es preciso hieden con la calabrina de un muerto. Y sobre todo desprenden la precisión de lo que sólo de aquella forma puede ser nombrado, porque el lechal no es lo mismo que el recental, ni el recentín lo mismo que el cancín, ni la cancina lo mismo que el macaco, aun pudiendo ser todos ellos crías de la misma oveja. El calor del lenguaje popular puede envolver toda la obra literaria de un autor y también el estilo brillante de un cronista taurino. Popular no significa bajo, ni vulgar. Popular, no hace falta decirlo, se abraza con "pueblo", y su etimología sigue ahí pese a las adulteraciones que le ha dado la política. Existe una sabiduría popular que muestra su primera sapiencia en que sabe seducir. Convencen con ella los aforismos y los dichos ingeniosos, y relucen en sus palabras los términos repletos de vida.

Emilio Martín Calero, un folclorista de las palabras ya fallecido, se explicaba así en la radio durante una entrevista a raíz de su obra *Usos y decires de la Castilla tradicional**: "Yo me figuro una persona que ha oído hablar de un campo en el que se vive de una forma distinta y en el que se siguen conservando unas costumbres ancestrales. Esa persona atraviesa un hayedo, del diestro lleva una montura, va bien fardado en su capa, calado el sombrero, el embozo vuelto. Camina en una primavera en la que todavía los turiones soterrados no han salido del suelo y en la que los cereales, a punto de romper a encañar, ya se cimbrean. Esa persona se va acercando al pueblo, lo ve de lejos, esfumado en la distancia. Ve la espadaña de la iglesia con sus cinco huecos de campana, ve a los lejos un alcor con su alcolea o castillo. Esa persona llega al pueblo y lo describe fijándose especialmente en la fuente de

---

* Emilio Martín Calero, *Usos y decires de la Castilla tradicional*, Valladolid, Ámbito, 1992.

cinco gárgolas con sus azacayas. Luego, coge el cordel de merinas y se acerca a una alquería. En ella irá desgranando los días como las cuentas de un rosario".

Las palabras de esa descripción seducen por su belleza y su capacidad de recrear. Son evocadoras en sí mismas, y logran la sugestión completa de quien las recibe. Vemos el hayedo en ellas repleto de hayas. Y al viajero que lleva a la montura del diestro, la forma exacta en que se conducen las bestias tomadas por el brazo derecho, yendo a pie y ligeramente delante de ellas, y tirando del ronzal. Y va bien fardado, lo cual le permitiría fardar; porque eso significa que estuvo abastecido de buenos fardos con ropa y vestidos de los que cualquiera podría alardear. Los turiones todavía no han brotado con sus yemas y siguen agazapados bajo la tierra, porque no ha llegado aún el tiempo adecuado para ellos y por eso el caminante lleva el embozo vuelto, en la primavera castellana donde sopla el relente. Y los cereales se cimbrean puesto que les da el aire fresco y, aunque están a punto de encañar y hacerse duros, aún se mecen con el viento porque se doblan tiernos al paso de la montura y de su dueño. Veremos con nuestro narrador la espadaña alzada en armas contra el cielo, esa espada ancha de una sola pared que remata la iglesia; y más allá, uno de los collados que los árabes llamaron *al-qur*, alcor, y el agua que mana por cinco caños adornados, cada uno con su pila rebosante... Y el visitante toma en su trayecto el cordel de merinas, ese camino de la trashumancia que debía tener 45 varas de ancho según la legislación de la Mesta. Es probable que creamos haber pasado por ese paraje hace algunos siglos.

Porque las palabras longevas que nos llegan con él traen el aroma antiguo de un idioma certero. Como la misma palabra "paraje".

Nos entusiasma un paraje que observamos desde el interior del automóvil, y nos detenemos, y bajamos para verlo. Y con eso rendimos tributo a la palabra y a su historia, porque el paraje es un lugar hermoso por naturaleza, jamás han ido juntas cerezas como "paraje horroroso" o "paraje feo"; encontramos un paraje... y nos paramos para verlo, y de ahí le viene a ese término la forma en que lo sentimos: paraje, lugar donde uno se para; y no porque le desagrade; porque si le desagradase, en ese caso, el visitante seguiría el camino con el auto, con el burro o con los pies. Y ya no sería un paraje.

Palabras calientes que conducen por la historia del pensamiento y de la vida. Y que tienen sus matices y sus sonidos peculiares, propios para el estilo y la literatura individual. El hayedo puede ser también un hayal, para entroncar con "trigal", "naranjal", "platanal"... o "papal", como se llama en América al campo de patatas o papas, extendiendo los recursos del idioma castellano. Pero el hayedo y el hayal suenan igualmente seductores, porque expresiones como ésas son capaces de dibujar paisajes a pinceladas sonoras y adquieren un valor de altorrelieve cuando acompañan a frases más cotidianas. Porque cobran en ellas una profundidad de la que probablemente carecen sus vecinas.

Describe Miguel Delibes en *El hereje:* "Con mano temblorosa abrió la puerta del piso. La luz vacilante de los candiles que llegaba al vestíbulo provenía del dormitorio de atrás. Las servillas de don Bernardo no hacían ruido al avanzar por el pasillo. Le iba alarmando cada vez más el creciente silencio de la casa".

La palabra "servillas" se basta y se sobra para llevarnos a un siglo, un ambiente; un silencio sólo salpicado por el sonido suave de las servillas al avanzar por el piso. El lector tal vez no haya escuchado nunca la palabra "servillas", pero le habrán cautivado sus fonemas y podrá comprender sin esfuerzo que se trataba de los zapatos ligeros y de suela delgada que calzaban las siervas o esclavas de la Antigüedad. Las servillas suaves con sus eses, las suelas que pisan, que susurran con sus pasos. Servillas, pasillo, piso, silencio de la casa. Las eses que envuelven la quietud, las palabras cálidas que se unen al sonido que se desliza por la memoria.

"Minervina seguía abrazada al niño, mezclando las lágrimas con escuchos al oído del pequeño: papá se ha enfadado, Cipriano; tienes que quererle un poquito. Si no, va a echarnos de casa"... Las voces dormidas durante siglos despiertan en las novelas de Miguel Delibes cada vez que pasamos los ojos sobre ellas. Los escuchos son las palabras al oído, los bisbiseos que habrán estado precedidos tantas veces del tenue imperativo "escucha..." pronunciado con suavidad.

No se trata de una lengua para unos pocos, o de un vocabulario para los escogidos, sino que estas palabras encontrarán casi siempre otras emparentadas con ellas en el acervo léxico de un buen dominador de su propio idioma, incluso en el de un analfabeto al que se lea el relato, quien podrá disfrutar así con su tacto y su calado. Una buena prueba de que este lenguaje no resulta en absoluto extraño viene dada por el hecho de que se cuentan por millones los lectores del escritor vallisoletano, que habrán visto relucir la lengua española en *La sombra del ciprés es alargada, La hoja roja, Las guerras de nuestros antepasados, Los santos inocentes, Diario de un cazador, Cinco horas con Mario*...

Tal vez alguien pueda considerar que estas palabras seductoras no podrán adquirir nunca un carácter universal, de modo que no hablarán nunca directamente a los corazones de todas esas personas que emplean el español para comunicarse con su propia conciencia y con los demás.

Haré mías aquí las frases del catedrático español Santiago de los Mozos cuando defiende que en la generalización de lo particular reside una de las misiones de la literatura: "Palabras, construcciones, giros, que apenas se entienden fuera del punto geográfico en que escribe un autor, gracias a la universalidad de su obra pueden hacerse generales, pueden desembocar en la 'circulación total' de la lengua. Gracias a los escritores americanos y a otros muchos más, son tan nuestros como suyos elementos lingüísticos de muy corta irradiación inicial"*.

A veces no nos ha quedado de esas palabras antiguas su contenido, sólo su aroma. Ya no sabemos que dieciséis cántaros de vino componían un moyo, y que un cántaro se podía dividir en medios y cuartillas, y que recibía en

* Santiago de los Mozos, *La norma castellana del español*, Valladolid, Ámbito, 1984.

su interior ocho azumbres enteros, y un alquez doce cántaros; mientras que para las medidas pequeñas se reservaba la palabra adarme, que a su vez contenía cuatro veces un tomín, si bien los tres cuartos de adarme se daban en llamar un arienzo.

Sin embargo, sus sílabas suenan calientes y próximas, muy distintas de cuantos tecnicismos hemos oído con el ánimo helado y la mente intacta.

Porque en el lenguaje rural sí seduce la precisión, a diferencia de lo que ocurre en el lenguaje científico; seducen las palabras certeras incluso aunque no se domine su significado; deslumbra el rigor de ese idioma recreado en Castilla que trasladó sus genes hasta América para reproducirse allí conforme a los cultivos tropicales y las costumbres que arraigan en sus campos, para promulgar voces como el acabe, las cabímboras y el coquí, el ausubo y los corozos, el cocuyo y el comején... palabras que enamoran y embaucan, que seducen y abrazan. Porque son antiguas, porque resplandecen auténticas en medio de tantas voces de plástico adulterado, palabras éstas seculares que se imponen a los vocablos huecos, palabras del campo y del bosque, condimentos de las pócimas del idioma, palabras que acarician y arrullan, que consuelan.

No son muchos quienes saben todas las características del toro que han dado lugar a preciosos adjetivos, pero se sentirán parte del mundo ganadero cada vez que un comentarista les obsequie con esas palabras. El lector apreciará la competencia de quien escribe y agradecerá las aportaciones de vocabulario, se dejará seducir por los términos ancestrales que dieron nombre a todos los colores de los caballos y de las reses. Unas veces no alcanzará a entenderlas (salvo que las encuentre a menudo y el contexto las defina), y así tardará en deducir lo que significa "berrendo" (palabra tan alejada ya del latín *variandus* que le dio origen) hasta que se aperciba de que tal adjetivo se aplica siempre a los toros cuya piel los ha pintado de varios colores; pero sí podrá deducir en cambio lo que significa "ensabanao" (el toro de cuerpo blanco y cabeza oscura) si se imagina a alguien acostado al que tapa sólo una tela blanca; o "bragado" (el toro que tiene de un color distinto la cara interna de los muslos) si piensa en una res con calzones.

Los ganaderos necesitaban distinguir sus reses y emplearon esas palabras, como en el siglo XVI (y sin atisbo alguno de discriminación entonces) quienes hablaban español en América quisieron diferenciar al mestizo del castizo, siendo el mestizo el hijo de blanco y de india, y siendo el castizo el hijo de un mestizo y una española; pero llamaron chamizo al hijo de un castizo y una mestiza, y coyote mestizo al descendiente de una mestiza y un chamizo, y mulato al hijo de blanco y de negra, y dieron con la humorada de llamar "ahí te estás" al hijo de un coyote mestizo y de una mulata...*

La seducción de las palabras específicas y precisas (y hermosas) tiene, no obstante, un poder intrínseco que se liga a su mero enunciado, y que es independiente de lo que transmite su semántica. No importa que desconozcamos

---

* Humberto López Morales, *op. cit.*

las viejas medidas de capacidad cuando oímos que alguien está más borracho que un azumbre. Ni nadie dudará si le han elogiado o insultado cuando le acaben de llamar "cabestro", porque entenderá enseguida que le han mentado su mala cabeza aunque no haga al caso que la expresión nació de *capistrum*, el ronzal con que se ata el cuello de los animales para conducirlos, un aparejo que les ha sido prestado a su vez como sinécdoque a los bueyes que guían a las toradas haciendo sonar su cencerro.

Las palabras longevas han ido adquiriendo calor con el paso de los decenios. La seducción literaria o poética debe contar con ellas, igual que habrá de rescatarlas quien pretenda llenar de sentimientos cualquier auditorio. Las palabras viejas son odoríferas, perfuman el discurso y crean el ambiente que invita a enlazar los pensamientos. Gracias a las palabras antiguas nos quedamos más satisfechos al comprar los bollos en una tahona el día en que no los adquirimos en una panadería, aunque el lugar sea idéntico y sólo le cambie el nombre. Acogen más el horno de pan y el obrador que la panificadora provincial y sus sucursales. Apreciamos que nos vendan pan de pueblo en la ciudad, pero jamás compraríamos pan de ciudad en un pueblo.

Los mesoneros con la intuición de las seducciones se las arreglarán por eso para utilizar en algún momento la palabra "abuela" en sus recetas. Porque, así como los cientifismos prestigian los productos electrónicos o químicos, todo lo que alude a la naturaleza y al mundo rural perfuma con su aroma de sugestión cuanto se nos ofrece en las tiendas y los comedores. *Las recetas de la abuela* se titula un libro de gran éxito en España*. ¡Y cómo no, si todos recordamos aquellos platos de la abuela, *nuestra* abuela! Por eso tenemos en ella una palabra-símbolo de gran eficacia. "La casita de la abuela", se denomina un acogedor restaurante madrileño (y a buen seguro que nombres similares se pueden encontrar en cientos de ciudades de España y de América). La carta seductora que nos mostrará el camarero tendrá probablemente platos como "las lentejas de la abuela", o "las croquetas de la abuela", o "las tortillas de la abuela". Que se mezclarán con "nuestras ensaladas" o "nuestra carta de vinos". "Abuela" es también un concepto universal que individualizamos para pensar en la sabiduría de aquella mujer concreta que alguna vez nos contó un cuento, que nos invitaba a comer los domingos y que algún día nos permitió entrar en la cocina para dejar una marca del dedo índice en el plato de la besamel. O tal vez aquella señora que no era la abuela de uno, sino la abuela que tenía una amiga del colegio y que cumplía mejor los requisitos de ser abuela. Pronunciaremos y utilizaremos la palabra universal "abuela", pero cada cual la idealizará conforme a su experiencia. Porque no sólo se trata de una palabra antigua, sino también de una palabra grande.

Las cartas de los restaurantes constituyen un compendio de seducción mediante las palabras. Modestos

---

* Algunos títulos que emplean esa palabra seductora: *Las recetas de la abuela* (Barcelona, Clan, 2000), *Las mejores recetas de la abuela* (Barcelona, Planeta, 1996), *Las treinta mejores recetas de arroz de la abuela* (Barcelona, Ariel, 1984), *Las treinta mejores recetas de pescado de la abuela* (Barcelona, Ariel, 1983), *Las treinta mejores recetas de ternera de buey de la abuela* (Barcelona, Ariel, 1983).

lugares y salones de ringorrango se repletan de trampas seductoras que despiertan no sólo el deseo de los oídos sino también los jugos del estómago, que logran envolver al comensal de modo que olvide el margen derecho del menú y se fije sólo en los condumios, ajeno a los precios pero preso de las viandas. Palabras ancestrales éstas que evocan a aquellos antiguos comerciantes que vendían sus productos llegados de allende el mar tras surcar las aguas con sus barcos colmados de aromas. Y que se reproducen en las cartas de largo menú: "Trufas sobre pan de payés al aceite en rama", *"foie* de oca al humo de arce", "huevos fritos sobre crema de hongos cubiertos con trufa negra o blanca", "tronco de bacalao sobre crema de patata y lechuga de mar", *"foie-gras* de pato asado con pan de zanahoria y salsa de Noé", "pirámide de chocolate blanco con cuajada de leche de oveja", "cremoso de maíz al aceite de vainilla", "lomos de salmonetes con su propia salsa y caramelo de estragón", "cestita de chocolate sobre piña caramelizada", "sopa gelatinizada de cebollas dulces", "ensalada templada de cigalas con vinagreta de arbequinas y finas hierbas", "helado de aceite de oliva y miel", "ensalada de langostinos con aguacate al vinagre de Módena", "lenguado y carabineros perfumados al orégano", "pechuga de pularda en papillote con salsa de trufas", "blinis de chocolate con pistachos al caramelo de pimienta roja"...* Los sufijos

---

* Ejemplos reales que figuran en las cartas de los restaurantes madrileños El Amparo, El Cenador de Salvador (Moralzarzal), Viridiana, El Olivo y Zalacaín. El lector podrá añadir muchos más por su cuenta.

seductores de la política (ésos que se forman con el verbal "izar", como "concretizar" en lugar de concretar, "contabilizar" en vez de contar...) se reproducen aquí en "caramelizada" o "gelatinizada" para dar apariencia técnica y precisa a los platos. Las palabras y expresiones cuyo significado y trascendencia desconoce a menudo el cliente ("salsa de Noé", "arbequinas", "blinis de chocolate", "vinagre de Módena"...) también acuden al menú con el propósito de anonadarle y hacerle pequeño ante la grandeza del restaurante y sus cocineros, que parecen no haber dudado en acudir hasta una localidad italiana para conseguir el vinagre más adecuado... Y las contradicciones seductoras que más atrás estudiamos ("crecimiento cero", "desaceleración"...) llegan aquí en forma de "ensalada templada", "caramelo de pimienta", "helado de aceite", "lechuga de mar"... Pero sobre todo se emplean las palabras calientes de la naturaleza: al humo de arce, cuajada de leche de oveja, perfumados al orégano, finas hierbas, cestita, miel... El estómago también las escucha, quizá porque sabe que vienen de lejos.

El hombre urbano ya no siembra, probablemente jamás ha visto sembrar; y, sin embargo, utiliza ese verbo con intención seductora porque lleva prendida en él todas las alegrías de la cosecha. La siembra a la que acude el político para sembrar de proyectos el panorama nacional, la siembra de la maestra entre sus alumnos, la siembra del sacerdote en sus misiones, la siembra del sembrar que deriva de la raíz indoeuropea "s_" de la que nacerían el sánscrito *sira*, el gótico *saian*, el *seminare* del latín y nuestras "semilla", "semen", "simiente", "seminario", "seminero", "diseminar", "inseminación", "sazón"...

Reside tanta riqueza en la semilla que por fuerza "sembrar" adquirió una potencia de significado que no podía pasar inadvertida a ningún predicador.

Nos seduce todo lo que procede de nuestros antepasados y, cómo no, lo que resistió en las palabras prerromanas que superaron los filtros y las invasiones. El color del páramo, la forma de la barraca, la suavidad del barro en el alfar, el sonido del charco, la fortaleza del galápago, la agilidad del rebeco, la humedad del berro en los lugares aguanosos, el berrueco imperturbable... Páramo, barraca, barro, charco, galápago, rebeco, berro, berrueco... Nadie conoce el origen de estos vocablos, que existen desde que nuestra especie guarda memoria. Son palabras antiguas, mucho más viejas y calientes que un mueble del siglo XIII por el que se pagarían cientos de millones. Tan ancestrales y tan útiles, tan hermosas y tan precisas. Y tan baratas que basta sólo escucharlas para hacerlas propias. Funcionan con la precisión de una computadora y, sin embargo, tienen miles de años. Escuchándolas, recuperamos algo del tiempo pasado y perdido, nos sumergimos en su sonido y su calor y aceptamos gustosos el juego de la seducción aunque nos demos cuenta de la trampa. Porque las palabras antiguas seducen en la literatura y en la poesía, brillan en el plato del restaurante, nos reclaman desde los lugares tranquilos de la naturaleza. Quedan muy lejos, estas palabras longevas y precisas, de esos tecnicismos y estiramientos que aparentan rigor profesional y que sólo contribuyen a confundirnos. También en la seducción se puede hallar un placer, el de dejarse embaucar si el engatusamiento lo merece; con palabras veraces, nobles, sonoras y alcanzables, inventadas para la comunicación y la ayuda mutua, creadas por el ser humano para dejarlas en herencia eterna, palabras que ahora nos seducen y nos deslumbran, porque llevan dentro los conocimientos que acumularon nuestros ancestros y que empezábamos a olvidar.

X

La seducción de las palabras

Han recorrido esta obra algunas constantes que influyen en la seducción de las palabras; que *son* la seducción de las palabras. Llegados a este punto, y con arreglo a todo lo expuesto, podemos enumerar los mecanismos principales que logran tal fascinación, sin ánimo de exhaustividad:

—*La historia*, en primer lugar: las experiencias que ha vivido cada vocablo y que nos llegan impregnadas en sus letras. Y que no siempre percibimos a primera vista. Una historia que emparenta con la etimología de cada término, que depende de sus genes y de sus contagios, porque los cromosomas de cada voz permiten relacionar unas raíces con otras para comprender mejor el ámbito de las palabras, el nexo de las cerezas. Esta clave seductora guarda relación con lo que significaron para las generaciones anteriores, como el valor del agua y de las montañas que ahora percibimos en sus vocales; y arraiga incluso en los errores científicos del ser humano, como los que atribuyen al corazón la sede de los sentimientos. En ese largo camino de las palabras ejerce un papel fundamental la contaminación de los términos que más frecuentemente tuvieron por compañeros, vocablos que se enriquecen entre sí hasta sumar más que su propia suma.

Esta *historia* de las palabras ejerce la seducción en cualquiera de nuestros ámbitos, pero principalmente en el más privado. Se trata de términos que sentimos muy dentro, y que dominamos desde que los aprendimos de nuestros abuelos. Así, seducen más las palabras viejas que las nuevas. La longevidad de los términos tiene su causa en la necesidad que implican los conceptos que designan; y su éxito, en cómo se les acomodan las sílabas hasta parecer indisolubles el significado y el significante. La antigüedad de los vocablos es un factor que los realza como a los vinos sólidos y que nos permite recuperar los tiempos que no pudimos vivir.

—*El sonido*, como envoltorio de atracción que convierte en música los fonemas. Todos nosotros hemos heredado el valor sonoro de las sílabas y hemos aprehendido sus constantes: sus colores, la sugestión que entrañan. La clave del sonido resulta fundamental además para que el cerebro descubra el significado, y puede servir también para formar términos latentes y subliminales (el marmolista lento que, por tanto, tiene "talento") poseedores de un poder devastador. "Caricia" se aproxima a "cariño". "Deseo" se aproxima a "desexo", y el sonido de las dos palabras las acerca en el diccionario mental, si seguimos las enseñanzas de los psicolingüistas. El sonido de las palabras influye en los políticos y en los anunciantes, pero ofrece su principal instrumento a la literatura. Es el arma principal de los poetas, que toman los golpes de voz como notas de pentagrama.

—*Las contradicciones*, capaces de desorientar y de embaucar gracias a que cada vocablo activado queda encendido una vez que se apaga. El fuego helado, sí, pero el crecimiento cero también. Los poetas de nuevo; mas así los manipuladores de la opinión pública. Cualquier palabra que acude en cohorte a la selección del significado preciso y completo derrama un perfume que ya nunca se recoge. Y cuando queda elegida, endulza su término opuesto para que el público lo perdone. Los nazis fueron maestros en este truco. Pero tienen herederos.

—*La extensión*, la anchura de las palabras grandes que se convierten en referentes universales y que, sin embargo, responden a ideas muy particulares. La democracia, la justicia, una mirada hermosa, el horizonte, el crepúsculo... Un referente para imaginarnos lo más atractivo del concepto que nombra, tan imaginado que, por irreal, rara vez coincide con la realidad. Son palabras seductoras pensadas para las promesas, que usan los poetas pero que rentabilizan los políticos y los publicistas.

—*El estiramiento*, destinado a componer lenguajes inexistentes y que, por ello, no se pueden juzgar. Problemática en lugar de problemas, sobredimensionamiento en vez de exceso. Este mecanismo de seducción se basa más en la estupefacción de quien lo sufre que en su embaucamiento. Pero al final de tal sorpresa queda un halo de admiración hacia quien profirió el archisílabo. En la morfología de esta maniobra cuentan sobre todo los afijos, que estiran los semantemas para hacerlos parecer más importantes. Sin que en ningún caso lo sean. Se trata de una clave de seducción que domina sobre todo el sector político.

—*Los prefijos*, que han adquirido en nuestra percepción del lenguaje un valor propio, un significado evidente. El prefijo re- constituye una fórmula de seducción que desvirtúa o refuerza la raíz de la palabra sin que el cerebro consciente lo perciba. En general, los prefijos, afijos y sufijos completan o realzan el significado principal, pero apenas notamos la maniobra. Y algunos descalifican con una fuerza descomunal que pasa inadvertida: anti-español, anti-catalán, anti-ecológico... El lenguaje del poder conoce muy bien este instrumento.

—*Las metáforas tramposas y mentirosas*, que emplean los pretendientes en el lenguaje de la aproximación amorosa y también los políticos en la aproximación a los votos, las imágenes que logran identificar al gato con la liebre, a la ternura con el amor. Las sinécdoques que encubren la parte que no se nombra, en lugar de resaltarla. La flexibilidad que sólo encoge, el comportamiento de los seres inanimados, especialmente de los precios. Las "salidas" de los aviones que bombardean, incursiones de los bombarderos que se nos presentan como si fuesen las salidas de los bomberos.

—*Los artículos antonomásicos. Las* comunidades históricas, *la* lengua propia de Cataluña... Y también *la* corrupción socialista... Todo por antonomasia. El artículo determinado que excluye las demás opciones con un ligero movimiento de voz, una partícula casi insignificante que alcanza un gran valor de seducción, sobre todo por su capacidad para esconderse ante la inteligencia.

—*El valor del pronombre posesivo*, el "nuestro" que engloba al hablante y a quien escucha. O que, en otro caso, realza el mérito de quien ofrece un producto que sólo puede ser suyo. En un caso como integrador, en el otro como excluyente. "Nuestro triunfo" (el del uno y los otros), "pruebe nuestras ensaladas" (que no son suyas, comensal, sino sólo de este restaurante).

—*Las ideas suplantadas*, de modo que la ética se convierte en estética, el alto el fuego pasa a ser una tregua y un concepto suave sustituye a otro veraz como "entrar" reemplaza a "meter". También los amantes en sus diálogos y los políticos en sus discursos coinciden aquí, como principales usuarios de esta trampa que pone "sensibilidades" donde debía decirse "tendencias", y "partidario" donde corresponde "partidista". Pero en el lenguaje del amor la fuerza de este mecanismo consiste en que el interlocutor aprecie el cambio, la sustitución de una palabra por otra. Y en que dé valor a ese esfuerzo. En la política se basa exactamente en lo contrario: el ciudadano no se apercibe del trueque y cae para siempre en el engaño.

—*El salto semántico*, la ocultación de las mujeres tan magistralmente descrita por Álvaro García Meseguer. Un mecanismo escondido en lo más profundo del lenguaje, que logra presentar una sociedad masculina hoy en día tan anacrónica. He aquí uno de los verdaderos problemas de sexismo en el lenguaje, frente a tantas exageraciones de lo "políticamente correcto" que han contribuido también a ocultar los pecados más peligrosos por detenerse en los que no lo eran.

—*El vocabulario ajeno*, que intenta apabullar al consumidor en un anuncio de electrodomésticos; y engatusar al elector con la *vertebración* del país y la *buena salud* de la economía. Tecnicismos químicos para los detergentes, lenguaje militar en los deportes, palabras robadas por la política a campos del conocimiento más prestigiosos. En la publicidad se pretende resaltar la competencia del producto y la ignorancia del eventual comprador, quien se verá obligado así a dejarse llevar por el anunciante. En el deporte, los hinchas verán expandido su espíritu competitivo y batallador. En la política, la intromisión en busca de otros vocabularios busca enaltecer el propio, que suele ser tenido por inferior.

Palabras calientes que fascinan, palabras frías que engañan. El lenguaje permite psicoanalizar a los pueblos, conocer sus miedos y sus vivencias infantiles. Sus prejuicios. Hasta los puntos cardinales, tan científicamente geográficos, son buenos y malos. Porque buscamos el norte, porque sin él estamos desnortados, porque el oriente nos permite orientarnos y su ausencia nos desorienta, porque occidente es la civilización a la que pertenecemos, el mundo occidental lo que defendemos... Y, sin embargo, el sur no encuentra referencia positiva alguna... aunque también exista. ¡La lengua refleja tan fielmente nuestros prejuicios!...

Tenemos palabras prestigiosas y palabras desterradas. Vivimos el prestigio de la voz "libro" y lo mantendremos aun cuando en un futuro los libros desaparezcan tal y como los concebimos ahora. Seguramente la palabra sobrevivirá a la evaporación del objeto que designa, y hallaremos soluciones de libro, veremos penaltis de libro, analizaremos casos de libro... proclamaremos siempre que no hay ningún libro tan malo como para no tener algo bueno..., y todo habrá sido escrito en los libros; sonido éste, libro, que asociaremos siempre a la libertad de los espíritus por la cercanía de sus sílabas con el espíritu libre de los seres humanos. Hoy acudimos a esa palabra para realzar lo consagrado, y decimos en maniobra de seducción que alguien ha hecho todo lo que un libro diría que no hay que hacer, o que todos los libros desaconsejan acometer tal o cual empresa, prescindiendo de que los libros los han escrito personas, con sus dudas y sus defectos, y engrandeciendo así la obra, y la palabra que la nombra, por encima de quienes la crearon.

Pero no sólo las palabras completas ejercen esa fuerza.

Las partículas más desposeídas de significado y de historia pueden aportarnos las claves del pensamiento. "Es un plato marroquí, pero muy bueno", dice el camarero de un restaurante al explicar uno de sus productos. Y el adverbio "pero" se convierte en una escopeta. Carlos Moyà, el tenista mallorquín, alcanza en 1999 el número uno en la lista mundial. Y dice el periódico: "España ya tuvo un número uno en el tenis, pero en la categoría femenina". Y el "pero" que se le pone a Arantxa Sánchez Vicario revela el machismo de quien escribió. "El nuevo director del periódico nació en Málaga, pero estudió en Sevilla"… "Es gitano, pero un buen tipo"… "Aunque es homosexual, se puede tratar con él"… Frases así debieran hacer que saltasen las alarmas de las gentes de bien, y, sin embargo, pasan inadvertidas a menudo porque se hallan en las entrañas de la seducción, de lo imperceptible para los sentidos racionales. Y las conjunciones forman parte de nuestro sistema ideológico, porque nos retratan. Su capacidad de significación supera la importancia que se les concede. Alfonso Sánchez, periodista español ya fallecido que escribía en el diario *Informaciones*, utilizó en sus columnas el hallazgo "mi compañero, y sin embargo amigo, Fulano de Tal...", consciente en su intuición magistral del valor que estaba trasladando.

Esas partículas, de papel secundario en apariencia, muestran la oposición entre lo negativo y lo positivo, afinan la relación entre los sujetos, y, por tanto, juzgan también la realidad. Las zonas más invariables del lenguaje, las más secundarias, pueden alcanzar igualmente el valor de la condena y de los prejuicios. "Todo mensaje verbal es más o menos ideológico, sea en el modo o en el sentido en que es redactado, sea en el modo o en el sentido en que es comprendido", escribe Augusto Ponzio en *Lingüística y sociedad.* En efecto, los mensajes se redactan con frecuencia según la ideología, de la que el hablante no es consciente, que él ha interiorizado con pasividad; o sea, según la "ideología espontánea" que define Denis Slakta*.

"Cuando nosotros comunicamos, emitimos ideas relativas a la naturaleza del referente, pero también podemos expresar nuestra actitud con respecto a ese objeto: bueno o malo, bello o feo, deseable o detestable, respetable o ridículo", escribe Pierre Giraud**. "En la actualidad, el opio del pueblo es la propaganda política, cultural, económica, cuya arma más eficaz e ilusión más insidiosa son las de persuadirnos de que los signos son las cosas. Pero al menos comencemos por saber que vivimos entre los signos y a darnos cuenta de su naturaleza y de su poder.

---

* Citado por Augusto Ponzio, *op. cit.*
** Pierre Giraud, *op. cit.*

Esta conciencia semiológica podrá convertirse en el futuro en la principal garantía de nuestra libertad".

Nada parece inocente en cuanto expresamos, en efecto. A veces se revela en las frases la idiosincrasia de una colectividad, a menudo el pensamiento particular de quien habla. El lenguaje de los pueblos ha evolucionado sin cortes ni rupturas, siempre por alguna razón derivada de su historia; y ahora decimos aniquilar porque en otro tiempo *nihil* se pronunció *nikil*, y la nada del latín nos brindó el "hacer nada" que significa aniquilar: que algo desaparezca. La "leyenda" es lo que está destinado a ser leído, el "azar" procede del árabe *az-zahr* (dado)... todas las cerezas tienen un nudo.

Y todas las palabras se han arrojado alguna vez contra alguien.

"Los nombres indican la posición de una comunidad respecto de las cosas del mundo circundante", explica Walter Porzig*. Y ello depende tanto de la constitución de la vida anímica humana y sus respuestas a las impresiones del mundo como de la situación espiritual y cultural en que se encuentre en cada momento. "La relación de los nombres y las cosas no está dada naturalmente ni arbitrariamente establecida: está condicionada por la historia del espíritu". Y la historia nos hace gran parte del presente, sin que nos demos cuenta.

Las palabras se mueven continuamente, sus significados flotan en el agua de un torrente, no es igual la

---

* Walter Porzig, *El mundo maravilloso del lenguaje*, Madrid, Gredos, 1986.

suerte que deseamos al montañero que escala una ladera que al estudiante que afronta un examen*, pero las dos expresiones "suerte" sirven como llave para encontrar la esencia de las cosas.

Seducen las palabras con los trucos más insospechados, y logran que nos parezca muchísimo mayor una extensión de 1.000 metros cuadrados que otra de dos hectáreas, y más tiempo 25 días de espera que un mes. Y acudiremos a la primera fórmula si deseamos agrandar el terreno, y a la segunda si lo minimizamos. Y a los días de 24 horas si nos proponemos resaltar el tiempo de la paciencia, y a las semanas de siete días si le quitamos importancia: parecen más 24 horas que siete jornadas. Es el poder de las palabras, que funciona cuando la reflexión de cada cual no se defiende ante ellas.

La comprensión y el uso del código verbal suponen la continua referencia a códigos no verbales, según hemos venido comprobando con los continuos ejemplos. Se habla y se comprende sobre la base de códigos sociales que son verbales y no verbales y que están muy estrechamente conectados; y también con arreglo a la historia de la sociedad, de los pueblos, de sus idiomas. Como observa Rossi-Landi**, "es con toda la organización social con la que el hombre se comunica". Toda cultura constituye,

---

* Alejandro Rossi, *Lenguaje y significado*, México, Fondo de Cultura Económica, 1993.
** Ferrucio Rossi-Landi, *Il linguaggio come lavoro e come mercato*. Cit. en *Lingüística y sociedad*, varios autores, Bompiani, Milán, 1964.

en efecto, una vasta organización comunicativa distinta de cualquier otra, una especie de enorme lengua histórica que aunque se extinga deja sus mensajes globales para quien los quiera estudiar. Los pensamientos se heredan, unas generaciones legan a otras las estructuras lingüísticas y con ellas las estructuras de las ideas.

Esa historia y ese legado los apreciamos en la influencia de las lenguas prerromanas evidenciada en el vocabulario romance de la Península, cuyos términos supervivientes se agarran a la tierra y a la naturaleza. Llegaron luego los romanos, y su civilización superior hizo que nos legaran los vocablos que designaban la organización política y social, la vida del espíritu. Pero sobrevivieron las palabras más viejas. Porque el lenguaje, como sostuvo con brillantez el poeta y ensayista venezolano Rafael Cadenas, "es inseparable del mundo del hombre". "Más que al campo de la lingüística, pertenece, por su lado más hondo, al del espíritu y al del alma. En otras palabras, no puede hablarse separadamente de un deterioro del lenguaje. Tal deterioro remite a otro, al del hombre, y ambos van juntos, ambos se entrecruzan, ambos se potencian entre sí. Por eso en la defensa del hombre ha de incluirse la del idioma, y la de éste no reducirse a sus fronteras específicas"*. Esas fronteras de las que también hablaba el poeta Vicente Huidobro: "...que las palabras pasen como aeroplanos por encima de las fronteras y las aduanas y aterricen en todos los campos".

---

* Rafael Cadenas, *op. cit.*

El poeta y el escritor inspirado buscan palabras que retraten sus sentimientos y se ciñan así a los impulsos que les llegan desde su más íntima razón. Los estados de ánimo del creador literario buscan los sonidos y los significados entre cientos de miles de millones de posibilidades, y su talento los encuentra porque lo más profundo de sus sentimientos se identifica, se calca, encaja en lo más profundo de las palabras. Se produce entonces una fusión entre el espíritu propio y todos los espíritus humanos que condujeron a la existencia de esas ideas inmensas expresadas con vocablos definidos. Se trata, pues, de una identificación entre dos simas, una de la que emergen los sentimientos y las sensaciones hasta la pluma o el teclado, y otra que los impulsa, mediante la fuerza del contacto, desde el significado histórico de cada sílaba, para unirse así en una cumbre imaginaria nuestro plano personal y el plano colectivo de nuestros vecinos y de cuantos vivieron en nuestros lugares durante los siglos.

Las palabras, pues, tienen el valor de saciar los estados de ánimo, recrean la propia tristeza hasta que el poeta disfruta de ella y es feliz en su desdicha; también exaltan la felicidad hasta que quien escribe consigue vivirla de nuevo. Llevan asociadas, las palabras, las rugosidades que nombran; y parten de una sinfonía de sonidos de la que sólo pronunciamos la melodía solista, capaz por sí misma, sin embargo, de evocar todas las armonizaciones de la orquesta por el recuerdo de cuantas veces los instrumentos sonaron juntos.

Su sonido forma entonces una melodía sublime, inasible, seductora. Envuelve esa música nuestros pensamientos y los exalta, convierte las ideas en sensaciones, y los sentimientos en caricias verbales. Las palabras pueden pronunciar la melancolía con el sonido del violín pero también la guerra con la potencia de los tambores. Las palabras engatusan y repelen, edulcoran y amargan, perfuman y apestan. Más vale que conozcamos su fuerza.

Bibliografía

ABELLA, Carlos: *¡Derecho al toro! El lenguaje taurino y su influencia en lo cotidiano*, Madrid, Anaya & Mario Muchnik, 1996.

ALATORRE, Antonio: *Los 2.001 años de la lengua española*, México, Fondo de Cultura Económica, 1995.

ALTMANN, Gerry T. M.: *La ascensión de Babel. Una incursión en el lenguaje, la mente y el entendimiento*, Barcelona, Ariel Psicolingüística, 1999.

ALVAR, Manuel: *Lenguaje político: el debate sobre el estado de la nación (1989)*, Lingüística Española Actual, XIII/1, 1991.

ALVAR EZQUERRA, Manuel: *La formación de palabras en español*, Madrid, Arco Libros, 1996.

AMORÓS, Andrés: *Lenguaje taurino y sociedad*, Madrid, Espasa Calpe, 1990.

ANULA REBOLLO, Alberto: *El abecé de la psicolingüística*, Madrid, Arco Libros, 1998.

AZÚA, Félix de: *Diccionario de las artes*, Barcelona, Planeta, 1995.

BELINCHÓN, Mercedes; IGOA, José Manuel, y RIVIÈRE, Ángel: *Psicología del lenguaje. Investigación y teoría*, Madrid, Trotta, 1998.

BENEDETTI, Mario: *Inventario II*, Madrid, Visor Libros, 1993.

BERKO GLEASON, Jean, y BERNSTEIN RATNER, Nan: *Psicolingüística*, Madrid, McGraw Hill Interamericana, 1999.

CADENAS, Rafael: *En torno al lenguaje*, Caracas, Monte Ávila Editores Latinoamericana, 1997.

CALVET, Louis-Jean: *Historias de palabras*, Madrid, Gredos, 1996.

CASADO VELARDE, Manuel: *Aspectos del lenguaje en los medios de comunicación social*, lección inaugural del curso 1992-93 de la Universidade da Coruña.

CASTAÑÓN RODRÍGUEZ, Jesús: *Reflexiones lingüísticas sobre el deporte*, Valladolid, 1995, ed. del autor.

CATALÁ GONZÁLVEZ, Aguas Vivas, y GARCÍA PASCUAL, Enriqueta: *Ideología sexista y lenguaje*, Valencia, Galàxia d'Edicions, 1995.

CELAYA, Gabriel: *Itinerario poético*, Madrid, Cátedra, 1976.

CONTRERAS, José Miguel: *Vida política y televisión*, Madrid, Espasa Calpe, 1990.

CUENCA, Maria Josep, y HILFERTY, Joseph: *Introducción a la lingüística cognitiva*, Barcelona, Ariel Lingüística, 1999.

DELIBES, Miguel: *El hereje*, Barcelona, Destino, 1998.

DÍEZ BARRIO, Germán: *Dichos populares castellanos*, Madrid, Castilla, 1987 (y eds. de 1989, 1993 y 1999).

FAYE, Jean-Pierre: *Los lenguajes totalitarios*, Madrid, Taurus, 1974.

FERNÁNDEZ ACEVEDO, Yolanda: revista *Claves*, Buenos Aires, mayo de 1999.

FERNÁNDEZ LAGUNILLA, Marina: *La lengua en la comunicación política I. El discurso del poder*, Madrid, Arco Libros, 1999.

—: *La lengua en la comunicación política II. La palabra del poder*, Madrid, Arco Libros, 1999.

FERRAZ MARTÍNEZ, Antonio: *El lenguaje de la publicidad*, Madrid, Arco Libros, 1996.

FERRER, Eulalio: *Los lenguajes del color*, México, Fondo de Cultura Económica, 1999.

GARCÍA CALVO, Agustín: *Hablando de lo que habla*, Madrid, Lucina, 1989.

GARCÍA MATILLA, Eduardo: *Subliminal. Escrito en nuestro cerebro*, Madrid, Bitácora, 1990.

GARCÍA MESEGUER, Álvaro: *¿Es sexista la lengua española?*, Barcelona, Paidós, 1994.

GIRAUD, Pierre: *La semiología*, México, Siglo XXI Editores, 1972, 1ª ed., 1999.

GOLEMAN, Daniel: *Inteligencia emocional*, Barcelona, Kairós, 1997.

GONZÁLEZ BACHILLER, Fabián, y MANGADO MARTÍNEZ, J. Javier: *En román paladino*, Logroño, Instituto de Estudios Riojanos y Santos Ochoa Libros, 1999.

KRISHNAMURTI, Jiddu: *Sobre el amor y la soledad*, Barcelona, Kairós, 1998.

LAKOFF, Robin: *El lenguaje y el lugar de la mujer*, Barcelona, Hacer Editorial, 1995.

LAPESA, Rafael: *Historia de la lengua española*, Madrid, Gredos, reimp. de 1997.

LODARES, Juan Ramón: *El paraíso políglota*, Madrid, Taurus, 2000.

LÓPEZ MORALES, Humberto: *La aventura del español en América*, Barcelona, Espasa, 1998.

MARINA, José Antonio: *Elogio y refutación del ingenio*, Barcelona, Anagrama, 1996.

—: *La selva del lenguaje*, Barcelona, Anagrama, 1998.

MARTÍN CALERO, Emilio: *Usos y decires de la Castilla tradicional*, Valladolid, Ámbito, 1992.

MARTÍN CRIADO, Arturo: *Vocabulario de la Ribera del Duero*, Aranda de Duero (Burgos), Estudio e Investigación, Ayuntamiento de Aranda de Duero, 1999.

MATEO, Juan, y VALDANO, Jorge: *Liderazgo*, Madrid, El País-Aguilar, 1999.

MILLÁS, Juan José: reportaje en *El País Semanal*, septiembre de 1999.

MONTEIRA, Félix: "El mando único", reportaje publicado en *El País*, el 24 de enero de 1999.

MONTOLÍO, Estrella: *Manual de escritura académica*, Barcelona, Ariel Practicum, 1999.

MORENO, Javier: entrevista a Hugo Chávez, *El País*, 7 de agosto de 1999.

MOUNIN, Georges: *Claves para la lingüística*, Barcelona, Anagrama, 1969.

MOZOS, Santiago de los: *La norma castellana del español*, Valladolid, Ámbito, 1984.

NIETZSCHE, Friedrich: *Más allá del bien y del mal*, Madrid, Alianza, 1972.

OLOD, Luis de: *Tratado del origen y arte de escribir bien, ilustrado con veinte y cinco láminas*, Gerona, Imprenta de Narciso Oliva, 1766.

PACKARD, Vance: *Las formas ocultas de propaganda*, Buenos Aires, Sudamericana, 1959 y 1970.

PASCUAL, José Antonio: "Las aristas de las lenguas". Inédito.

Poema de Mio Cid. Texto antiguo y traducción exacta por M. Martínez Burgos, 4ª ed., Burgos, Caja de Ahorros Municipal, Imprenta Aldecoa, 1982.

PONZIO, Augusto, y otros autores: *Lingüística y sociedad*, México, Siglo XXI Editores, 1976.

PORZIG, Walter: *El mundo maravilloso del lenguaje*, Madrid, Gredos, 1986.

REAL ACADEMIA ESPAÑOLA: *Nueva ortografía*, Madrid, Espasa, 1999.

RELAÑO, Alfredo: *Futbolcedario*, Madrid, El País-Aguilar, 1996.

ROBERTS, Edward A., y PASTOR DE AROZENA, Bárbara: *Diccionario etimológico indoeuropeo de la lengua española*, Madrid, Alianza Diccionarios, 1996.

ROMERA, José María: *Juego de palabras*, Pamplona, Gobierno de Navarra, Departamento de Educación y Cultura, 1999.

RONDEROS, María Teresa: *Manual para descubrir la guerra y la paz.* Serie "Periodismo, paz y guerra en Colombia". Texto promovido por la Conferencia Episcopal de Alemania, la Pontificia Universidad Javeriana, la Fundación para un Nuevo Periodismo Iberoamericano, la Embajada de Alemania en Bogotá y la Fundación Friedrich Ebert de Colombia (Fescol), Bogotá, 1999.

ROSALES, Luis: *Poesía reunida*, Seix Barral, Barcelona, 1981.

ROSSI, Alejandro: *Lenguaje y significado*, México, Fondo de Cultura Económica, 1993.

Rossi-Landi, Ferrucio: *Il linguaggio come lavoro e come mercato*, Milán, Bompiani, 1964.

Salinas, Pedro: *Defensa del lenguaje*. Ed. no venal de la Asociación de Amigos de la Real Academia, Madrid, 1991.

Seco, Manuel; Andrés, Olimpia, y Ramos, Gabino: *Diccionario del español actual*, Madrid, Aguilar, 1999.

Toranzo, Gloria: *El estilo y sus secretos*, Pamplona, Eunsa, 1968.

Vallejo, Fernando: *Logoi. Una gramática del lenguaje literario*, México, Fondo de Cultura Económica, 1998.

Vivas Holgado, Jesús: *El fútbol. Léxico, deporte y periodismo*, Cáceres, Universidad de Extremadura, 1999.

VV. AA.: *Jornadas: las mujeres y los medios de comunicación*, Madrid, Dirección General de la Mujer de la Comunidad de Madrid, 1997.

VV. AA.: *Lingüística y sociedad*, Madrid, Siglo XXI de España Editores, 1976.

VV. AA.: *Lo femenino y lo masculino en el Diccionario de la Lengua de la Real Academia Española*, Madrid, Instituto de la Mujer del Ministerio de Trabajo y Asuntos Sociales, 1998.

Agradecimientos

Por su ánimo, su ayuda y sus sugerencias, mi agradecimiento a Teresa Peyrí, Alberto Gómez Font, Pedro Sorela, Javier Martín, María Cifuentes, Juan Cruz, Juan José Millás, Javier Torrontegui, Maite Rico y María Teresa Ronderos.

Defensa apasionada del idioma español

Álex Grijelmo

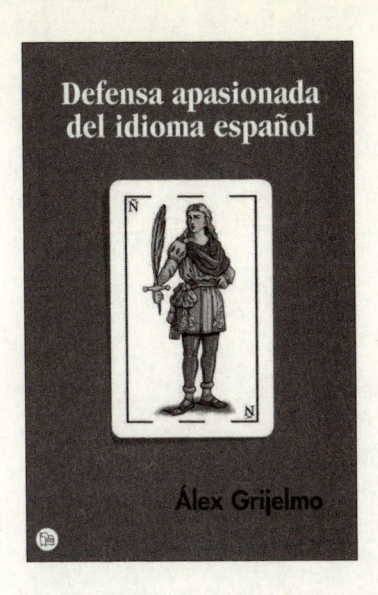

Todas las lenguas atesoran un genio interno que guarda las esencias de los pueblos que las hablan y las han hablado, jamás una lengua se debe utilizar contra otra. Con cada palabra que desaparece se pierde una idea creada por el ser humano.

El idioma español se ve amenazado por la educación escolar, la fuerza colonial del inglés y la desidia de una gran parte de quienes tienen el poder político, informativo y económico. Álex Grijelmo busca las claves para superar esta situación a través del progreso y la convivencia entre las culturas que conforman el mundo hispano. El lector encontrará aquí una defensa, nunca un ataque.